KB111043

연쇄살인범,
그들은
누구인가

연쇄살인범,
그들은
누구인가

이윤호 지음 | 박진숙 그림

대한민국 최고의 범죄학 박사 **이윤호 교수**의
연쇄살인범 53명의 프로파일링

contents

chapter 3

극에 대한 집착이
만든 재앙 Ⅰ

특정 대상의 증오로 인한
살인 이야기

chapter 6
정신분열이
부른 재앙

무자비한 총기 난사 II

chapter 7
우월해지고 싶은
욕구가 부른 재앙

살인을 쉽게 생각한 이들의
잔인한 이야기

chapter 8

여성의 증오가
부른 재앙

여성해방주의자인가?
그냥 살인자인가?

인간만이 할 수 있는 범죄, 연쇄살인 그것에 대한 고찰

범죄학에서는 살인의 원인으로 일부 인간의 타고난 잔인함을 지적하는 경우가 있다. 동족을 살해하는 포유류는 아마도 인간밖에 없다는 경험적 가정에서 나온 말일 것이다. 아무리 사나운 동물이라도 자기 동족은 죽이지 않는 것에 비해 인간은 동족인 인간, 때로는 자신의 핏줄까지도 살해한다. 더군다나 일부는 한 사람이 아닌 여러 사람을 한꺼번에 그리고 오랜 시간을 들여 죽인다. 그것에서 그치지 않고 강간하고 고문하면서 죽임을 당하는 자의 고통을 즐기기까지 한다.

살해 동기를 밝히는 것이
범죄학의 시초

여기서 우리는 연쇄살인범에 대한 정의를 정확하게 짚고 넘어가야 할 것이다. 표준국어대사전에 의하면 연쇄살인은 한 명이 연쇄적으로 사람을 죽임으로써 성립하는 범죄라고 정의하고 있다. 그리고 그런 범죄를 저지른 사람을 연쇄살인범이라고 한다. 즉, 연쇄살인범은 시간을 두고 반복적으로 여러 사람을 죽이는 사람을 말하는 것이다.

우리는 여기서 이런 의문을 가져야 할 것이다. 왜 그들은 그토록 잔인하게 여러 사람을 죽이는 걸까? 어떻게 하면 그렇게 잔인할 수 있는지 궁금하지 않을 수 없다. 범죄학은 여기서 시작한다. 왜 그들은 그런 범행을 저지를까? 일부 그런 사람들의 특성은 무엇일까? 범죄자와 비범죄자는 무엇이 다른 것일까? 더불어 이 책은 그런 범죄학에 기초해 그들의 범죄의 특성이 어디에 있는지, 그들이 정상인과 어떻게 다른지 그 차이점을 찾기 위해 저술된 것이라고 할 수 있다.

많은 사람들이 연쇄살인에 대한 궁금증을 풀기 위해 성별과 연령 그리고 국적과 인종 심지어는 종교를 막론하고 모든 세상과 세계가 소위 'CSI^Crime Scene Investigation'라고 하는, 조금은 비현실적이고 실제 범죄 수사와는 상당히 다른 범죄 드라마에 홀리고 있다. 비록 조금은 현실과 동떨어지지만 범죄 드라마가 범죄에 대한 관심을 불러일으킨 기여는 결코 무시할 수 없을 것이다. 이에 질세라 연쇄살인에 대한 학문적 연구도 만만치 않게 진행되었지만 지나치게 학문적으로 접근한 나머지 대중 독자들이 이해하기에는 조금 난해한 부분도 있다. 이 책은 바로 이 두 가지 접근의 간극을 이어줄 가교로서의 역할을 기대하고 집필했다.

범죄학에 대한 대중적 이해도를 높이고자

이론이 전혀 없는 '사상누각'이 되어서도, 현실과 동떨어진 '탁상공론'이 되어서도 안 되는 '이론적 바탕 위의 현실적 접근'으로써 범죄학의 대중화와 일반화, 특히 연쇄살인에 대한 대중적 이해도를 높이고자 하였다.

오늘날에 이르기까지 지구상에서 가장 악명 높았던 것으로 알려진 연쇄살인범 53명의 범죄 실상은 물론이고 범행 수법 그리고 범행 동기와 왜 그들이 그처럼 잔인한 연쇄살인범이 되었는지 그들의 출생과 성장 배경을 알아보고 그들의 생활상과 사회적 또는 심리적 특징들, 심지어는 범행이 미친 사회적, 문화적, 예술적 그리고 법률적 파급까지도 알기 쉽게 정리했다.

연쇄살인범의 어둔 내면을 통해 더 이상의 끔찍하고 처참한 살인이 행해지지 않기를 바라는 마음으로 이 책을 출간하며 더 이상의 연쇄살인 사건이 발생하지 않기를 바란다.

2017년 7월 범죄학 강의를 마치며
이 윤 호

chapter 1

인격 장애가
부른 재앙

시간, 식인, 존속살인의 잔인한 이야기

정상과 정신이상
사이를 오가다

여대생 학살자, 에드먼드 캠퍼

에드먼드 캠퍼Edmund Kemper는 흔히 '여대생 살인마' 혹은 '여대생 학살자'로 잘 알려져 있다. 그는 1970년대 초, 캘리포니아California의 산타크루스Santa Cruz를 중심으로 여러 명의 여성을 납치해 살해했을 뿐만 아니라 자신의 친할아버지와 친할머니 그리고 친어머니까지도 살해한 미국의 연쇄살인범이다. 그는 시간자*며, 식인자**이고 존속살해범이다.

정신이상으로
친조부모를 죽이다?

캠퍼는 불안정한 아동기를 보냈다. 그가 15세 때 자신의 친할아버지와 친할머니를 살해한 캘리포니아로 이주하기 전에는 자신을 학대하는 어머니와 몬태나Montana 주로 이주했다. 친조부모를 살해했지만 그는 그 사건으로

---

* 시신에 성행위를 하는 사람
** 인육을 먹는 사람

형사처벌을 받지 않았다. 자신의 친조부모 존속살인으로 유죄가 확정되기 전에 정신병자요, 편집증적 망상을 가진 것으로 진단되었기 때문이다. 이로 인해 그는 친조부모를 살해하고도 정신이상을 이유로 교도소 대신 병원으로 보내졌으나 이런저런 요령으로 자신이 완전히 회복되었다고 정신과의사를 설득시켜 그가 21살이 되던 해에 석방되었다. 정신병원에서 나온 후, 그는 젊은 여성 히치하이커들을 표적으로 그들을 자신의 자동차로 유인해 한적한 곳으로 데려가서 살해한 다음 시신을 자신의 집으로 옮겨서 폭행하고 모독하며, 때로는 참수된 피해자의 머리를 며칠씩 보관했다가 버리곤 했다. 캠퍼는 젊은 여대생을 살인하는 것에서 그치지 않고 자신의 어머니도 살해하고 어머니의 절친마저도 살해한 다음에야 비로소 경찰에 전화를 걸어 자수했다. 당시 재판에서는 캠퍼가 정신이상 없이 정상적으로 재판을 받을 수 있다고 판단되어 그에게 사형을 구형했다. 하지만 당시 캘리포니아에서는 사형이 일시적으로 유예되었던 관계로 사형 대신에 8건의 종신형을 선고받게 된다.

캠퍼의 아버지는 제2차 세계대전 참전 용사였으며, 전쟁 후에는 원자폭탄 실험에 참여하다가 캘리포니아로 돌아와 전기 기술자로 일했다. 그는 신장이 2미터가 넘는 거구였고, 캠퍼의 어머니 역시 180센티미터로 매우 큰 편이었다. 캠퍼는 그들 사이에서 형제자매 중 중간으로 태어난 유일한 남자아이였다. 그의 아버지는 전기공이라는 직업에 대해 "천박한 일"이라며 끊임없이 불평했고, 나중에는 전시 자살 특공대의 임무를 수행하거나 원자폭탄을 실험하는 것도 자신의 아내와 사는 것에 비하면 아무것도 아니며, 그녀가 자신이 전장에서 보낸 396일의 낮과 밤보다 자신에게 더 많은 영향을 미쳤다고 진술했다.

이상행동이 부른
살인 충동

그런 부모에게서 태어난 캠퍼는 매우 지능이 높았으나, 동물들에게 잔인함을 보이는 등 반사회적 인격 장애가 의심되는 행동을 표출했다. 한번은 살아 있는 고양이를 죽여서 머리를 절단해 그것을 담장에 걸어두기도 했다. 훗날 그는 고양이를 죽인 이유를 가족들에게 거짓으로 고했고, 그것이 성공하자 쾌감을 느꼈다고 진술했다. 13살 때는 집에 키우던 고양이가 자신보다 여동생을 더 좋아한다고 생각해 죽이기도 했다. 그런 후에 사체 조각들을 자신의 옷장에 숨겼다가 뒷날 어머니에게 발각되기도 했다.

또한 그는 어두운 환상의 생활을 꿈꾸기도 했다. 여동생의 인형 머리와 손발을 절단하는 의식을 치르기도 하고, 누나가 그를 놀리며 왜 선생님에게 키스하려고 하지 않느냐고 묻자 키스하려면 먼저 죽여야만 하기 때문이라고 대답하기도 했다.

또한 캠퍼는 어린 시절 집을 빠져나가서 아버지의 망원경으로 2학년 담임 선생님의 집으로 가 창문을 통해 그녀를 관찰하기도 했다. 훗날 그의 진술에 의하면 누이동생이 자신을 결박하고 상상의 단추를 누르면 캠퍼는 바닥에 쓰러져 고통스러워하다가 마치 가스를 흡입하거나 전기의자로 죽어가는 척하는 '가스실Gas Chamber' 혹은 '전기의자Electric Chair'라는 게임을 좋아했다고 한다. 뿐만 아니라 그는 누나가 기차 앞에서 장난으로 자신을 밀거나 수영장에서 가장 깊은 곳으로 밀어 넣어 거의 죽을 뻔했던 경험을 잊지 못한다고 한다.

자신의 방식으로
부모에게 복수하다

캠퍼는 아버지와는 좋은 관계를 유지했지만 자신을 언어적으로 학대하고, 비하하고, 모욕하곤 했던 신경증적이고 횡포한 알코올의존증의 어머니와는 심각하게 부정적 그리고 결손적 관계를 가졌다. 어머니는 그가 누이동생들을 해칠지도 모른다며 캠퍼를 지하실에 감금해 재웠다고 알려질 정도로 그의 큰 키를 흉내 내고 조롱했다. 그녀로 인해 자신이 동성애자가 될 수 있다고 느끼는 캠퍼의 두려움도 받아주지 않았으며, 아들이 아버지를 기억나게 하면 평생 어떤 여자도 그를 사랑하지 못할 것이라고 악담을 퍼붓곤 했다. 훗날 캠퍼는 자신의 어머니를 '아프고 화난 여성'이라고 기술했으며, 실제로 캠퍼의 어머니는 경계성 인격 장애borderline personality disorder를 앓았던 것으로 알려지고 있다.

14살 때 캠퍼는 아버지와 같이 살려고 집을 뛰쳐나갔으나 아버지의 재혼으로 잠시 머물다 친조부모에게로 돌려보내지고 만다. 캠퍼는 초원에 살던 조부모와의 생활을 싫어했으며, 할아버지를 '노쇠하다'고 여겼다. 또한 어머니가 자신과 할아버지를 끊임없이 약하게 만들었다고 말하며 어머니에 대한 자신의 증오를 할아버지에게 투사했다.

결국 그는 친할아버지와 친할머니를 살해함으로써 자신의 살인 행각을 시작한다. 경찰이 왜 친조부모를 살해했는지 묻자 그는 할머니를 죽이면 어떤 느낌일지 알고 싶어서 살해했으며, 할아버지의 경우 할머니가 죽은 것을 알지 못하게 하기 위해 살해했노라고 답했다. 어른이 된 캠퍼를 오랫동안 인터뷰한 정신의학자는 친조부모의 살해를 두고 캠퍼는 자신의 방식으로 그의 아버지와 어머니에게 복수한 것이라고 설명했다. 15살짜리 소년이 조부모를 살해한 범죄는 이해하기 힘든 것이어서 법원의 정신의학자들은 그를 정신병은 물론이고 편집증적 망상으로 고통을 받고 있다고 진단했던 것이다. 그 후, 캠퍼는 형벌을 가할 수 없는 정신이상이기 때문에 교도소가 아닌 정신병원으로 이송된다. 그러나 병원의 의사와 사회사업가들은 법원의 정신의학자들과는 전혀 다른 의견을 피력한다.

그들의 주장에 따르면 캠퍼에게서 회피나 사고의 방해, 환상이나 망상의 표현 그리고 기이한 생각의 증거 등 그 어떤 것도 발견할 수 없었다고 한다. 오히려 그는 지능지수가 무려 136이나 되어 아동기부터 정신적 예리함을 유지했다는 것이다. 캠퍼는 결국 재검사를 받게 되고, 그 결과 소극적 공격형 passive-aggressive type인 인격 특성 장애Personality trait disorder만 가진 것으로 판명됐다.

정신병원에서 캠퍼는 모범 수용자로 가장하여 병원 관계자들에게 접근했고, 그들로부터 인정을 받아 심리검사를 다른 수용자들에게 시행할 수 있는 권리까지 갖게 되었다. 한 정신의학 전문가는 그가 매우 열심히 일하기 때문에 소시오패스sociopath가 될 수 없으며 자신의 일에 긍지를 가졌다고까지 평했다. 그곳에서 그는 청년회의소JC의 회원도 되었으며, 특히 '표면적 인성 척도'를 중심으로 미네소타 다면적 인성검사Minnesota Multiphasic Personality Inventory에 대한 새로운 척도와 심리검사를 개발했다.

이처럼 각종 검사를 이해할 수 있게 되면서 나중에는 정신의학자들을 이용할 수 있게 되었고, 성 범죄자들에게 검사를 실시하면서 그들로부터 많은 것을 배웠다. 예를 들어 "증거를 남기지 않기 위해 강간을 한 후 여성을 살해하는 것이 최선이다"라는 등의 조언을 들었다.

이렇게 해서 그는 정신병원에서 석방될 수 있었는데, 어머니에게 돌려보내서는 안 된다는 그곳의 정신의학자들의 강력한 권고가 무시되고, 그는 어머니에게로 되돌려 보내지고 만다. 게다가 석방 후에도 정신의학자들에게 자신이 완전히 치료되었다며 설득하여 자신의 소년 범죄 기록조차 영구히 지워버린다.

그의 목적은 오로지 어머니를 죽이는 것이었다

어머니와 생활하는 동안 둘의 관계는 여전히 적대적이었고 술에 취한 상태에서 종종 다툼이 있었다고 이웃들이 전한 바 있다. 그러던 중 자신이 타고 가던 오토바이가 자동차에 치여서 받은 보상금으로 자동차를 한 대 구입한다. 그 후 그는 젊고 예쁜 여대생들의 히치하이킹을 받아들이면서 150여 명을 안전하게 태워주었다. 하지만 어느 순간부터 살인적 성충동을 느끼기 시작하면서 행동으로 옮겼다고 한다. 이것이 그의 여대생 학살이라는 연쇄살인의 시작이었으며, 어머니와 그녀의 친구를 살해하면서 끝을 맺는다. 캠퍼는 나중에 어머니가 자신에게 분노를 터뜨린 날이면 피해자를 사냥하러 나갔다고 했다. 이에 관해 정신의학자들은 그가 살해한 젊은 여성들은 궁극적인 표적이 아니라 그의 어머니를 대신하는 일종의 대리인이었으며, 그들에 대한 살인 행각은 캠퍼에게는 일종의 리허설이었다는 의견을 내놓았다. 이는, 그가 여대생의 시신을 훼손하고 절단하고 성행위를 하는 등의 행위는 곧 자신을 모욕했던 어머니의 살해로 이어졌다는 주장을 뒷받침하고 있다.

캠퍼는 어머니를 살해한 이후, 경찰에 전화를 걸어 자수했는데 수사관들이 그 이유에 대해 묻자 그는 이렇게 답했다. 여기에서 어머니를 죽인 동기를 엿볼 수 있다.

> "원래의 목적이 없어졌다. 순전히 시간 낭비에 불과했다. 더 이상 감당할
> 수도 없었다. 이 모든 더러운 일의 끝을 느끼기 시작했다. 나의 에너지는
> 소진되었으며, 거의 쓰러지기 직전이었다. 이제 안녕을 고할 때였다."

캠퍼의 진정한 분노는 어머니를 향한 것이었으며 이것이 해소되자 더 이상 살인의 의미가 없어진 것이다. 실제로 그는 어머니를 살해한 이후, 여대생을 차에 태워주었지만 목적지에 내려주고 해치지 않았다는 것이다.

살인마라는 오명을
즐긴 남자

캠퍼의 상세하고도 정확한 자백으로 변호인단이 재판에서 할 수 있었던 유일한 주장은 그가 정신적으로 온전하지 못하기 때문에 처벌해서는 안 된다는 것뿐이었다. 사실 그는 수감 중에도 두 번이나 자살을 시도하기도 했으나, 법원이 위촉한 정신의학자들은 그가 법적으로 재판을 받을 수 있을 정도로 정신적으로 온전하다고 보고했다. 물론 한 정신의학자는 캠퍼가 한때는 정신병자였으며, 식인주의Cannibalism에 가담하여 피해자의 다리를 절단하여 그 조직을 익혀서 먹기도 했다고 법원에 보고했다.

그럼에도 불구하고 그 정신의학자는 캠퍼가 자신이 저지른 살인을 잘 인지하고 있었으며, 연쇄살인범으로 불리는 것에 관련해 자신에게 따라다니는 오명도 즐겼다고 진술했다. 당시 캘리포니아 법은 정신이상으로 인한 무죄를 결정하기 위해서는 피의자가 마음의 병으로부터 사고의 결함이 현저

하게 나타나고 자신의 행동의 특성과 특질을 알지 못하며, 자신의 행동이 잘못되었다는 것을 알지 못하는 경우여야 한다고 제한하고 있다.

하지만 캠퍼의 경우 자신의 행동이 잘못되었다는 것도 알고 있었다고 판단한 것이다. 그러나 그는 법정에서 피해자를 살해한 것을 두고 "그들이 마치 소유물처럼 나를 위한 것들이기를 원했다"라고 증언하면서, 자신의 행동은 제정신이 아닌 사람에 의해서만 자행될 수 있는 것이라고 주장하며 무죄를 호소했다. 그럼에도 배심원단은 그에게 사형, 그것도 고문에 의한 사형을 권고했지만 당시 사형제도의 유예로 그는 종신형을 선고받게 된다.

심지어 캠퍼는 체포되어 조사를 받을 때, 왜 피해자들을 성폭행하기 전에 죽였느냐고 묻자 그는 이렇게 답했다.

"머리에 대한 환상은 마치 상패trophy와 같아서 머리는 눈, 코, 입 등 모든 것을 다 가지고 있는 바로 그 사람이며, 어릴 적부터 머리를 자르면 몸은 죽는 것이고, 머리가 잘리면 몸은 아무것도 아니라고 들었지만 사실은 머리가 없어도 소녀들의 몸에는 많은 것이 남아 있지 않느냐."

이런 기이한 답변도 그의 정신세계를 의심케 하는 대목이라고 할 수 있다.

캠퍼는 연쇄살인범의 고전적 전형을 그대로 따랐다고 할 수 있다. 오랫동안 그는 여성들을 납치해 그들에게 총을 겨누며 자신에게 복종하는 환상을 그렸고, 점진적으로 자신의 환상의 부분들을 행동으로 표출하기 시작했다. 그는 폐쇄된 공간인 차 안에서 총으로 여성들을 위협하고 공격하면서 자신에게 복종하는 환상을 꿈꾸면서 결국 환상과 현실이 뒤엉켜 살인자가 된 것이다.

정신의학자들을 캠퍼의 성적 공격성sexual aggression이 아동기의 분노와 폭력적 환상에서 기인된 것이라고 한다. 그들은 캠퍼와 어머니 간의 비정상적인 관계는 성적 가학자sexual sadists들에게는 보편적인 것이며, 일반적으로 자신들의 환상의 세계에 어머니를 살해하는 것을 끌어들인다고 한다. 살인 행동이 곧 성적 흥분의 강력한 구심점이 된다는 것이다.

캠퍼의 분노는 일찍이 부모가 이혼을 했을 무렵부터 시작되었다고 한다. 그는 모든 비난을 어머니에게 돌렸지만 캠퍼는 일찍부터 총기에 대한 강력한 흥미와 여성을 살해하는 욕망을 가졌다. 그것을 대신하고자 그는 고양이를 살해했지만 한편으론 도시의 모든 여성을 살해하고 시신과 성관계를 가지는 환상을 가지기도 했다. 여성들과의 관계가 마음대로 되지 않은 그에게 유일한 방법은 여성을 살해하고 그 시신과 성행위를 하는 것이었다.

인격 장애가 부른 재앙

- 『살인자들과의 인터뷰』(2004), 로버트 k. 레슬러
- 『Cannibal Killers: The History of Impossible Murderers』(1995), Moira
  Martingale
- 『Serial Killers: The Method and Madness of Monsters』(2004), Peter
  Vronsky
- 『Understanding the Borderline Mother: Helping Her Children Transcend
  the Intense, Unpredictable, and Volatile Relationship』(2002),
  Christine Ann Lawson
- 『The Co-ed Killer』(1976), Margaret Cheney
- 『The Serial Killer Files: The Who, What, Where, How, and
  Why of the World's Most Terrifying Murderers』(2003), Harold Schechter
- 『Mind Hunter: Inside the FBI's Elite Serial Crime Unit』(1995),
  Mark Olshaker, John E. Douglas
- 『Whoever Fights Monsters: My Twenty Years Tracking Serial Killers
  for the FBI』(1993), Robert Ressler

- http://www.biography.com/people/edmund-kemper-403254
- https://www.bizarrepedia.com/edmund-kemper
- http://murderpedia.org/male.K/k/kemper-edmund.htm
- http://aboutserialkillers.blogspot.kr/2009/12/edmund-kemper.html

매력적이고 카리스마가 넘치는
사람의 두 얼굴

예상 밖의 살인범, 테드 번디

테드 번디Ted Bundy는 1970년대 또는 그 이전부터 젊거나 어린 여성들을 수없이 폭행하고 살해한 미국의 연쇄살인범이자 연쇄강간범이요, 시체애증을 가진 사람이었다. 그는 10년 이상 자신의 범행을 부인하다가 사형당하기 직전에서야 1974년에서 1978년 사이에 걸쳐 36건의 살인을 범했다고 자백했다. 하지만 확실한 피해자의 수는 아직도 알 수 없으며, 그의 자백을 통해 알려진 36명보다 많을 수도 있다.

그는 전형적인 살인범의 인상과는 전혀 다르게 젊은 여성 피해자 다수로부터 카리스마가 있고 잘생긴 사람으로 간주되었고, 그는 이런 점을 범행 대상의 신뢰를 얻기 위해 악용했다. 그는 피해자들을 제압하고 폭행하기 전에 공공장소에서 장애나 부상을 가장하거나 권위 있는 사람을 흉내 내며 그들에게 접근했다. 그는 가끔 범행 현장을 다시 방문해 야생동물이 시신을 훼손해 더 이상 상호작용이 불가능해질 때까지 부패하는 시체에 빗질을 하고 성행위를 하곤 했다. 그는 적어도 12명에 달하는 피해자의 목을 베어 참수하고, 일부는 자신의 아파트에 얼마 동안 기념으로 보관하기도 했다. 그리고 그는 몇 번 밤에 피해자들의 주거지에 침입해 잠을 자고 있는 그들을 곤봉으로 때리기도 했다.

1975년 유타Utah 주에서 그는 납치와 폭력 미수 혐의로 처음으로 구금되었고, 여러 주에서 다수의 미제 살인 사건의 용의자로 지목받게 된다. 콜로라도Clorado 주에서 살인 혐의를 받게 된 그는 2회에 걸쳐 탈옥을 시도해 1978년 플로리다Florida 주에서 검거될 때까지 3건의 살인을 포함한 다수의 또 다른 폭행을 행했다. 그는 플로리다 주에서 열린 2건의 상이한 재판에서 사형을 세 번 선고받았고, 1989년 1월 24일 전기의자에서 사형이 집행되었다. 그의 전기를 쓴 작가는 그를 '다른 사람의 고통과 그들에 대한 통제로부터 쾌감을 얻은 가학적 소시오패스였다'라며 '다시는 보지 못할 최악의 냉혈한'이자 '가슴이 없는 악마의 전형'이라고 기술했다.

아버지가 누군지도 모른 채
태어난 아이

번디는 1946년 11월 24일, 버몬트Vermont 주 벌링턴Burlington의 한 미혼모의 집에서 태어났다. 그의 아버지의 신분은 확실하게 알려지지 않았다. 번디의 출생증명서에는 아버지가 로이드 마샬Lloyd Marshall이라는 이름의 예비역 공군이자 판매원인 것으로 기록되어 있지만 그의 어머니는 후에 워싱턴Worthington이라는 이름의 남자로부터 농락당했다고 주장했다.

그러나 일부 가족들은 폭력적이고 학대를 일삼는 외할아버지에 의해서 임신되었을지도 모른다는 의문을 제기했으나 그런 주장을 확인하거나 뒤집을 만한 아무런 물적 증거도 나오지 않았다. 번디는 그의 인생의 첫 3년은 결혼도 하지 않은 딸이 출산과 동시에 붙여질 수 있는 사회적 낙인을 피하기 위해 외손자를 아들로 입양해 양육했던 필라델피아Philadelphia의 외조부모의 집에서 살았다. 당연히 가족, 친지, 심지어 번디 자신도 그의 외조부모가 부모로 그리고 어머니를 누나로 알았다고 한다. 결국 번디는 진실을 알게 되었다. 그는 자신의 생부에 대해서 아무것도 말해주지 않고, 친아버지를 스스로 찾도록 내버려둔 어머니에 대해 평생 동안 분개했다고 한다. 반면에 자신을 양육해준 외조부모에 대해서는 온정적으로 말했다고 하는데, 심지어 일부 인터뷰에서 번디는 자신을 외할아버지와 동일시하고 그를 존경하며 그에게 집착까지 했다고 털어놓았다. 반면에 외할머니는 정기적으로 우울증 치료를 받았고, 생의 마지막에는 집을 떠나는 것을 두려워했던 온순하고 복종적인 여성으로 표현했다.

하지만 다른 가족들은 검찰에서 그가 유대인, 흑인, 천주교도 그리고 이탈리아인을 증오했고, 아내와 애견을 때리고, 이웃집 고양이의 꼬리를 잡고 흔들었던 포악한 폭군이요 괴짜였다고 증언했다. 언젠가 번디는 늦잠을 잤다는 이유로 자신의 이모를 계단 아래로 굴렸고, 가끔 보이지도 않는 현상에 소리를 지르고, 자신의 부성에 대한 의문이 제기되었을 때 분노를 폭발했다고 한다.

번디의 어머니는 사촌들과 같이 살기 위해 워싱턴Washington 주의 타코마Takoma로 이사를 했다. 그곳에서의 생활에 대한 번디의 기억은 다양하지만 그는 어머니가 그곳에서 만난 의붓아버지와 거리를 두었으며, 의붓아버지가 매우 총명하지도 않고 돈도 많이 벌지 못했다고 불평했다. 그는 타코마에 있는 동안 동네를 기웃기웃 배회하며 나체 여성들의 사진을 찾으려고 쓰레기통을 뒤졌고 성폭력을 포함하는 범죄수사 잡지, 범죄 소설 그리고 범죄 기록물 등을 구하려고 했으며, 많은 양의 술을 소비했다. 늦은 밤 옷을 갈

인격 장애가 부른 재앙

아입거나 벗는 여성들을 관찰할 수 있는, 커튼이 처지지 않은 창문을 찾아 어슬렁거리는 것이 일과였던 것이다. 그의 사회생활도 다양했다. 번디는 청소년 시기부터 사회성이 부족하거나 인간 관계 능력이나 기술이 부족하여 대인관계가 원활하지 못하여 혼자 있고 싶어하였고, 교유 관계를 진전시키는 타고난 감각이 없었다고 한다. 또한 무엇이 사람들로 하여금 친구가 되기를 원하게 하는지, 무엇이 사회적 상호작용의 저변에 깔려 있는지 알지 못했다고도 말했다. 그러나 고교 시절의 급우들은 번디가 학교에서 유명하고 인기가 있었으며, 큰 호수에서 자유롭게 돌아다니는 물고기 같은 사람이었다고 전했다. 그가 유일하게 좋아했던 운동은 스키였다. 훔친 장비와 위조된 리프트 티켓을 이용해 스키를 열정적으로 탔다고 한다. 고교 시절 그는 자동차 절도와 강도 혐의로 적어도 두 번 정도 체포되었다.

정치가를 꿈꾼 청년의
한때의 모범 생활

번디는 고등학교를 졸업하고 워싱턴대학교를 다니던 1967년에 같은 대학 여학생과 연인 관계를 이루게 되지만 이듬해 1968년 그는 대학을 중퇴하고 각종 잡일을 하게 된다. 뿐만 아니라 그는 록펠러Rockefeller의 대통령 선거 운동 시애틀Seattle 사무소에서 자원봉사도 했으며, 같은 해 마이애미Miami에서 열린 공화당 전국 전당대회에서 록펠러의 대표단으로 참석했다. 그 직후, 연인 관계였던 브룩스Brooks라는 여학생이 번디의 미성숙함과 야망이 결여된 태도로 인해 좌절한 뒤 그와의 연인 관계를 청산하고 고향 캘리포니아로 돌아가게 된다. 한 정신의학자는 번디가 맞은 이 위기를 "아마도 그의 성장 발전에 있어서 중추적인 시간"이었을 것이라고 진단했다. 여자친구로부터 거절당하자 자신이 유린당한 것처럼 느낀 번디는 여기저기 여행을 다니게 되는데, 전기 작가에 의하면 바로 이 시기에 그가 벌링턴의 시 행정사무소에서 자신의 출생 비밀과 친부를 확인하게 되었을 것으로 추정했다. 다시 워싱턴으로 돌아간 그는 워싱턴대학교 의과대학에서 일하던 이혼 경력이 있는 여직원을 만나 폭풍 같은 관계에 빠지고 그들의 관계는 1976년 그가 유타 주에서 처음 구금되었던 훨씬 뒤까지 지속된다. 1970년대 중반, 이제 중심을 잡고 목표 지향적인 사람이 된 번디는 다시 워싱턴대학교에 복학해 심리학을 전공한다. 대학에서 그는 우등생이 되고 교수들로부터도 칭송을 받게 되었다. 1971년에 그는 시애틀의 자살위기상담센터에 일자리를 구하게 된다.

1972년 대학을 졸업한 번디는 워싱턴 주지사 선거본부에 합류하게 되고, 주지사의 재선 승리로 선거가 끝나자 그는 워싱턴 주 공화당 의장의 비서로 고용이 된다. 그를 고용한 공화당 의장은 번디가 스마트하고 공격적이며, 체제를 믿는 사람이었다고 진술했다. 1973년 초, 법학전문대학원 입학시험에서 그리 좋은 성적을 얻지 못했음에도 불구하고 주지사, 주 공화당 의장 그리고 같은 대학 심리학과 교수의 강력한 추천으로 입학 허가를 받게 된다. 1973년 여름, 번디는 공화당 업무로 캘리포니아를 방문하는 동안 뛰어난 정치적 그리고 법률적 경력을 쌓아가는 등 신중하고 헌신적인 전문가로 변모함과 동시에 전 여자친구 브룩스와의 연인 관계를 다시 시작하게 된다. 그러면서 그는 현 여자친구도 동시에 만나는 등 양다리를 걸치지만 두 여성 누구도 상대 여성의 존재를 알지 못했다.

1973년 가을, 그는 워싱턴대학교 법학전문 대학원에 입학한다. 그리고 그를 만나기 위해 시애틀을 수차례 방문한 전 여자친구 브룩스와의 관계를

인격 장애가 부른 재앙

지속하며, 지인들에게 그녀를 약혼녀라고 소개도 했다. 그러나 1974년 그는 돌연 브룩스와의 관계를 끊고 모든 전화나 편지에 답하지 않는다. 훗날 그가 관계를 끊은 이유에 대해 사람들은 브룩스가 관계를 재개하게 된 계기는 처음부터 그녀가 자신을 떠난 데 대한 복수가 목적이었을 것이라고 추측했다. 바로 그즈음, 그는 수업을 빠지기 시작하다가 그해 4월 완전히 학교를 그만두게 되는데 그때부터 그 지역에서 젊은 여성들이 사라지기 시작했다.

번디는 1980년 2월 10일 사형이 선고되었는데, 형이 선고되자 그는 벌떡 일어서서 반복적으로 "배심원들이 틀렸다고 전하라!"라고 소리를 질렀다. 그에게 선고된 이 사형은 수년간의 항소와 항고 그리고 청원과 탄원을 거쳐 결국 거의 9년이 흐른 뒤에서야 집행되었다. 재판이 끝나고 오랫동안 상급심이 시작되면서, 그는 '자백의 낙인'을 피하기 위해 제3의 인물로 가장해 다수의 매체의 사람들과 인터뷰를 가져 자신의 범죄와 사고 과정을 자세하게 털어놓았다. 그는 자신을 도둑으로 설명했다. 그래서 그가 가지고 있었던 거의 모든 중요한 것은 다 훔쳤을 것이라는 수사관의 장기간 의심을 확인해주었다.

"내가 원했던 것을 나가서 훔쳐 가져오는 것을 즐겼다. 나에게 큰 보상은 그것이 무엇이건 훔쳐서 실제로 소유하는 것이었다."

바로 번디의 이 언급에서 그의 소유욕이 강간과 살인에 있어서도 중요한 동기였던 것으로 입증되었다. 그에 의하면, 성폭행도 자신의 피해자를 완전하게 소유하고자 하는 욕구를 성취하는 것이었다. 그는 "처음에는 붙잡힐 가능성을 제거하기 위한 편의의 문제로 여성들을 살해했으나 나중에는 살인이 하나의 모험이 되었다"라고 하면서 "사실 궁극적인 소유는 생명을 취하는 것과 그 다음엔 유해遺骸에 대한 물리적 소유"라고 진술했다.

누구라도 속일 수 있고, 누구라도 죽일 수 있는

번디를 면담한 FBI의 행동분석 요원은 그가 자신의 살인에서 취한 깊고 거의 신비스러울 정도의 만족에 놀랐다고 밝혔다. 그는 "번디에게 있어서 살인은 욕정이나 폭력의 범죄만이 아니라 소유의 문제였다"라며 번디는 자신을 1974년쯤의 '전성기'나 '약취기' 전까지 '아마추어' 또는 '충동적' 살인범이었다고 스스로 밝혔는데, 이는 그의 살인 행각이 1974년보다 훨씬 전부터 시작되었음을 암시하는 것이라고 강조했다. 그래서일까? 번디는 수년 동안이나 자신의 신분이나 검거를 피하기 위해 법집행 방법에 대한 포괄적인 지식을 활용한, 비범할 정도로 조직화되어 있고 계산적인 범죄자였다. 그의 범죄 현장은 광범위한 지역에 분산되어 있어서 다수의 수사관들이 다수의 행정구역에서 동일한 인물을 추적하기 전까지는 피해자가 몇 명인지도 파악하지 못했다.

번디의 공격 방법은 무딘 외상을 입히거나 목을 조르는 것이어서 둘 다 보통의 가정집 도구로서도 쉽게 할 수 있는 비교적 소극적인 수법이었다. 그는 일부러 총기 사용을 자제했는데 그것은 소음과 탄피가 증거로 남는 것을 피하려는 의도였으며, 철저하게 연구하는 사람이어서 주변을 면밀하게 관찰해 피해자를 버리기 안전한 장소를 골랐다. 그는 또한 물적 증거를 최소화하는 데도 능통해 범행 현장 어디에서도 지문을 남기지 않았으며, 바로 이런 점으로 인해 그가 범행을 수년 동안 지속할 수 있었던 것이다. 번디

사건에 대해 법집행기관이 직면했던 또 다른 어려움의 하나는 그의 유전적, 특히 얼굴형이나 생긴 모습 등이 전혀 알려지지 않고 자신의 외모를 자유자재로 바꿀 수 있는 카멜레온 같은 변장술이었다. 경찰은 목격자들에게 그의 사진을 보여주는 것에 대한 불만이 많았는데, 그것은 그의 사진이 거의 다 달랐기 때문이었다. 얼굴을 마주 보더라도 그의 인상은 항상 바뀌기 때문에 동일 인물을 보고 있는지조차 확실하지 않을 때가 있을 정도였으며, 그는 필요할 때면 언제라도 자신의 그러한 능력을 백분 활용해 자신의 특징적인 외모를 숨기거나 변장했고, 심지어는 자신의 자동차도 예외는 아니어서 목격자들의 진술이 다 달랐다는 것이다.

FBI 수사관에 따르면, 전형적인 연쇄살인범들과 마찬가지로 번디의 범행 수법도 시간이 경과하면서 조직적이고 섬세하게 진화했다. 초기 수법은 늦은 밤 강제로 주거 침입을 해 잠자는 피해자를 둔기로 공격하고, 일부 피해자들을 움직이지 못하도록 한 채 성적으로 폭행을 가했다. 그 결과 한 사람을 제외하고는 모든 피해자들이 죽거나 의식을 잃은 채로 눕혀져 있었다.

번디의 수법이 점점 진화함에 따라 피해자와 범죄 현장의 선택에 있어서도 보다 조직적이 되었다. 그는 미리 흉기를 숨겨둔 자동차 근처로 피해자를 유인하기 위해 다양한 미끼를 활용했다. 그는 다리와 팔에 부목을 하거나 목발을 짚는 등 장애를 가진 사람처럼 행세하며 자신의 자동차로 무언가를 나르는 것을 도와달라고 요청하곤 했다. 더불어 피해자들은 한결같이 그를 잘생기고 카리스마가 있는 사람으로 진술한 것처럼, 그는 자신의 그러한 외모를 피해자들의 신뢰를 얻는 데도 활용했다. 번디는 마치 조화가 꿀벌을 유인하는 것과 같이 피해자들을 유인했던 것이다. 피해자가 번디의 자동차 가까이나 안으로 들어가게 되면 그들은 불시에 제압당하고 수갑이 채워졌다. 대부분의 피해자들은 1차 범행 현장에서 멀리 떨어져 있는 2차 범행 장소에서 성폭행을 당하고 목이 졸려서 사망했으며, 자신의 매력이나 외관이 유용하지 않은 경우에는 자신을 경찰관이나 소방관이라고 속여 권위를 행사했다. 장기간의 도망자 신세에 지친 나머지 그는 잠자고 있는 피해자에 대한 무차별적인 공격을 후회하기도 했다고 한다.

2차 범행 현장에서 번디는 피해자의 옷을 제거하고 불에 태웠는데, 그를 추적할 수 있는 단서나 흔적을 범행 현장에 남기지 않으려는 실질적인 이유 때문이었다. 종종 그는 2차 범행 현장을 찾아가서 시간, 즉 시체에 성행위를 하고 시신에 옷을 입히고 머리를 빗어주었다. 일부 피해자들은 그들이 입지 않았던 복장 상태이거나 손톱정리를 한 것을 피해자의 가족들이 목격하기도 했다. 그는 다수의 피해자들을 사진으로 찍기도 했는데 "무언가 일을 제대로 했을 때는 그것을 잊고 싶지 않은 법"이라고 그 이유를 설명했다. 그는 많은 양의 알코올 소비가 자신의 범행에 있어서 핵심적인 요소였으며, 그것은 자신의 자제력을 최소화하고 충동을 다스리는 지배적인 인성을 진정시키기 위해 어쩔 수 없이 필요했다는 것이다.

모든 피해자는 백인 여성에 중산층 배경을 가졌으며 15세에서 25세 사이의 대학생이었다. 그는 전에 만난 적이 있는 사람은 일부러 접근하지 않았으며, 대부분의 피해 여성들은 긴 생머리였다고 한다. 일부에서는 첫 번째 여자친구에 대한 증오가 젊은 여성들에 대한 공격을 부채질했다고 주장했으나 번디는 이러한 주장에 대해 그냥 피해 여성들이 젊고 아름다웠을 뿐이었다고 일축했다. 젊음과 아름다움이 자신의 피해자 선택의 불가피한 범주였다고 말이다.

번디는 여러 차례에 걸쳐서 정신의학적 검사를 받았으나 전문가들의 결

인격 장애가 부른 재앙

론은 다양했다. 한 폭력 행위에 대한 권위자는 처음에 양극성 장애bipolar disorder를 진단했으나, 후에 수차례에 걸쳐 자신의 의견을 바꾸었다. 번디의 인터뷰와 법정 진술을 연구하면서 다중 인격 장애multiple personality disorder의 가능성을 제안하기도 했다. 교도관이나 주변 친인척들의 증언에 따르면, 신체와 얼굴을 자유자재로 변화시켰고, 인성도 거의 완전하게 바꾸기도 했는데 이럴 때의 그가 가장 무서웠다고 한다. 뿐만 아니라 그는 자기애적 인격 장애narcissistic personality disorder도 가졌던 것으로 분석되었다.

이처럼 진단에 대한 전문가들의 의견은 분분했지만 대부분의 증거는 양극성 장애나 기타 정신질환이 아니라 반사회적 인격 장애antisocial personality disorder를 지적하고 있다. 대부분 소시오패스나 사이코패스로 종종 알려진 반사회적 인격 장애 환자는 종종 외관상으로 매우 매력적이며 때론 카리스마적이지만 그 이면에는 진정한 인성이나 순수한 직관이 거의 없다고 한다. 대부분의 소시오패스는 정신질환을 보이지 않으며 옳고 그름을 구분할 수 있으나, 그러한 능력이 그들의 행동에 크게 영향을 미치지 못한다.

그들은 죄의식이나 죄책감을 거의 가지지 않아서, 번디가 말한 것처럼 "죄의식은 아무것도 해결해주지 않으며, 오히려 그것은 자신을 해친다"라고 믿는다는 것이다. 기타 특징으로 자기중심주의, 판단력 결여 등을 포함해, 그들은 누구라도 속일 수 있다고 생각하는 자기중심적 약취자라고 할 수 있다. 그래서 진정한 반사회적 인격 장애자를 찾기란 쉽지 않지만 번디가 바로 아무런 죄의식도, 동정심도, 공감 능력도 없는 진정한 사이코패스 중 한 사람이라고 평하는 사람도 있다. 반면에 뉴욕대학교 의료원의 르위스Lewis 교수는 번디를 여러 시간 검사한 다음, 범행이 대부분 우울한 상황에서 발생했으며 번디는 조울증 환자manic depressive라고 진단했다.

한편 번디를 줄곧 변호했던 변호인과 그를 진단한 정신의학자의 인터뷰에 의하면, 번디는 오히려 매우 지능적이어서 다양한 문제들에 대해 잘 숙지하고 있었다고 한다. 기록만 놓고 보면 그는 일생을 인격 장애로 고통을 받는 사람의 전형적인 모습이라고 한다. 번디는 장기적 관심보다 즉각적인 만족에 대한 충동으로 고통을 받는 사람이었으며, 전형적인 형태의 사이코패스적 인격을 가진 사람이었다는 것이다. 충동에 고통을 받는 사람에 대한 변호인의 추가적인 질문에 대해서는 자신의 충동에 대해 통제력이 없거나 적어도 통제력에 장애를 가진 사람이며, 누구나 자신의 욕구나 필요를 충족시키기 위해 무언가에 대한 충동은 가지고 있지만 대부분의 사람들은 그것을 통제하면서 선택하는 데 비해 충동으로 고통을 받는 사람impulse-ridden은 그런 통제 능력을 가지고 있지 않다고 답했다.

그가 연쇄살인을 저지른 것도 권위를 따르지 않으려는 욕구와 이를 통제하지 못하는 충동을 가진 사이코패스의 전형적인 행위이며, 그것이 자신의 생명을 보전하는 것보다 더 중요하며, 전형적으로 순간의 충족과 만족에 반응했던 것이라고 설명했다.

번디의 범행이 다른 범죄와 달리 독특한 것은 그의 범행이 적어도 열 개 이상의 주에 걸쳐 전 미국에서 이루어졌다는 점이다. 루이스빌Louisville대학교의 범죄학 교수인 홈즈Holmes는 번디와 가장 많은 시간을 보내고 그를 관찰한 사람으로, 그가 가진 떠돌이 성향이 교통수단의 발달과도 관련이 있다고 말했다. 과거의 전통적 연쇄살인범들은 대부분 자신의 주변에서 범행을 한 데 반해, 번디는 그러한 전형에서 벗어난 첫 번째 연쇄살인범으로서 현대 다중살인범의 전형이 되었다고 한다. 그는 완전히 새로운 종의 연쇄살인범이어서 경찰에서도 미처 준비가 되지 않았기에 경찰의 살인범에 대한 정보

인격 장애가 부른 재앙

수집 방법에도 지대한 영향을 미쳤다. 그로 인해 살인범 정보 저장소가 만들어졌고 그와 관련된 프로그램이 도입된 계기가 되었다고 한다.

그는 법집행기관에게 살인범 자료은행의 가치를 가르친 셈이다. 뿐만 아니라 번디는 연쇄살인범의 이미지도 바꾸어놓았다. 이전에는 연쇄살인범에 대한 대중의 이미지가 총체적인 신체적 장애를 가진 정신착란 상태의 변종이었으나 그가 나타난 후로는 우리들 주변의 낯선 사람으로 바뀌었다는 것이다. 또한 번디는 연쇄살인을 스포츠, 재능 그리고 지능의 추구라는 섬뜩한 결합으로 보았다고 한다. 자신의 기술을 검증하기 위해 한 여성을 붙잡고는 해치지 않고 그냥 놓아준 것이 그 한 예라고 할 수 있다. 한 인터뷰에서 그는 살인자의 스킬을 더 좋은 요리사나 수리공이 되는 방법에 비교하기도 했다. 그는 오로지 최고의 피해자만을 골라서 살해했기 때문에 그가 미친 가장 큰 영향은 아마도 피해자의 신분이라고 할 정도이다. 그는 전형적인 피해자 상이었던 마약상이나 매춘 여성이 아닌 대학생이나 유력 인사의 딸 등을 살해했고, 이로 인해 대중의 공분과 언론의 집중적인 조명을 받기도 했다.

사형이 집행되기 전날 오후, 번디는 또 다른 인터뷰 자리에서 자신의 범죄가 음란물과 언론의 폭력성에 기인하고 있다고 강조했다. 그는 자신의 폭력성이 점차 단계적으로 진행되었으며, 폭력적 단계와 그 수준의 성을 다루는 음란물의 경험에 일단 중독이 되면 점점 더 심한 음란물을 찾게 만든다고 하면서, 음란물에 중독이 되면 어느 순간 음란물을 그냥 보거나 읽기만 하는 것으로는 만족이 되지 않고 실제로 행동으로 옮기면 어떨까 하는 생각까지 하게 만든다고도 했다. 실제 많은 연구자들은 음란물과 범죄의 관계를 연구해 제시하기도 했다. 그들에 의하면, 다양한 형태의 음란물이 범죄로 이어지고 범죄로 인도하는 환상을 끌어낼 수 있다는 것이다.

실제 연구 결과에서도 다수의 강간범들이 강제된 성의 환상을 이끌어내는 단초로 음란물을 꼽았다. 뿐만 아니라 대표적인 성인잡지인 「플레이보이Playboy」나 「펜트하우스Penthouse」의 구독률이 가장 높은 지역이 강간율도 가장 높은 것으로 나타났으며, 경찰 수사 결과에서도 강간 사건의 40퍼센트 이상에서 음란물이 이용되거나 그것을 모방했다고 한다. 또한 조사된 모든 강간범의 절반 정도가 피해자를 찾으러 나서기 전에 자신을 자극하기 위해 가벼운 음란물을 이용했다고도 한다.

번디는 언론의 폭력성이, 특히 폭력화된 성이 보통 소년을 지금의 테드 번디가 되게 했다고 주장하며, 수많은 음란물 중독자들이 난무하는데도 세상은 아무런 조치도 취하지 않는다고 비난했다. 이런 그의 주장에 대해 일부에서는 그가 음란물을 갑작스럽게 비난함으로써 자신에 대한 비난을 다른 곳으로 돌리려는 마지막 악의적 시도라고 결론을 내린 바 있다. 이런 결론을 내리게 된 이유는 마지막 인터뷰를 하기 전에 번디는 음란물이 자신에게 거의 아무런 영향을 미치지 않았으며, 문제는 음란물이 아니라 바로 자신이었다고 진술해왔기 때문이다.

따라서 전문가들은 번디의 범행 동기가 음란물이 아니라 이기적인 동기라고 주장한다. 게다가 그의 인터뷰 내용은 우리들의 마음을 악용하는 또 다른 테드 번디에 지나지 않으며, 단지 범죄의 책임을 자신이 아니라 우리에게 전가시키는 것에 불과한 것이라고 비판했다. 실제로 그가 자신의 범행 30여 건을 자백했을 때도 잘못은 자신이 아니라 다른 누군가 또는 다른 무언가에 있었으며, 자신의 책임을 결코 받아들이지 않았다. 대신에 자신을 학대한 할아버지, 알코올, 언론, 경찰, 사회 일반, 텔레비전의 폭력성 그리고 궁극적으로는 범죄 잡지와 음란물 등을 포함한 다양한 희생양, 심지어는 피해자의 취약성에 전가했다. 장기 연쇄살인범들은 자신의 죄의식에 대항해 아주 막강한 장벽을 세우는데, 그 부정과 거부의 장벽은 때로는 절대로 허물어지지 않기 때문에 번디도 매번 자신의 범행을 자백하도록 강요받을 때마다 오래전 자신의 내부에 스스로 구축한 높고 가파른 장벽을 뛰어넘어야만 했을 것이다.

- 「The Last Murder: The Investigation, Prosecution, and Execution of Ted Bundy」(2011), George R Dekle Sr.
- 「Serial Killers」(1992), Laura Foreman
- 「The Phantom Prince: My Life With Ted Bundy」(1981), Elizabeth Kendall
- 「The Riverman: Ted Bundy and I Hunt for the Green River Killer」(2005), Robert Keppel
- 「Terrible Secrets: Ted Bundy on Serial Murder」(2011), Robert D. Keppel, Stephen G. Michaud
- 「Bundy: The Deliberate Stranger」(1980), Richard W. Larsen
- 「Dead Wrong: A Death Row Lawyer Speaks Out Against Capital Punishment」(1997), Michael A. Mello
- 「The Only Living Witness: The True Story of Serial Sex Killer Ted Bundy」(1999), Stephen G. Michaud
- 「Ted Bundy: Conversations with a Killer」(2000), Stephen G Michaud
- 「Ted and Ann: The Mystery of a Missing Child and Her Neighbor Ted Bundy」(2013), Rebecca Morris
- 「Defending the Devil: My Story as Ted Bundy's Last Lawyer」(1994), Polly Nelson
- 「The Stranger Beside Me」(2008), Ann Rule
- 「The Bundy Murders: A Comprehensive History」(2009), Kevin M. Sullivan
- 「Among the Lowest of the Dead: The Culture on Death Row」(1995), David Von Drehle
- 「Ted Bundy: The Killer Next Door」(1979), Steven Winn

- http://www.biography.com/people/ted-bundy-9231165
- http://murderpedia.org/male.B/b1/bundy-ted.htm
- http://criminalminds.wikia.com/wiki/Ted_Bundy

죽어야만 사랑이 가능한
한 남자의 이야기

친절한 살인마, 데니스 앤드류 닐센

'머스웰 언덕의 살인마Muswell Hill Killer' 또는 '친절한 살인마Kindly Killer'로 알려진 데니스 앤드류 닐센Dennis Andrew Nilsen은 1978년에서 1983년 사이 런던을 중심으로 최소 15명의 소년과 남자를 살해하고 성행위를 위해 시신을 보관했던 영국의 연쇄살인범이다. 그의 살인 행각은 하수구에 버린 시신 조각들로 인해 드러났다. 절단되고 훼손된 시신 조각들이 하수구를 막자, 자신이 부른 하수구 청소업체의 직원이 신고함으로써 막을 내리게 된 것이다. 범죄 행각, 성적 관심 그리고 생활 유형 등의 유사성으로 그는 종종 미국의 엽기적인 연쇄살인범인 제프리 다머Jeffrey Dahmer를 닮았다고 하여 "영국의 제프리 다머"라고 불리곤 했다.

할아버지와 살았던 시절이
가장 행복했다

그는 노르웨이Norway 출신의 아버지와 스코틀랜드Scotland 출신의 어머니 사이에서 태어났다. 그의 아버지는 알코올의존증이었으며 닐센이 겨우 4살일 때 두 사람은 이혼을 한다. 그 후 어머니는 곧바로 재혼을 했고, 닐센은 할아버지에게로 보내진다. 그는 세상 누구보다도 존경하는 할아버지와 함께 보낸 그 시간이 가장 행복했다고 한다. 그의 할아버지는 엄격하고 자긍심이 강하며, 알코올이나 라디오 같은 것을 허락하지 않았다. 할아버지도 손자 닐센과의 관계를 진심으로 즐거워했으며, 실제로 두 사람은 자주 오랜 시간 산책을 했다. 할아버지는 닐센에게 바다 이야기를 즐겨 들려주곤 했다.

하지만 불과 얼마 후 할아버지가 낚싯배에서 주검으로 발견되고 그는 다시 어머니에게로 돌아오게 된다. 그에 의하면 자신에게 생긴 첫 번째 트라우마는 자신이 아주 어릴 때 겪은 할아버지의 죽음이라고 한다. 엄격한 천주교 신자였던 어머니는 할아버지가 죽은 것이 아니라 "잠을 자고 있는 것"으로 말하며 장례식 전에 시신을 반드시 볼 것을 주장했기 때문이다. 이 사건 때문이거나 혹은 시체의 불순함에 대한 어머니와 계부의 설교 때문에 닐센이 그토록 잔인한 연쇄살인범이 되었는지는 아무도 모를 일이다.

그러나 어린 시절 시체를 본 경험이 훗날 닐센에게 얼마나 큰 영향을 미쳤는지는 분명하게 되었다. 잠을 잔다고 했던 할아버지가 수개월이 지나도 돌아오지 않자 그는 결국 심각한 트라우마를 갖게 되었다. 이 심리적 폭탄이 닐센을 고독의 세계로 몰아넣었는데, 그로 인해 다시는 그가 다른 사람을 '건강하게' 또는 '마음을 주고' 사랑하지 못하게 했다. 그는 남성들과 일련의 인위적 또는 가상적 그리고 병동적인 관계를 가지긴 했으나 그것이 그의 고독함과 소외감을 누그러뜨리지는 못했다. 제프리 다머와 마찬가지로 그는 누군가 자신을 떠나지 않을 대상을 찾았고, 그것이 바로 시신이었던 것이다.

그는 사춘기로 접어들면서 자신이 동성애자라는 것을 발견하고 처음에는 혼란스럽고 부끄러워했다. 그래서 이를 비밀로 간직했다. 한번은 그가 여

인격 장애가 부른 재앙

동생을 애무하고는 남자아이들에게 끌리는 자신을, 여동생을 동정하는 마음의 표출이라고 위로했다. 그는 나이가 많은 청년들에 의하여 애무를 당하기는 했지만 자신이 끌리는 어떤 동료에게도 성적인 접촉을 하려는 직접적인 노력을 하지 않았다. 한번은 자고 있는 형을 애무하다가 들켜서 형은 그때부터 동생이 동성애자임을 의심하게 되었고 공개적으로 그를 "계집애"라고 부르기도 했다. 하지만 닐센은 그가 여동생을 애무했던 것이 곧 자신이 양성애자라는 증거라고 믿었다.

성적인 혼란에서
시체를 사랑하기까지

닐센은 학교생활도 순탄하지 않아서 결국 15살에 육군에 자원입대하게 된다. 육군에서의 첫 3년은 대부분 힘든 훈련의 연속이었지만 군생활의 힘든 일과 훈육 그리고 동료 간의 우정을 강조하는 그 시간이 그에게는 비정상적으로 가장 행복했다고 한다. 그는 더 이상 자신이 이방인이 아니라고 느꼈지만 동료 중 누군가에게 성적으로 끌렸다는 내면의 기류가 항상 자라고 있었다. 그는 자신이 아마도 양성애자라고 스스로 다짐하며 죄의식과 싸웠는지도 모른다.

그가 군에서 담당했던 업무는 배식이었고 나중에 끔찍한 용도로 쓰이게 되는 도살 기술은 이때 배운 것이다. 그는 동료애를 즐기고 동료 군인들에게도 인기가 있었으며, 유흥과 알코올도 본격적으로 접하게 되었다. 이 시기에 그는 남성들과 다수의 성적 접촉을 했을 뿐만 아니라 매춘 여성들과의 관계도 빈번하게 가졌다. 중동 지역에서 근무할 당시 그는 자신을 시체로 보는 혼란스러운 환상을 갖기 시작했고, 변장한 자신의 이미지를 노려보면서 자위행위를 하는 등 사랑과 죽음이 그의 마음속에서 겹치기 시작했다.

그러던 중 북아일랜드Northern Ireland 참전에 환멸을 느끼고 제대하여 그가 자란 집으로 돌아오게 되었다. 그리고 어느 날 그의 형과 동성애에 대하여 치열한 설전을 벌였고 그 일로 형제는 더 이상 대화조차 일절 하지 않게 되었다. 그 당시 닐센은 런던의 동성애자 전용 바를 전전하며 소일했지만 그때까지는 그냥 대화만을 즐겼지 성적인 행동은 하지 않았다. 바에서 만난 동거남과의 관계가 멀어지면서 그는 그 빈자리를 게이 바를 드나들며 알코올로 메웠다.

그러다가 어느 성탄절 밤을 혼자 보낸 후 그는 예전의 죽음에 관한 환상이 되살아나서 위로를 받게 된다. 그 무렵 닐센은 술집에서 만난 18세의 소년을 집으로 데려오고, 그를 영원한 동반자로 삼고 싶은 욕망에 사로잡혀 결국 그 소년을 살해하고 만다. 하지만 발각될까 두려운 마음에 시체를 마루 밑에 7개월동안 숨긴다. 이 사건이 닐센이 저지르게 되는 연쇄살인의 시작이었다.

성숙되지 않은
유아적 사랑

닐센이 교도소에서 쓴 메모에는 이렇게 적혀 있다.

'내가 사랑할 수 있는 사람은 죽어야만 관계를 지속시킬 수 있었다. 나에게 할아버지의 가장 두드러진 모습의 전형은 죽은 이미지였다. 내가 할아버지에 대해서 신성하게 느꼈던 감정을 표현할 수 있기 위해서는 사람들이 죽어야 할 필요가 있었다. 그것은 아직 발달하지 않고 성숙되지 않은 유사-성적, 유아적 사랑이었다. 피해자들의 광경은 쓸쓸한 달콤

인격 장애가 부른 재앙

함과 일시적 평화와 성취감을 가져다주었다.'

피해자 모두는 노숙자이거나 학생들로, 그가 술집에서 성을 위해서나 그냥 동반자로서 집으로 데려온 사람들이다. 그는 피해자들의 목을 졸라 살해하고는 이튿날 아침에 일어나서 자신이 한 짓을 거의 기억하지 못했다. 그는 군에서 배운 정육 기술을 활용하여 시신을 처리했다. 그리고 그가 사용할 수 있는 넓은 정원이 있어서 많은 시신을 불에 태울 수 있었다. 그동안 아래층에 살다가 유품이나 시신의 잔해 등 감춰야 할 것이 많아지자 위층으로 이사를 하게 되었지만 살인 행각이 계속될수록 시신의 잔해를 처리하기가 점점 더 어려워졌다. 서류 가방을 가득 채운 장기들도 옷장에 가득해지고, 시신 잔해로 가득한 플라스틱 가방도 마루 밑에 쌓여갔다.

그러자 이웃 주민들이 냄새를 인지하기 시작했다. 그는 어쩔 수 없이 시신의 잔해들을 하수구에 내려보내서 처리하려고 노력했으나 오히려 하수구가 막히게 된다. 어쩔 수 없이 닐센은 배관공을 불렀고, 하수구가 시신과 같은 물질로 막힌 것을 알게 된 배관공이 경찰에 신고함으로써 비로소 그의 살인 행각도 끝이 나게 되었다.

죽였지만
왜 죽였는지 모르는 상황

검거 후에 닐센은 살인 동기에 대해 추궁을 받았다. 그에 대한 대답으로 닐센은 자신이 왜 살인을 했는지 모른다며 오히려 자신의 살해 동기를 밝혀달라고 주장했다. 또한 살해 결심은 살인이 일어나기 전까지 일어나지 않았다며 자신의 살인 행위가 사전에 계획된 것이 아니라고 했다.

대부분의 피해자들은 교살되었지만 일부 피해자는 의식을 잃은 채로 강물에 던져졌다. 살해 후에는 대부분 시신을 씻겨서 자신의 신체적 이상에 맞추기 위하여 체모를 면도하고 피부에는 화장을 시킨 다음 양말과 속옷을 입히고 시신의 팔로 자신을 몸을 감싸게 하여 시체에 이야기를 하는 것처럼 했다. 또 닐센은 시신과 함께 서서 또는 무릎을 꿇고 앉아서 시신을 바라보며 자위행위를 했으며 가끔은 가랑이 사이로 피해자와 성행위를 한 경우는 있어도 시신이 성행위의 식상한 의식을 갖기에는 너무나 아름답기 때문에 결코 삽입하지는 않았다고 주장했다. 실제로 그는 일부 피해자들의 시신을 의자에 앉혀놓거나 눕혀놓고 아름다움에 감탄하며 감정적으로 소리를 지르기도 했다고 한다.

재판 과정에서 검찰과 변호인단의 논쟁은 닐센이 살인을 했는지의 여부가 아니라 살인하기 전과 후, 그리고 살해 당시 그의 마음과 정신 상태였다. 닐센의 자세하고 정확한 자백으로 변호인단이 할 수 있는 것은 오로지 그가 정신이 온전하지 못하여 처벌해서는 안 된다거나 그가 범행을 사전에 계획할 수 있을 정도로 실제 범의犯意를 가지지 못했기 때문에 범죄의 책임을 경감시켜야 한다는 주장밖에 할 수 없었다. 변호인단은 닐센이 고통을 받고 있다고 판단한 다양한 관점의, 확인되지 않은 인격 장애를 제기했다. 그러면서 어떻게 닐센이 자신의 감정을 표현하는 데 어려움을 갖게 되었으며, 자신의 잘못된 인간관계를 해결하지 않고 피하려 했는지를 진술했다.

그의 부적응 행동들은 아동기부터 나타났다. 그는 지나칠 정도로 정신적 기능과 행위적 기능을 분리하고 구분할 수 있는 능력을 가졌는데, 그렇게 분리함으로써 자기 행동에 대한 책임감이나 죄의식, 죄책감을 줄일 수 있었다. 또한 정신의학자들은 닐센이 의식이 없는 신체와 성적 흥분을 관련시키

인격 장애가 부른 재앙

는 것 그리고 그가 자기도취적이고 자기중심적이며 과장하고, 지나친 음주로 기억상실 장애가 배가된 점도 지적했다. 그는 또한 자아정체감의 장애를 가졌으며, 다른 사람들에게 자신의 행동에 대해 별스럽게 느끼지 않을 정도로 다른 사람들을 비인간화 또는 비인격화할 수도 있었다고 한다.

또 다른 정신의학자는 닐센이 '마치 유사-정상 자기애성 인격 장애Pseudo-Normal Narcissistic Personality Disorder와 같은 경계성 위선적 자아Borderline False Self'를 가진 것으로 진단했다. 닐센은 이 '위선적 자아증후군False Self Syndrome'을 받아들였고, 이는 그가 대부분의 시간은 스스로 관리할 수 있지만 정신분열 증세가 간헐적으로 나타난다는 것을 의미한다.

그러한 사람들은 사회적 격리의 상황에서 허물어지기 가장 쉬운 사람이며, 사실 닐센은 '예모 범죄malice aforethought' 또는 사전에 계획된 범행 의사에 대해서는 죄가 없다는 주장이었다. 그러나 이러한 변호인 측의 주장을 반박할 수 있는 또 다른 정신의학자가 전문가 증언에 나서서 변호인 측 정신의학자들보다 훨씬 많은 시간을 닐센과 보낸 후, 그들이 주장하는 증거를 찾을 수 없었으며, 오히려 닐센이 악의적으로 악용하고 있는 것으로 판단했다. 물론 그도 닐센이 독특한 사례로 정신적 비정상성은 있지만 정신적 장애는 아니라고 주장했지만 어떤 차이인지 확실하게 설명하지는 않았다.

- 『Dennis Nilsen: Conversations with Britain's Most Evil Serial Killer』
  (2013), Russ Coffey
- 『Serial Killers』(1992), Laura Foreman
- 『Killing for Company: The Case of Dennis Nilsen』(1985), Brian Masters
- 『Murder in Mind: Dennis Nilsen』(1997), Raj Persaud
- 『The Black Museum: New Scotland Yard』(1993), Bill Waddell
- 『Killers』(2006), Nigel Cawthorne
- 『Encyclopedia of Serial Killers』(1995), Brian Lane
- 『The Birth of Psychopathy; The Psychology of a Serial Killer;
  The Life of Dennis Nilsen』(2012), Matthew Malekos
- 『HOUSE OF HORRORS』(1983), John Lisners
- 『The Nilsen File』(1983), Brian McConnell, Douglas Bence
- 『The New Murderers Who's Who』(1989), J. H. H. Gaute and Robin Odell

- http://murderpedia.org/male.N/n/nilsen-dennis.htm
- http://www.biography.com/people/dennis-nilsen-17169676

평범한 가장이었던 남자의
숨겨진 비밀

BTK 살인마, 데니스 레이더

데니스 레이더Dennis Rader는 결박Bind, 고문Torture 그리고 살해Kill의 머리글자를 딴 'BTK 살인마BTK Killer' 또는 'BTK 교살자BTK Strangler'로 알려진 연쇄살인범으로, 1970년대에서 1990년대에 이르기까지 오랜 기간에 걸쳐 10명을 살해해 미국의 남부 캔자스Kansas 주 위치토Wichita 시 지역을 공포로 몰아넣었던 인물이다. 1945년 캔자스 주 피츠버그Pittsburgh에서 태어난 데니스 레이더는 1974년에 4명의 가족을 그들의 집에서 살해하면서 살인자의 인생을 시작했다. 그해에 그는 자신의 살인 행위로 명성을 얻으려는 목적에서 자신의 범행을 자세하게 기록한 편지를 경찰과 언론에 보내기 시작한다. 레이더의 마지막 범행은 1991년이었으나 그가 2004년에 다시 표면 위로 올라오면서 언론의 관심을 받는다. 이로 인해 결국 그는 체포되어 유죄를 인정하고 10개의 종신형을 선고받게 된다.

레이더의 연쇄살인이 더 관심을 끄는 것은 그가 여느 평범한 미국 가정의 아버지요, 남편이요, 직장인으로 보였으며 직장 또한 시민의 안전을 제공하는 민간경비회사에 다녔다는 점이다. 하지만 그는 자신의 범행을 편지로 경찰에 신고하고 언론에 알려서 자신의 범행을 자랑하고 명성을 얻겠다는 공명심이 가득했다. 더욱 놀라운 사실은 그의 범행이 무려 30여 년이나 지속되었다는 것이다.

어릴 때부터 키워온
살인 충동

레이더는 비교적 중산층의 밝은 가정에서 4형제 중 맏이로 태어나 자랐다. 어린 시절 그는 외견상으로 평범하고 특별한 것이 없어 보였다. 보이스카우트에도 적극적으로 참여하고, 교회의 청년 활동에도 적극적이었다. 약간 소극적이고 뒤로 숨는 경향이 있었지만 평균 정도의 성적을 보이는 보통의 학생이었다. 하지만 그의 진술에 따르면 그는 초등학생 시절부터 결박, 통제, 고문에 대한 환상을 가지기 시작했다고 한다. 성적으로 발달함에 따라 소녀들을 결박해 자기 마음대로 하는 꿈을 꾸었던 것이다. 또한 소년기에 개와 고양이의 목을 졸라 죽였다고 자백했지만 결박, 고문, 죽음의 내면세계가 싹트고 있다는 것을 모두에게 숨겼다.

언론의 보도와 자신의 자백에 의하면, 그는 어릴 때부터 동물들을 고문했고, 여성의 속옷에 대한 성적인 숭배를 가졌다고 한다. 그래서 훗날 피해자의 속옷들을 훔쳐서 스스로 입기도 했다고 한다. 그를 아는 사람들은 그가 조용하고 예의 바른 젊은이였으며, 유머 감각이 조금은 부족했지만 집중하는 경향이 있었고, 말하기 전에 단어를 신중히 선택하는 사람으로 기술했다.

「로스앤젤레스타임스Los Angeles Times」지의 보도에 따르면 레이더는 어릴 적부터 길고양이들을 죽여 목을 매달곤 하는 등 일찍부터 문제의 신호를 보였다고 한다. 그는 1960년대 중후반 공군에서 근무했고, 1971년에 결혼해 수년 동안 캠핑장비회사에 다니다가 1974년부터 ADT라는 민간경비회사에서 일을 하게 된다. 그의 첫 범행은 경비회사에 근무하기 시작한 1974년 총 4명의 일가족을 그들의 집에서 살해한 것에서 시작한다. 그는 피해자들의 목을 졸라 질식시켜 살해하고는 집을 뒤져서 시계와 라디오를 가지고 나왔다. 피해자의 목을 졸라 질식시켜 사망케 하는 것과 시계와 라디오 등 일종의 기념품을 챙겨 나오는 것이 그의 범행 수법 또는 행동 유형이 되었다. 그는 또한 범행 현장에 정액을 남기기도 했는데, 후에 그는 사람을 죽이는 데서 쾌감을 얻었다고 말했다.

자신만의 은어를 사용해 자신의 살인 장비를 기술하는 그는 가끔 피해자를 자신의 '과제project'로 기술했으며, 어느 피해자의 경우 '해치웠다'는 단어로 동물을 살해하는 것에 빗대어 사용하기도 했다. 그는 테이프, 총, 밧줄 그리고 수갑 등 살인하는 동안 사용할 물품들을 담고 있는 서류 가방이나 볼링가방을 '타격 통hit kit'이라고 불렀다. 또한 범행을 위해 입었다가 범행 후에 버리는 '타격 옷hit clothes'을 챙기기도 했다. 레이더는 자신만의 살인 유형도 개발했는데, 자신이 적정한 피해자를 찾을 때까지 시내를 어슬렁거리다가 그들의 생활 유형과 공격하기 가장 좋은 시간대를 파악할 때까지 미행을 했다. 그는 종종 복수의 대상을 미행했는데 그것은 특정 대상자에게 작업을 하지 못할 때를 대체하기 위해서였다. 살인을 하기 위해 피해자의 집에 침입할 때는 우선 전화선을 끊고, 피해자가 집에 돌아올 때까지 숨어서 기다렸다. 그는 종종 피해자들에게 자신의 성적인 환상을 실현할 필요가 있음을 설명하며 그들을 진정시키고 달래기도 했다.

이런 수법으로 다수의 피해자들이 강간 후에 자신을 살려두고 갈 것이라고 생각하도록 해, 그에게 보다 협조적이고 심지어 돕도록 만들었다. 하지만 레이더는 자신의 별명처럼 피해자를 결박하고, 고문하고, 살해했다. 그는 피해자들의 목을 졸라 의식을 잃게 하고는 의식을 되찾을 때까지 기다린 뒤 다시 목을 조르는 방식을 반복해 피해자들이 죽음 직전을 경험하도록 하고, 그들이 몸부림치는 것을 보고 성적으로 흥분이 되면 마지막으로 피해자의 시신 위에 자위행위를 해 흔적을 남겼다.

레이더는 자신의 범행으로 명성과 관심을 구하려고 했다. 그래서 1974년에 일가족 4명을 살해한 뒤 그에 대한 책임이 자신에게 있다는 편지를 공공도서관의 책 속에 넣어두었다. 그리고 그 편지가 지역신문사의 손에 들어가서 보도되도록 만들었다. 편지는 형편없는 글씨로 쓰였는데 이것은 경찰에게 범인이 누구인지 알려주기 위한 약간의 아이디어였다고 한다. 편지에는 이렇게 쓰여 있었다.

'나 자신을 통제하기가 어렵다. 나는 성도착 정신장애를 가진 정신병자로 불릴 것이다.'

그는 사람을 죽이고 싶은 욕망을 자기 속에 있는 괴물이라고 기술했으나, 분명하게 그는 자신의 의지도 통제하고 싶어해 BTK가 결박과 고문 그리고 살해의 약자라고 설명하며 자신이 "BTK 교살자"로 불리기를 원했다.

지역사회 활동에 적극적으로 참여한 살인자

레이더는 경찰과 숨바꼭질을 하면서 자신의 살인 생활의 비밀을 지켜 나갔다. 그것은 아마도 그가 남들이 신분을 잘 의심하지 않는 경비회사에 계속 다녔고, 겉으로 알려지기에 아들과 딸 하나씩을 둔 가정적인 남편이요 아버지였으며, 지역 유수의 대학에서 사법학과를 졸업했기 때문일 것이다. 뿐만 아니라 그는 지역사회 활동에도 활발하게 참여해 지역의 공간조정위원회, 동물통제자문위원회, 교회의 장로위원회 위원으로 활동했고, 보이스카우트의 지도자이기도 했다. 하지만 그가 자신이 살던 도시의 유기견 포획 및 법령 준수 확인관으로 일할 때 이웃 주민들은 그를 때론 지나칠 정도로 열성적이고 극단적인 엄격한 사람으로 기억했다. 한 이웃 주민은 레이더가 아무런 이유도 없이 자신의 개를 안락사시켰다고 제소를 했다. 시 당국에서는 근무 태만을 이유로 그를 해고했는데, 사실은 그로부터 5일 전에 이미 레이더는 살인 혐의로 체포된 후였다.

평범함 가정생활이 지루해져 살인을 저지르다

데니스 레이더는 어릴 때부터 오랜 기간 결박과 고문의 어둡고 비밀스러운 환상을 키우고 있었다. 어린이임에도 그는 개와 고양이들의 목을 졸라 죽였으나, 폭력성을 감출 수 있는 방법을 배웠다. 공군에 입대해 4년간 복무한 후에, 그는 경비회사에서 경보기를 설치하는 일을 시작했고, 같은 해에 위치토주립대학교에 등록했으며, 동시에 살인 연회Killing Spree도 시작했다. 자신의 아이들이 거의 다 자라고 나서부터 레이더는 가정생활이 지루해지기 시작했다. 그래서 자신의 살인 행각을 이어가고 싶어했다.

레이더가 경찰에 체포된 결정적인 계기와 단서는 바로 그가 스스로 경찰에 보낸 자신의 편지 때문이다. 어느 날 그는 경찰에 컴퓨터의 플로피 디스크가 복구될 수 있는지의 여부를 물었고, 경찰은 지역신문을 통해 의도적으로 '복구될 수 없다'는 거짓 답장을 올렸다. 이를 믿은 레이더는 방송국에 자신의 편지 등이 담긴 플로피 디스크를 보냈고 경찰은 그것을 복구했다. 그 결과 그가 다니던 교회명이 밝혀졌고, 최종 사용자가 'Dennis'로 표시되어 있었음을 알게 되었다. 그리고 인터넷 검색 결과 데니스 레이더는 그 교회의 위원회 위원장임이 확인되어 그를 체포하게 된다.

그러나 경찰은 그에 대한 강력한 상황적 증거는 있었으나 그를 유치하기 위해서는 보다 직접적인 증거가 필요했다. 경찰은 레이더의 딸이 다니던 대학교 병원에서 확보한 딸의 혈액 표본의 유전자를 검사한 결과 피해자의 손톱에서 발견한 유전자 표본의 유전자와 가족관계라는 사실을 확인하게 되었다. 이는 바로 살인범이 레이더의 딸과 가까운 가족임을 증명하는 것이고, 경찰이 그를 체포하는 데 필요한 증거였던 것이다.

인격 장애가 부른 재앙

- 「Nightmare In Wichita: The Hunt for the BTK Strangler」(2005),
  Robert Beattie
- 「Inside the Mind of BTK: The True Story Behind Thirty Years of Hunting
  for the Wichita Serial Killer」(2007), John Douglas, Johnny Dodd
- 「Unholy Messenger: The Life and Crimes of the BTK Serial Killer」(2010),
  Stephen Singular
- 「The BTK Murders: Inside the "Bind Torture Kill" Case that Terrified
  America's Heartland」(2006), Carlton Smith
- 「Bind, Torture, Kill: The Inside Story of the Serial Killer Next Door」(2008),
  Roy Wenzl, Tim Potter, Hurst Laviana, L. Kelly
- 「Beyond Cold Blood: The KBI from Ma Barker to BTK」(2014), Larry Welch

- https://www.biography.com/people/dennis-rader-241487
- http://murderpedia.org/male.R/r/rader-dennis.htm

자신의 존재 가치를
살인으로 보여주었던 남자

로스토프의 도살자 안드레이 치카틸로

안드레이 치카틸로Andrei Chikatilo는 소비에트 사회주의공화국 연방의 러시아Russia, 우크라이나Ukraine, 우즈베키스탄Uzbekistan에서 1978년부터 1990년 사이에 최소한 52명의 여성을 성폭행하고, 살해하고, 시신을 절단하여 '로스토프의 도살자' 혹은 '붉은 살인광'이라는 별명을 얻은 소련의 연쇄살인범이다. 그는 56건의 살인을 자백했고 그중 52건에 대하여 재판을 받아 사형이 선고되어 1994년에 사형이 집행되었다. 그는 힘든 아동기를 겪었고, 사춘기 때 유일한 성적 경험이 조롱거리가 되자 훗날 성적 불만족이 폭력적인 행동으로까지 이어지게 되었다.

배고픔과 나치의 공포로
가득했던 어린 시절

치카틸로는 소련 우크라이나에서 태어났는데, 당시 우크라이나는 스탈린Joseph Stalin의 농업 집단화 정책으로 기아에 허덕이던 때였다. 치카틸로의 부모도 예외가 아니어서 집단농장의 농부로서 방 한 칸짜리 초가에서 생활하며 아무런 노동의 대가도 받지 못한 채, 초가집 뒤뜰의 조그만 땅을 경작할 수 있는 권한만 받았다. 가족은 충분한 음식을 제공 받아본 적이 거의 없었다. 사실 치카틸로는 12살이 되기까지 빵을 먹어보지도 못하고 종종 배고픔을 견디기 위해 풀과 나뭇잎을 먹었다고 한다. 그의 어머니는 치카틸로의 형이 4살 때 납치되어 굶주린 이웃 주민들에게 잡혀 먹혔다는 이야기를 그에게 줄곧 했지만 그에 대한 사실 여부나 심지어 형이 존재했는지조차도 분명하게 밝혀지지 않았다. 하지만 그는 자신의 아동기가 빈곤, 조롱, 굶주림 그리고 전쟁으로 황폐했던 것만은 분명히 기억했다.

그의 아버지는 제2차 세계대전이 벌어지자 군에 징집되었다가 부상을 당하고 결국 포로로 붙잡히게 된다. 그는 실제로 나치의 지배를 경험했으며, 폭탄과 총격 그리고 방화 등을 목격하는 등 당시를 '공포'라고 기술했다. 치카틸로와 그의 어머니는 한 침대를 사용했는데 그는 종종 침대에 오줌을 싸서 이불을 적셨고 어머니는 그런 그를 매번 호되게 꾸짖고 때렸다고 한다. 그러다가 아버지가 부재중임에도 어머니가 여동생을 임신하게 된다. 당시 독일 군인들의 강간이 횡횡하던 때라 어머니 또한 독일 군인의 강간으로 임신했을 것으로 추정되는데, 치카틸로가 단칸방에서 어머니와 함께 생활했기 때문에 그가 보는 앞에서 강간이 이루어졌을 거라고 추측된다.

학교를 다니기 시작하면서 그는 수줍어하기는 했지만 향학열에 불탔다고 한다. 그는 신체적으로 연약했고 집에서 만든 의복을 입고 다녔으며 기아로 인해 배는 부풀어 있었다. 그 때문에 집과 학교에서 종종 쓰러졌으며, 온순한 성격과 신체적 연약함 때문에 놀림을 당하는 등 집단 따돌림과 괴롭힘을 당하기 일쑤였다. 집에서도 거칠고 용서할 줄 모르는 어머니로부터 항상 호되게 꾸지람을 들었다. 그러나 치카틸로는 자신의 존재 가치를 높이고 교실의 칠판 글씨를 읽지 못하게 만들었던 근시안을 보상받기 위하여 책읽기와 자료 암기를 좋아했다. 교사들은 이런 그에게 칭찬과 격려를 아끼지 않았다. 그는 분명 우수한 학생이었다.

어린 시절의 빈곤과 그로 인한 곤경뿐만 아니라 그는 뇌에 물이 차는 증상인 뇌수종Hydrocephalus으로 고통을 받았던 것으로 추정된다. 바로 이 때문에 그의 생애 후반에 생식기-요로 문제가 생긴다. 치카틸로는 사춘기에도 침대를 소변으로 적셨고, 성인이 된 후에는 비록 사정은 가능하지만 발기 상태를 유지할 수 없었다. 그가 학교에서 따돌림의 표적이 되었던 요인으로는 그의 작은 체구와 소심한 성격도 기여를 했지만 전쟁에 징집되어 전쟁 포로가 되었다가 석방된 아버지의 '비겁함'도 한몫을 했다고 한다. 실제로 이런 이유로 고통스러울 정도로 수줍어하던 그가 15세 때 소녀를 제압했으나 순간적인 저항에 즉시 사정을 하고 만 뒤 더욱 심한 비웃음을 사고 만 것이 그의 유일한 사춘기 시절 성적 경험이었다. 이 모욕적 사건이 그의 미래의 모든 성적 경험을 채색했고 성과 폭력을 연관시키게 했던 것으로 알려져 있다.

10대 때 치카틸로는 모범생이었으며 동시에 열렬한 공산주의자였다. 14세 때는 학교 신문의 편집장이 되었고, 2년 뒤에는 학생 공산당위원회의 위원장이 되었으며, 심지어 거리 행진을 조직하는 임무도 부여받았다. 물론 그는 두통과 좋지 않은 기억력으로 학습이 쉽지 않았지만 집단농장에서 유일하게 학업을 마치고 졸업을 한 학생이었다. 사춘기에 접어들면서 그는 자신이 상습적인 발기불능임을 발견하고, 자기혐오에 빠졌다. 그는 여성들과 함께 있을 때는 수줍어했고 17살 때 처음으로 고백을 했지만 습관적으로 긴장을 하여 한 번도 데이트를 신청해보지 못했다. 졸업 후 그는 모스코바 국립대학교에 합격을 하지만 성적이 그리 높지 않아 장학금을 받지 못할 것 같자 아버지의 전쟁 포로 이력 때문에 입학시험에서 떨어졌다고 소문을 낸다. 다른 대학에 지원하는 대신 그는 직업학교에 등록하여 통신기술자가 된다. 그곳에서 처음으로 여성과 진지한 관계를 맺고 몇 번에 걸쳐 성교를 시도하지만 그때마다 치카틸로의 발기 불능으로 실패로 끝났다. 그 후 그 여성과의 관계를 청산하게 된다.

자신만의
살인 유형을 형성하다

치카틸로는 1970년 5년간의 통신강의를 듣고 로스토프Rostov대학교에서 러시아문학 학사 학위를 취득한 뒤, 그 이듬해부터 러시아어 교사로 아이들을 가르친다. 그러나 그는 교사라는 직업과는 잘 맞지 않았다. 러시아어에 대한 지식은 높았지만 학급의 훈육을 유지할 수 없었고, 자신의 온순함을 악용한 학생들의 놀림 대상이 되었기 때문이다. 그러던 중 1973년 어느 날, 그는 자신의 학생 중 한 명에게 그의 인생에서 첫 번째 성폭력을 가하게 된다. 이어서 교실에 한 여학생을 가두고 성적으로 폭행을 가하기도 하고, 탈의 장면을 보려는 기대로 여학생 기숙사에 잠입하기도 한다. 그런 그에 대한 학생들의 제소가 증가함에 따라 학교 당국에서는 그를 소환하여 자발적으로 사퇴하지 않으면 해고시키겠다고 통보한다. 결국 그는 비밀리에 다른 학교에 교사로 취업을 하지만 예산 삭감에 따른 감원으로 일자리를 잃는다. 이듬해 또 다른 교사 자리를 얻지만 그의 교사로서의 경력은 남녀 학생들에 대한 그의 성추행 사건이 이어지자 1981년에 결국 끝이 난다. 그는 곧장 건설자재를 생산하는 공장의 직원으로 취업을 한다.

1978년, 치카틸로는 탄광촌으로 이사를 한 뒤에 첫 살인을 행하게 된다.

그는 9살 소녀를 자신의 집으로 유인하여 강간하려고 했으나 발기가 되지 않아 실패하고, 소녀가 발버둥을 치자 복부를 찌르고 가격하여 살해한 다음 강물에 떠내려 보낸다. 그 사건 이후, 그는 여성과 어린이들을 찌르고 난도질을 해야만 성적흥분과 절정을 얻을 수 있었다. 1982년 몇 개월 동안 치카틸로는 9살부터 18살 사이의 소녀 5명을 더 살해하는데, 주로 가출 소녀나 걸인이었다. 버스 정류장이나 기차역에서 이들을 유인하여 한적한 숲이나 지역으로 데려가서 주로 찌르거나 난도질하여 살해하거나 가끔은 목을 졸라 살해하는 자신만의 유형을 형성하게 된다. 이 소녀들과 성교를 시도했지만 발기에 실패하자 이것이 그로 하여금 살인적 분노를 갖게 했으며 특히 피해 소녀가 그의 발기부전을 비웃으면 더욱더 그랬다고 한다. 그는 오로지 여성을 찌르고 베어 죽게 할 때만 성적 절정을 경험할 수 있었다. 그는 남녀 모두를 범행 대상으로 삼았으며, 주로 첫 대화에서 귀한 우표나 동전 등을 보여주겠다거나 지름길을 알려주겠다거나 도움을 주겠다는 등의 방법으로 유인했다.

피해자의 고통이
안도와 쾌락이 된 후

치카틸로는 피해자를 살해하기 전에 밧줄을 이용해 팔을 등 뒤로 묶어 수차례 칼로 찌른 뒤 상처를 깊이 내어 내장을 꺼냈다. 경험치가 높아지면서 그는 내장을 꺼내는 과정에 익숙해져서 피해자의 신체로부터 뿜어져 나오는 피를 피하는 데도 통달하게 됐으며, 심장이 멈출 때까지 피해자 옆에 앉거나 쭈그리고 있었는데 피해자의 울음과 피 그리고 고통이 자신에게 안도와 어떤 쾌락을 가져다주었다고 했다. 그가 살인을 시작했을 초기에는 피해

인격 장애가 부른 재앙

자의 눈을 훼손하고 적출했지만 나중에는 그러지 않았다. 훗날 그 이유를 묻자 그는 처음 피해자의 눈에 살인의 이미지가 남겨진다는 미신을 믿었지만 나중에서야 단순한 미신에 지나지 않는다는 것을 확신하게 되어 그러지 않았다고 답했다.

치카틸로는 종종 피해자의 피를 맛보기도 했는데, 그렇게 함으로써 자신의 모든 것이 흔들릴 정도로 전율을 느꼈다고 한다. 또한 피해자의 생식기, 입술, 젖꼭지 그리고 혀를 이로 물어뜯고, 몇몇 경우에는 사망 직전이나 직후에 내장을 적출하면서 피해자의 혀를 자르거나 뜯어 한 손에 들고 시신 주위를 뛰기도 했다고 진술했다. 거기서 멈추지 않고 피해 여성의 잘린 자궁과 피해 남성의 고환을 씹기도 했지만 그 뒤에 이를 버렸다고 한다. 나중에 그는 일부 피해자의 젖꼭지를 삼켰다고 자백했다.

당시 연쇄살인은 소련에서는 거의 알려지지 않은 현상이었는데, 연쇄살인이나 아동 학대 등의 증거가 때로는 공공질서를 해친다는 입장에서 국가 통제의 언론에 의해서 억압되기도 했다.

프로파일링을 통해
범인의 윤곽을 잡았지만

경찰은 살인 사건이 연쇄적으로 발생하자 한 정신의학자에게 자문을 구한다. 그 정신의학자는 모든 범죄 현장과 의료 기록들을 검토한 다음, 알려지지 않은 연쇄살인범에 대한 심리적 프로파일을 제출했다. 이에 따르면 범인은 고통스럽고 소외된 아동기를 견디고 여성과의 교제나 구애가 안 되는 45세에서 50세 사이의 은둔한 남자로 추정되었다. 또한 평균적인 지능을 가지고, 결혼했을 가능성이 높으며, 자식도 있을 가능성이 있으나 피해자가 고통스러워하는 것을 봄으로써 성적 흥분을 성취할 수 있고 발기부전으로 고통을 받는 가학성 변태성욕자일 것으로 분석되었다. 살인 그 자체는 살인범이 수행할 수 없는 성교에 대한 동의의 표식이었으며, 살인 도구인 칼은 정상적으로 기능하지 못하는 남성 성기의 대체였을 것이라고도 분석했다. 살인이 주로 주중에 시 전역의 대중교통 허브 주변에서 발생했다는 점에서 범인의 직장이나 직업이 정기적으로 이동을 많이 요하는 곳이며, 살인이 발생한 주중 실제 요일을 근거로 보면 살인범은 생산 일정에 연관이 있을 가능성이 가장 높다고도 분석되었다. 치카틸로는 수사 내용을 바탕으로 살인범을 추적하기 위하여 대대적인 수사를 벌인다는 신문 보도를 보고 자신의 살인충동을 자제하고 통제하여 거의 1년여 동안 피해자가 나타나지 않았다고 한다.

내 사건은 오로지
나에게만 특이하다

그가 검찰에 보낸 서한에는 이렇게 기술되어 있다고 한다.

'나는 변태적 그리고 도착적 성행동에 있어서 일종의 관리 불능과 광기를 느꼈다. 나는 아동기부터 진정한 남자로서, 완전한 인간으로서 나 자신을 실현시킬 수 없었기 때문에 내 행동을 통제할 수 없었다. 나의 일관성 없는 행동이 내가 범한 행동에 대한 책임을 피하려는 시도로 곡해되지 않아야 한다. 심지어 내가 체포된 후에도 그 행동의 위험함과 심각성의 특성을 완전하게 알지 못했다. 내 사건은 오로지 나에게만 특이한 것이다. 나를 이렇게 행동하도록 만드는 것은 책임의 두려움이 아니라 나의 내적 정신질환이며 신경의 긴장이다. 나는 증언할 준비가 되어 있지만 내 정신질환이 감내할 수 없기 때문에 너무 자세하게 나를 괴롭히지는 말라. 내 마음에는 숨기고 싶은 것이 아무것도 없다. 내가 저지른 모든 것들이 나를 전율시킨다. 나는 오로지 나를 붙잡아준 데 대하여 수사진에 감사함을 느낄 뿐이다.'

56명을 살해했다고 자백한 치카틸로는 1991년 8월 20일 경찰 조사와 심문이 모두 끝난 후 그가 재판을 받을 수 있을 만큼 정신이 온전한지 여부를 결정하기 위하여 60여 일의 정신의학적 평가를 받도록 모스크바의 연구소로 보내진다. 검사 결과, 그는 다른 사람의 죽음과 고통에서 성적 만족을 성취하는 사람 또는 시신-가학적 변태성욕자necro-sadist로 판정받았고, 그가 가학적 변태성욕의 특징을 가진 경계성 인격 장애로 고통을 받고 있지만 법률적으로 온전하며 재판을 받기에 충분하다고 결론을 내렸다.

1991년 12월, 그의 범죄에 대한 간단한 요약 보도가 러시아 언론에 의해서 공개되었다. 재판정에서 그는 철창 속에 보호되고 있었는데 그것은 그가 청중을 공격하지 못하도록 하기 위해서가 아니라 언론 보도를 접하고 분노한 청중들이나 피해자 가족들이 그를 공격하지 못하도록 한 조치였다. 언론에서는 그를 "식인종cannibal"이라거나 "미치광이"로 부르는 등 자극적이고 과장된 보도를 정기적으로 내보냈다. 1992년 10월 그는 사형선고를 받았고, 1994년 2월 14일 사형이 집행됐다.

- 『The Red Ripper – Inside The Mind of Russia's Most Brutal Serial Killer』
  (1992), Peter Conradi
- 『The Killer Department: Detective Viktor Burakov's Eight–Year Hunt for
  the Most Savage Serial Killer in Russian History』(1993), Robert Cullen
- 『Born to Kill in the USSR – True Stories of Soviet Serial Killers』(2014),
  Robert Kalman
- 『Comrade Chikatilo: The Psychopathology of Russia's Notorious Serial
  Killer』(1993), Mikhail, Ol'Gin, Olgert, Krivitch, Mikhail Krivich
- 『The Encyclopedia of Serial Killers』(1994), Brian Lane, Wilfred Gregg
- 『Hunting the Devil/Pursuit, Capture and Confession of the Most Savage
  Serial Killer in History』(1993), Richard Lourie
- 『Cannibalism: The Last Taboo!』(1992), Brian Marriner
- 『The World's Most Evil Murderers: Real Life Stories of Infamous Killers』
  (2006), Colin & Damon Wilson
- 『On Trial for Murder』(2003), Douglas Wynn

- http://www.biography.com/people/andrei–chikatilo-17169648
- http://murderpedia.org/male.C/c/chikatilo.htm
- http://criminalminds.wikia.com/wiki/Andrei_Chikatilo

가정의 비극이 만든 재앙

강간, 살인의 잔인한 이야기

어릴 적 학대로
살인까지 저지른 남자

가족 역기능의 희생양, 마이클 브루스 로스

마이클 브루스 로스Michael Bruce Ross는 1959년 7월 29일 미국 코네티컷 Connecticut 주에서 태어나 2005년 연쇄살인 혐의로 사형된 연쇄살인강간범이다. 로스의 사형은 1960년 이후 코네티컷 주에서 처음으로 집행된 사건이었다. 로스는 스스로 기억하지 못할 수도 있지만 그의 이야기는 한 농장에서 남자아이가 아동 학대를 받은 것으로부터 시작한다. 그리고 결국에는 청년이 되었을 때 폭력적인 성적 환상에 사로잡혀 8명의 젊은 여성을 잔인하게 강간하고 살해하는 결말로 끝난다. 또한 이 사건은 생과 사를 결정하는 책임에서 온갖 불완전성으로 점철된 사법제도의 비극적 이야기이기도 하다.

어머니의 이상행동으로
상처받은 자식들

로스는 코네티컷 주의 퍼트넘Putnam에서 두 여동생과 남동생 하나를 둔 4남매 중 큰아들로 태어났으며 코네티컷 주의 브루클린Brooklyn의 한 양계장에서 자랐다. 그의 가정은 제 기능을 다하지 못할 정도로 이상했다. 그의 어머니는 적어도 한 번 이상 가족을 버렸고, 감옥에 수감되기도 했으며, 4명의 자식들을 때렸는데 그것도 큰아들인 로스에게 가장 심했다. 일부 친지들에 의하면 로스가 6살이던 해에 자살한 10대 삼촌으로부터 성적으로 학대를 당하기도 했다고 한다.

학교에서 로스는 우수한 성적을 거두곤 하던 밝은 소년이었다. 그는 농업경제학을 전공해 1981년 5월 코넬대학교를 졸업했고, 그 후 보험 판매원이되었다. 대학 시절부터 로스의 반사회적 행동이 나타나기 시작한다. 대학 2학년 때 여성을 스토킹하기 시작하더니 4학년이 돼서는 첫 강간을 저지르고곧이어 첫 번째 살인을 범하게 된다. 그는 1981년부터 1984년 사이에 뉴욕New York과 코네티컷에서 14살에서 25살 사이의 여성 8명을 살해했다. 그 8명의 피살자 중 7명은 강간도 했으며, 1983년에는 21세의 여성을 강간했지만살해하지는 않은 혐의도 받고 있다. 그 결과 그는 1987년 7월 6일 사형을 선고받고 18년 동안 사형 집행을 기다리다 2005년에 사형이 집행되었다.

수감 생활을 하는 동안, 그는 약혼녀 수잔 파워스Susan Powers라는 여성을 만났고 2003년에 헤어졌지만 로스의 사형이 집행될 때까지 그녀는 그를면회했다고 한다. 그는 1984년 체포된 이후, 천주교에 귀의해 3명의 신부들과 정기적으로 면담했고 매일 아침 묵주 기도를 했다. 동료 재소자들에게마치 '큰형'처럼 행동하며 점자를 번역하고 도미니카공화국Dominican Republic에서 온 버려진 소년을 후원하기도 했다. 그는 천주교 신자로 사형제도를 반대했지만 더 이상 피해자 가족에게 고통을 주고 싶지 않다며 자신의 마지막사형 선고를 강력하게 지지했다.

그와 대학 동문인 캐시 예거Kathry Yeager에 따르면, 로스는 신이 자신을 용서했다며 사형이 집행되면 '더 좋은 곳'으로 가게 될 것이라 믿었다고 한다.

그의 말에 의하면, 자신은 처벌되는 것이 아니라 영생의 길로 가는 것이며, 바로 그런 점이 사형이 가지는 아이러니이겠지만 그는 오히려 사형을 통해 평화를 기대하고 있었다는 것이다. 또한 로스는 피해자 가족들의 고통이 자신의 사형으로 대체될 수 없으며, 자신은 비록 교도소에 수감된 삶을 살았지만 의미가 있을 수도 있다는 것을 알게 되었다고 한다. 더불어 자신의 무시무시한 삶을 마치고 싶어했다.

그럼에도 그의 사형 집행은 집행 1시간 전에 연기되었다. 다시 일정이 잡혔으나 그가 17년 동안이나 사형제도에 반대해 싸웠음에도 자신의 재심 청구 권리를 포기했다는 점을 들어 로스의 정신적 능력이 의심스럽다는 이유로 또 다시 연기되었다. 그의 변호사는 그가 소위 '사형수 증상death row syndrome'으로 고통 받고 있어서 자신의 권리를 포기한 정신적 무능력자라고 주장했다. 하지만 로스는 2005년 5월 13일 그의 나이 45세에, 코네티컷의 소머스Somers에 소재한 오즈본Osborn 교도소에서 독극물 주입에 의해 사형에 처해졌다. 사형이 집행될 때 그는 아무런 특식도 요구하지 않고 평상시 식단대로 식사를 했고, 마지막 할 말이 있느냐고 물었을 때도 "고맙지만 할 말이 없다"라고 답하며 형장의 이슬로 사라졌다고 한다.

사형제도는 반대하지만
죽여달라

사형이 집행된 후에도 로스는 상당한 사회적 논쟁을 불러일으켰다. 정신의학자 그라시안Grassian 박사는 로스가 상급심을 요구할 수 있는 자신의 권리를 포기할 정도로 그의 정신 능력이 정상이 아니다고 주장했으며, 로스의 강간 피해자 도슨Dobson도 로스의 생명을 구하기 위해 사형제도를 극렬하

가정의 비극이 만든 재앙

게 반대했으나, 로스는 미국 전체에서 966번째 사형이 집행된 사형수가 되었다.

로스는 영국의 한 텔레비전 프로에 출연하기도 했으며 자신의 이야기를 책으로 출간하기도 했다. 그는 자신이 사형 집행을 기다리며 수감되었던 18년 동안 글을 써서 매월 하나의 뉴스레터로 만들어 다수의 천주교 신자들에게 보냈으며, 이를 모아서 웹 출판물 형태로 출간하기도 했다. 내용은 주로 자신의 교도소에서 보내는 일상, 교도소에서 찾은 천주교 신념, 기도, 오랫동안 진행되었던 사법적 투쟁, 사형 등에 관한 글들로 이루어져 있었다. 그중에서도 가장 중요한 것은 자신과 자신의 행동에 관한 것들이었다. 그는 스스로 쓴 글에서 자신을 '8명의 여성을 강간하고 살해했으며, 여러 사람을 폭행했고, 더 많은 여성들을 스토킹하고 두려움에 떨게 한 남자로서 최악 중의 최악이며, 내가 결국 사형이 집행되는 날 코네티컷 주의 절대 다수의 사람들이 나의 죽음을 축하할 것이다'라고 주장했다.

로스는 여러 명의 정신의학자로부터 심각한 임상적 성도착을 앓는 가학적 성변태자로 진단되었다. 남에게 고통을 줌으로써 쾌감을 느끼고자 하는 강력하고 통제할 수 없는 욕망을 가지고 있다는 것이다. 그는 교도소에서도 몇 번이나 자살을 시도했으며, 어떻게 해서 자살이 실패했는지 후회하는 글을 쓰기도 했다. 심지어 1995년에는 상급심을 요구할 수 있는 권리를 포기하고 심지어는 사형 집행을 서두르기 위해 변호사를 고용하는 등 소위 '사형 자원자'가 되기도 했다. 공개적으로 그는 상고나 항고 절차와 과정이 피해자 가족들에게 더 큰 고통을 줄 수 있다며 그것을 덜어주고 싶다고 주장했다. 이러한 그의 주장에 대해서 과거 로스의 공익변호사와 국선변호사는 '사형 수 증상'을 인용하며 오랜 수용 기간으로 인한 극단적인 소외와 단절이 심리적으로 자신의 법률적 의사 결정을 할 수 없도록 만들었다고 주장했다.

로스의 죽을 권리에 대한 공방은 계속되었다. 일부에서는 스스로 자신의 목숨을 끊으려고 했던 과거가 있고, 심각한 심리적 장애가 있는 사람에게 독극물을 주입해 사형을 집행하는 것은 정부-지원의 자살state-assisted suicide에 가까운 것이라고 주장하는 한편, 주로 검찰이나 피해자 가족들 그리고 심지어 로스 자신을 포함한 다른 한편에서는 죽기로 결심하는 것은 로스와 같은 사람이 할 수 있는 유일하고도 정상적인 일이라고 주장했다.

대학 시절 로스와 같은 동아리에서 생활했던 한 학생은 그에 대해서 잘은 모르지만 자신에게 친절했다고 기억했다. 하지만 자신만의 방법을 고집하기도 하며, 오랫동안 사귄 여자친구들과 많은 시간을 보내 동아리 내의 동성 친구들과는 가까운 교우 관계를 형성하지 못했다고 했다.

그는 여성에 대한 일종의 강박이 있어서 항상 여자를 필요로 했다. 스스로도 대학 시절부터 자신을 둘러싼 성격, 기질, 장소, 시간 등의 의지적 결합이 자신을 점점 더 폭력적으로 몰아넣었다고 진술했다. 그는 여성들을 스토킹하면서 그들이 두려움을 갖는 데에 흥분을 느꼈고, 대학을 졸업할 때까지 강간과 성폭행 그리고 살인을 저질렀다.

피해자 가족을 위해서 아니면 사형제도의 순교자가 되기 위해서?

법정에서도 일련의 정신의학자들이 로스의 범죄적 병리의 복잡한 근원에 대하여 전문가 증언을 했다. 그들에 따르면, 로스는 어린 시절 삼촌으로부터 상습적으로 학대를 당했으며, 그로 인해 그 또한 이웃 여자아이 둘을 성적으로 학대했다는 증거가 나왔다. 전문가 증언을 토대로 변호인 측에서

가정의 비극이 만든 재앙

는 다른 사람의 고통과 아픔에서 성적 흥분을 얻는 일종의 정신장애인 가학적 성도착증을 가지고 있다고 주장했다. 주 정부의 정신의학자도 내키지는 않지만 정신 병리가 피의자의 행동에 충분한 역할을 했다는 데는 반대할 수 없다며 로스가 정신적으로 질병을 앓고 있다는 것에 동의했다. 이런 상태를 확인하듯, 로스 자신도 '사람을 강간하고 죽이는 내 행동을 물리적 또는 신체적으로 통제할 수 없게 만드는 정신질환 앞에서는 무력했다'라고 기록했다. 그것을 뒷받침할 수 있는 증거로 로스는 수감된 직후 폭력적인 욕망을 잠재우고, 맑은 정신으로 범행의 심각성을 이해하기 위해 테스토스테론 호르몬을 주입받기 시작했다. 그러나 검찰은 로스가 피해자를 조심스럽게 선택했으며, 범행의 증거들을 숨겼고, 수년 동안이나 당국을 속였다는 점 등 그의 구체적인 범행 사실을 들어 성공적으로 반박했다.

로스는 1998년과 2003년 적어도 두 번의 자살을 기도했다. 그의 상급심을 계속 요구해온 전 변호사와 그의 사형을 반대해온 다른 사람들은 로스의 시도가 주 정부에서 자신에 대한 사법 절차와 과정을 빨리 진행시키려는 의도에서 이루어진 일이라고 주장했다. 또한 이 법률적 논쟁의 중심에는 자살을 기도하는 사람이 과연 삶보다 죽음을 합리적이고 이성적으로 선택할 수 있을 정도로 충분히 능력이 있는가 하는 의문을 드러냈다.

로스 자신도 교도소에서 정신의학자와의 면담을 통해, "나의 요구가 정부-지원의 자살이 아니며, 사형 집행을 기다리는 삶에 지쳐서도 아니며, 오로지 우리가 20년 이상 지속되어온 공포를 끝내고자 하는 권리를 가졌기 때문이며, 나 또한 이제야 그렇게 할 수 있는 기회를 가졌을 뿐"이라고 주장했다. 그러나 로스와 같은 경우가 없는 것은 아니었다. 미국에서 사형이 집행된 사형수 8명 중 한 명꼴로 소위 말하는 '자원자'로서 자신의 생명을 연장하기 위한 모든 노력을 스스로 중단한다는 결정을 내렸다고 한다.

　로스의 사형과 관련된 또 다른 하나의 쟁점은 소위 '사형 증후군'을 무능력함의 주장으로 이용할 수 있는가이다. 물론 용어 자체가 새로운 것은 아니며, 1970년 이후 다수의 정신건강 전문가들이 구금의 조건이 사형수들을 미치게 만든다고 주장하고 있다. 실제로 사형수들이 수용된 교도소는 대부분 장기 구금이 아니라 단기 훈육을 목적으로 고안된 시설이며, 재소자들은 수십 년 동안 완전히 격리된 채 생활하게 되며, 만약 누구나 하루 24시간 사방에 갇혀 살아야 한다면 일부는 심리적 고통을 겪는 게 당연하다는 것이다. 군에서도 이러한 사정은 비슷해, 미군 관타나모 Guantanamo 수용소에서 벌어진 헌병들의 잔인성이 바로 그런 환경의 탓이며, 미국 스탠포드대학교에서 행해진 모의교도소 실험이 중단될 수밖에 없었던 사정 또한 수용 생활이 수형자에게 미치는 영향이 심각했기 때문이라고 지적하고 있다.

　또한 로스의 주장에 대한 재미있는 다른 의견도 없지 않다. 로스가 자신의 사형 집행에 대항해 더 이상 싸우지 않겠다고 결정한 것은 그의 말대로 피해자 가족들의 고통을 덜어주기 위한 관심과 우려에 바탕한 것이 아니라 자신의 이미지를 개선하기 위한 결심이라는 것이다. 즉, 그는 사형제도에 대한 순교자로 기억되길 원했을 뿐이라는 것이다.

가정의 비극이 만든 재앙

- 'Connecticut governor signs bill to repeal death penalty'
  2015년 12월 31일자 「Fox News」
- 'From Ivy Leaguer To Serial Killer' 2015년 1월 18일자 「Hartford Courant」
- 'CAM Cover Story' 2015년 1월 18일자 「cornell alumni magazine」
- 'Michael Bruce Ross: Staring Death in the Face'
  「Crime Library(True TV Crime Library)」
- 'Pastoral adviser: Ross'upset, frustrated, angry' with delay'
  2009년 1월 1일자 「Journal Inquirer」
- 'How did Michael Ross Become The Roadside Strangler?'
  2012년 6월 11일자 「Hartford Courant」
- 'Connecticut governor signs death penalty repeal' 2012년 4월 25일자
  「CBS News」

- https://www.thoughtco.com/profile-of-serial-killer-tommy-
  lynn-sells.973154
- http://cornellalumnimagazine.com/Archive/2005marapr/features/
  Feature2.html

여성 염색체를 갖고 태어난 남자의 혼란

광고지 강간범, 바비 조 롱

바비 조 롱Bobbie Joe Long은 여성에 대한 증오로 가열된 가학적 살인마로서 지금도 사형 집행을 기다리는 사형이 선고된 미국의 연쇄살인범이다. 그는 1984년 8개월에 걸쳐 플로리다 주의 탬파Tampa 시 주변 지역에서 적어도 10명의 여성을 납치하고 유인해 강간하고 살해했다. 결국 그가 체포된 가장 큰 이유는 자신의 마지막 피해자를 무려 26시간 동안이나 강간을 한 뒤에 살려주었기 때문이다. 목숨을 구한 피해 여성은 경찰에 정보를 제공했고, 경찰은 그를 추적해 검거할 수 있었다. 롱은 총 2건에 대해 각각 사형 선고를 받았으나 여러 번의 항소로 그에 대한 사형 집행이 지연되다 2019년 5월 23일 사형이 집행됐다.

가슴은 여자처럼 발달하고, 두개골은 깨지고

롱은 1953년 10월 14일 미국 웨스트버지니아West Virginia 주의 케노바Kenova에서, 어쩌면 그의 연쇄살인과도 무관하지 않을 수도 있는 염색체이상을 가지고 태어났다. 정상적인 남성의 염색체 XY가 아니라 여성 염색체가 하나 더 있는 XXY 염색체를 가지고 태어난 것이다. 문제는 바로 이 여성 염색체가 하나 더 있었기 때문에 남자임에도 사춘기 동안 가슴이 발달한 것이다. 이로 인해 롱은 친구들로부터 놀림과 따돌림의 대상이 되었다. 롱의 문제는 여기서 끝나지 않았다. 아동기에 그는 여러 번에 걸쳐 머리에 부상을 당했고, 어릴 적 아버지를 떠난 탓에 10대가 되어서도 어머니와 한 침대를 사용할 정도로 지나치게 보호를 받았다. 게다가 그의 어머니는 롱의 아버지와 헤어진 후 너무나 빈번하게 남자친구를 바꾸면서 가정의 기능이 제대로 돌아가지 않았다. 더욱이 롱은 어린 나이에 동창과 결혼한 가정이 실패로 끝나게 되면서 성인이 되어서도 제대로 된 가정을 이루지 못했다고 한다.

롱이 우리의 관심을 조금 더 끄는 것은 XXY라는 염색체이상을 가지고 태어났다는 사실 외에도, 그의 초기 인생과 삶이 다양한 문제와 사건사고로 얼룩졌다는 점이다. 그는 초등학교 1학년을 유급했고, 두어 건의 사고로 부상, 특히 두개골을 다쳤으며, 바에서 일하며 종종 일을 위해 야한 의상을 입고 다른 남성들을 집으로 데리고 왔던 어머니와 생활해야 했다. 이를 시작으로 여성에 대한 증오감을 갖게 된다. 더구나 그는 12~13살까지도 어머니와 같은 침대를 사용하면서도 13살이라는 어린 나이에 결혼했다. 너무나 어린 나이에 결혼해 두 자녀를 갖게 된 그는 부모로서의 부담과 스트레스로 힘들어했다.

롱은 모터사이클을 타고 가다 자동차에 치이게 되어 몇 주간이나 병원에 입원하게 되는데, 후에 그의 아내는 그가 이 사고 이후 성격이 바뀌었다고 한다. 원래 급한 성격이긴 했지만 사고 이후부터 그녀와 아이들에게 신체적으로 폭력을 가하고 아이들 앞에서 참고 기다려주지도 못했다고 주장했다.

그는 또한 이상하리만큼 공공연하고 충동적이며 때로는 위험한 성적 욕구를 갖게 되었는데, 범죄 분석가들은 후에 롱의 폭력적인 특성을 이 성적 강박에 기인한 것으로 돌리고, 그를 성적 가학자로 분류했다.

롱은 이혼한 후 12살 소녀에게 부적절하고 성적인 편지와 사진을 보낸 혐의로 단기형과 보호관찰을 받게 되면서 본격적으로 범죄의 세계로 뛰어들게 된다. 그는 집을 팔거나 가구 등을 판다고 광고를 낸 집을 찾아 아무런 의심을 하지 않는 여성을 위협하고 강제로 집 안으로 들어가 강간했다. 경찰의 추산으로 롱은 그렇게 50여 명을 강간한 것으로 알려져 있다. 문제는 그의 범행이 여기서 끝나지 않았다는 점이다. 그는 다시 한 번 자신의 범죄 경력을 키우게 되는데, 여성을 납치하거나 유괴해 강간하고 살해하는 연쇄살인범의 길을 걷게 된 것이다.

롱의 살인 행각이 사법당국의 관심의 대상이 된 것은 1980년대 당시 탬파 지역의 연평균 살인 건수가 30~35명이던 것이 그가 이사를 온 1984년에 발생 건수가 급증했기 때문이다. 특히 어느 해의 8개월 동안에는 피해자를 묶고, 강간하고 그리고 살해한 다음 비정상적인 위치와 자세로 시신을 매장하는 독특한 방식의 살인이 거의 매주 1건씩 발생했다. 그리고 1984년 5월, 첫 번째 피해자가 보안관에 의해 발견됐다. 조사 결과, 그의 범행 수법은 이랬다.

1984년 당시 그는 보호관찰을 받고 있음에도 여성이 혼자만 있는 바와 매춘 지역으로 알려진 곳들을 자동차로 돌아다니며 피해자를 물색하기 시작했다. 그러다가 범행 대상을 찾으면 설득해 자신의 차에 태우고 아파트로 데려갔지만 되려 그는 피해 여성들이 자신에게 접근했다고 주장했다. 롱은 피해자를 데려가서는 노끈이나 줄을 이용해 다양한 방식으로 피해

가정의 비극이 만든 재앙

자들을 묶었다. 그는 피해자들을 납치하고 유인해 강간하고 잔인하게 살해함으로써 가학적 쾌감을 얻었다. 피해자 중 일부는 목을 졸라서, 그리고 다른 일부는 목을 베거나 곤봉으로 때려서 살해했다. 시신은 독특한 자세로 두었는데 예를 들어 다리를 약 5피트 정도 이상한 각도로 벌려 놓는 것이다. 롱이 살해한 10명 중 5명은 매춘 여성, 2명은 선정적 댄서, 한 명은 공장 근로자, 또 한 명은 학생 그리고 다른 한 명은 직업이 알려지지 않은 것으로 밝혀졌다.

갑자기 나타난
성에 대한 집착과 폭력

롱은 아마도 여러 가지 면에서 무작위 살인범이 될 운명을 가진 사람의 전형적인 사례일 수 있다고 한다. 우선 그는 여성 염색체 X가 하나 더 있는 염색체이상으로 특징되는 유전적 장애를 가져서, 사춘기에 비정상적인 양의 에스트로겐 때문에 가슴이 여성처럼 커지는 결과를 초래했다. 물론 수술을 통해 가슴에서 상당 양의 피부조직을 제거했지만 그의 성 혼란은 해결되지 않았고 더구나 13살까지 침대를 같이 쓴 어머니로 인해 더 확대되고 과장되었다고 한다.

이러한 유전적이고 가정적인 문제 외에도, 그는 5살 때 그네에서 떨어져서 의식을 잃은 것을 시작으로 이듬해엔 자전거에서 떨어지며 머리를 자동차에 부딪쳐서 치아를 몇 개나 잃고 심각한 뇌진탕을 일으켰으며, 7살 때는 말에서 떨어져 머리부터 바닥에 부딪히기도 해 몇 주간이나 어지러움증에 시달렸다고 한다. 모터사이클을 타다가 자동차와 충돌해 헬멧이 깨질 정도로 세게 아스팔트에 머리를 부딪히기도 했다.

병원에 입원해 있는 동안 그는 알 수 없는 두통과 예측할 수 없는 폭력적 분노로 점철되어 성에 대한 새로운 강박을 발견하게 된다. 깁스를 하고서도 하루에 다섯 차례 정도나 자위행위를 하고 퇴원 후에도 부인과 하루 2회 이상의 성관계를 하면서도 자위를 계속했다고 한다. 이것으로도 부족해 그는 다른 사람까지 찾았던 것이다.

그러나 더 중요한 것은 그는 자신의 피해자들 중 일부는 스스로 참여했지 자신의 강제가 아니었으며, 심지어는 그것을 즐겼다고 주장한다는 점이다. 그는 자신이 강간하는 동안 그들이 저항하지 않았으며, 그들에게 순순히 응할 것인가 강압당할 것인가 선택하게 하면 그들의 선택은 한 가지 아니겠냐고 되묻기도 했다. 그의 생각에 의하면, 피해자들의 성생활이 너무나 비참했기 때문에 자신은 그들에게 호의를 베풀었다는 것이다. 만약 자신이 죽이지만 않았다면 강간을 끝없이 계속할 수 있었을 것이라고도 했다.

이러한 주장들을 기초로 연방수사국FBI은 그를 자신의 남성다움을 스스로에게 확인시키기 위해 강간을 행하는 '권력독단강간범Power-Assertive Rapist'으로 분류했다. 이러한 강간범의 경우 자신에게 있어서 세상에서 가장 중요한 것은 다른 사람들이 자신을 남자 중의 남자로 보도록 강간이라는 범죄를 범한다는 것이다. 즉, 자신의 남성다움을 보여주기 위해서 강간을 하는 것이다. 그러나 피해자의 고통에는 아무런 관심과 우려도 보이지 않는다.

그의 범행 동기 중 하나로 일부에서는 이런저런 사고로 그가 입은 뇌손상을 지적했고, 이 점이 그의 재판 과정에서도 논란이 되었다. 물론 정신과 의사들은 그가 어린 시절 당했던 사고로 기질적 장애가 있긴 했지만 그것이 법정에서까지 문제가 되지는 않는다고 판단했다. 하지만 일부 전문가들은 그가 가진 문제들이 뇌손상과 장애로부터 초래된 것이기 때문에 자신의 행위에 대해 책임을 물어서는 안 된다고 주장했다. 뿐만 아니라 롱의 호르몬 불균형도 그의 행동에 영향을 미쳤다고도 주장했지만 같은 호르몬 불균형을 보인 가족들은 그처럼 연쇄강간이나 살인범이 되지 않았다.

어떤 정신병자도
그처럼 살인하지는 않는다

전문가들은 롱의 과잉 성욕과 폭력성은 대뇌 변연계와 관련된 신경과학적 손상과 관계된 행동 유형이며, 롱도 자신의 문제는 의학적인 것임을 이해했다면 치료를 받았을 것이라고도 주장했다. 그러나 자신의 강간이 피해 여성들을 위한 선행이었다고 하는 그의 주장 외에는 이를 입증할 아무런 근거도 없으며, 심지어 기질적 장애도 그를 그렇게까지 만들지 않는다는 점을 지적했다.

또한 그는 자신이 피해자를 놓아주었기에 스스로 자수한 것이라고 주장하지만 어떤 사이코패스도 마찬가지 주장을 할 것이라고 반박했다. 더불어 전문가들은 그가 자신이 무슨 행동을 하고 있었는지, 자신의 행동이 잘못되었다는 것도 알고 있었으며, 자신의 범행이 발각되지 않도록 자신의 범죄를 철저히 통제했다는 것은, 곧 그가 정신이상이 아니라는 증명이 되며 유죄로 판단하기에 충분한 것이라고 했다.

더구나 롱은 의사에게 가려고도 했지만 경찰에 넘겨질까 봐 가지 않았다고도 해 자신의 행동이 잘못되었다는 것을, 그래서 법을 위반했다는 것을 분명하게 알고 있었다. 그를 면담한 전문가는 그를 '부정형적 정신이상자 Atypical Psychosis'로 진단했다. 그래서 그가 현실에 대한 왜곡된 인식을 가졌으며, 도덕적 결정을 할 수 없었을 것이라고 설명했다. 이어서 롱은 아주 어린 시절부터 그의 정신이 통합되지 못한 채 조각이 나 있고 결국 통제 능력을 상실했기 때문에 자기 행동의 범죄성을 이해하지 못했을 것이라고도 진단했다. 한편, 그의 범행 동기 중 하나로 지목되었던 염색체이상에 대해서는 그것이 뇌손상과 결부되어 아마도 지킬박사와 하이드 증상을 만들어냈을 수도 있었을 것이라고 했다.

그러나 검찰 측에서는 정신의학자들을 동원해 그가 반사회적 인격 장애를 지니고 있지만 정신질환을 가진 건 아니며, 그는 단지 거짓말쟁이일 뿐이고, 피해자를 강간하고 살해할 때 자신이 어떤 행동을 하고 있는지 너무나 잘 알고 있었다고 반박했다. 결론적으로 배심원단에서는 변호인 측의 정신의학적 증언을 받아들이지 않았으며, 결국 그는 2건에서 사형 선고와 34건에서 종신형 그리고 추가로 693년의 자유형을 선고받게 된다.

가정의 비극이 만든 재앙

- 『Bobby Joe: In the Mind of a Monster : The Chilling Facts Behind the Story of a Brutal Serial Killer』(1995), Bernie Ward
- 『Bound to Die』(1995), Anna Flowers

- https://www.biography.com/people/bobby-joe-long-20962313
- https://en.wikipedia.org/wiki/Bobby_Joe_Long
- http://murderpedia.org/male.L/l/long-bobby-joe.htm
- http://truecrimecases.blogspot.kr/2012/08/bobby-joe-long.html

엄마의 방임으로
성적 학대를 받은 남자의 방황

떠돌이 살인마, 토미 린 셀즈

토미 린 셀즈Tommy Lynn Sells는 자신이 자백한 1건의 살인에 대해서만 사형이 선고되었지만, 당국에서는 최소한 21명은 더 살해했을 것이라고 보는 미국의 연쇄살인범이다. 그는 이란성쌍둥이였는데 자신의 쌍둥이 여동생이 겨우 18개월 때 뇌막염에 감염되어 사망한다. 얼마 후, 그는 고모에게로 보내져서 5살이 될 때까지 그곳에서 자라게 된다.

8살 때 셀즈는 어머니의 동의하에 자신을 추행하기 시작한 클라크라는 남자와 함께 살게 된다. 그는 클라크의 성적 학대가 자신에게 너무나 큰 영향을 미쳤고, 자신이 범행하는 동안 그 경험을 되새기게 되었다고 진술했다. 집이 없었던 그는 1978년부터 1999년 사이에 자동차를 얻어 타거나 기차를 무임승차하면서 전국을 누비며 다양한 범행을 저지른다. 그러는 동안, 그는 아주 짧은 기간에 걸쳐 잡일을 하거나 이발소에서 일을 했고, 과음을 하고 마약을 하며 몇 번이나 교도소에 수감되기도 했다.

셀즈는 연쇄살인을 하기 전에 이미 다양한 범죄 혐의로 형을 선고받았고, 1990년에는 트럭을 훔친 혐의로 18개월의 실형을 선고받았다. 반사회적, 경계성 그리고 정신분열증적 특징을 포함한 인격 장애와 심각한 아편, 마리화나, 암페타민 그리고 알코올의존증 등 약물 남용 장애, 양극성 장애, 주요 우울 장애 그리고 정신질환이 있는 것으로 진단되었다. 1992년에는 한 여성을 강간하고, 칼로 찌르고, 피아노 의자로 때린 죄로 기소되어 1993년에 강간 혐의는 기각되었지만 폭행치상 혐의로 2년에서 10년의 자유형을 선고받게 된다. 형기를 사는 동안 그는 양극성 장애 진단을 받았지만 결혼까지 했다. 1997년 석방되어 아내와 함께 테네시Tennessee 주로 이주하지만 얼마 후 아내를 떠나서 전국을 떠돌아다니기 시작한다. 경찰은 셀즈가 최소한 22명을 살해했을 것으로 믿고 있으며, 한 경찰관은 "우리가 확인할 수 있는 살인 사건은 22건이지만 훨씬 더 많은 피해자가 있을 것이다"라고 주장했다.

누구든 상관없이 닥치는 대로 죽이다

셀즈는 15살 때 주택에 침입해 강도를 하면서 첫 살인을 저지른다. 그는 자신이 침입한 집에서 한 남자가 어린 소년에게 구강성교를 강요하는 것을 발견하고 분노로 그 남자를 살해했다고 진술했다. 1985년 21살의 셀즈가 축제 현장에서 일하던 어느 날, 그는 4살의 아들을 둔 28살의 여성을 만나게 된다. 그리고 그날 저녁 그녀가 셀즈를 자신의 집으로 초대한다. 셀즈는 그녀와 성관계를 가지고 잠이 들었는데 이튿날 아침에 일어났을 때 그 여성이 자신의 가방에서 무언가를 훔치는 것을 발견하여 집 안에 있던 야구방 망이로 때려서 숨지게 했다. 그 후 아들마저도 나중에 잠재적인 목격자가 될 수 있었기 때문에 살해했다고 밝혔다. 시신들은 셀즈가 이미 동네를 떠난 다음인 3일 후에서야 발견되었다. 이렇게 전국에 걸친 셀즈의 연쇄살인 행각이 시작되었다.

그가 체포된 것은 1993년 12월 31일이었다. 셀즈는 당시 수사심리학 박사와의 방송 인터뷰에서 자신이 70명 이상을 살해했노라고 주장했지만 경찰은 셀즈 자신이 범하지도 않은 범행을 자백함으로써 소위 '경찰을 골탕 먹이려고' 그랬을 것이라고 그 진의를 의심했다.

FBI의 전 범죄분석관Profiler이었던 로버트 헤어Robert Hare는 자신이 개발한 반사회적 인격 장애 척도 검사Psychopathy Checklist—revised : PCL-R, 사이코패시 체크리스트에서 그를 최상위 수준인 '악마evil'의 단계에 올려놓았다. 셀즈의 도착적이고 변태적 가학 범죄에는 범죄 피해자에 관한 한 경계가 없어서 유아, 어린이, 10대, 성인 그리고 노인 등을 닥치는 대로 살해했으며, 칼, 교살 도구, 야구방망이 그리고 총을 살인 도구로 사용했다. 그는 길에서 자신과 부닥친 여성에게 방망이를 휘두르고도 사과하지 않았으며, 무고한 사람들을 강간하고 파괴했다. 셀즈가 필요로 했던 모든 것은 단지 기회였으며 피해자들의 운명은 무시무시한 죽음이었던 것이다.

어머니와 함께 있는 것이 불행 그 자체

셀즈의 삶은 그 시작부터 미스터리하다. 출생증명서에는 분명히 그의 아버지가 보험판매원인 윌리엄 셀즈William Sells로 되어 있으나, 중고자동차 판매원인 조 로빈스Joe Lovins가 실제 아버지일 가능성도 높다는 것이다. 소문에 의하면, 로빈스가 윌리엄 셀즈를 빚더미에서 구해주는 대신 자신의 아이를 그의 아들로 출생신고를 했다는 것이다.

셀즈가 5살 때 그의 어머니는 그를 친척에게 맡기고는 거의 찾지도 않았기 때문에 친척이 입양을 제의했으나 어머니는 불같이 화를 내면서 아들을 데려갔다고 한다. 이것이 어린 소년 셀즈에게는 불행의 씨앗이 되고 말았다. 그가 8살 때 클라크 윌즈Clark Willis라는 이름의 남자가 성적 관계를 목적으로 셀즈를 기르기 시작했던 것이다. 게다가 셀즈의 어머니는 아들이 그 남자와 시간을 보내도록 허락했다. 윌즈는 어린 셀즈를 데리고 외출도 하고 어머니의 허락하에 함께 잠을 자기도 했다. 나중에서야 윌즈가 셀즈를 포함한 여러 명의 남자아이들을 학대한 아동성애자pedophile였다는 사실이 드러났다. 셀즈의 어머니도 학대에 있어서는 윌즈 못지않았다. 그녀는 옷걸이와 허리띠 등으로 그를 심하게 때리며 잔인한 방식으로 훈육했으며 조그만 일로도 분개했다.

어머니의 방임은 셀즈의 인생 여러 부분까지 확대되어 심지어 겨우 7살 때부터 할아버지와 술을 마시고, 10살부터 마리화나를 피우며, 13살에는 나체로 할머니의 침대로 기어 들어가기도 했다. 심지어는 어머니를 강간하려고도 하여 정신 감정을 받기도 했다. 그렇게 14살이 되자 어머니는 그를 집에서 내쫓았고, 그는 무임승차로 기차를 타고 다니는 떠돌이가 되었다. 훔치는 것이 삶의 방식이 된 그는, 20년 동안 전국을 떠돌아다니며 증오로 가득한 일련의 연쇄살인을 일삼게 된다. 결국 언론에서도 그를 '크로스컨트리 살인범Cross-Country Killer'이라고 지목했다.

분명한 동기나
보편적 유형이 없는 살인

미국에는 셀즈보다 더 잔인하고 약탈적인 연쇄살인범들이 있었지만, 그가 미국 연쇄살인범의 신전에서 유달리 우뚝 서 있는 까닭은 그의 범행이 가진 몇 가지 특징 때문일 것이다. 그는 8년 동안 공교육을 받았음에도 거의 문맹에 가까워서 인생을 늘 술과 약물에 취한 떠돌이로 보냈다. 그의 피해자들은 대체로 살인 사건 수사에 있어서 우선순위가 높은 부랑자나 매춘부가 아니었다. 그래서 셀즈는 20년 동안이나 경찰의 레이더망을 피해 다닐 수 있었다.

또한 그는 수차례에 걸쳐 교도소 수감 생활은 물론 법집행기관과의 접촉 경력도 있어서, 경찰이 그의 범죄 데이터도 가지고 있었을 법한데도 그의 마지막 살인이 실패할 때까지 한 번도 살인 사건의 용의자가 된 적이 없었다. 그리고 그의 범행 유형도 단 한 가지, 단순히 살해하고 이동하는 것이었다. '왜 그가 발각되지 않았을까'라는 의문에 대해서 한 경찰관은 셀즈가 기차를 무임승차하고 다니며, 신용카드를 전혀 사용하지 않고, 수표도 사용하지 않아서 그를 쫓는 것이 일종의 유령을 쫓는 것과 같았다고 답했다.

그는 또한 테드 번디나 찰스 맨슨과 같은 악마의 비상함도 전혀 보이지 않았다. 그는 전혀 특이하지 않았다. 그저 누군가 그를 화나게 하거나 미치게 만들면 죽이는, 그냥 사람을 죽이기를 좋아하는 보통의 사람이었다고 한다. 범행 동기도 뚜렷하지 않았다. 어느 수사관은 그를 만만한 피해자가 나타나면 저지르는 '기회주의자opportunists'라고 불렀다. 셀즈는 다양한 살인 도구를 사용했지만 대부분 범행 장소에 있었던 것들이라는 점에서 계산된 범행이라기보다는 자연 발생적인 것이라고도 볼 수 있다.

셀즈는 '분명한 동기나 보편적 유형'도 없이 살인을 했다. 그 때문에 경찰은 미국 동부에서 서부 해안에 이르는 끝에서 끝까지, 전국에서 발생한 살인의 대다수가 과연 한 사람의 범행인지, 심지어 그 사건들이 서로 관련은 있는 것인지조차 깨닫기 어려웠다. 셀즈는 성적 약탈자sexual predator였다. 그가

가정의 비극이 만든 재앙

저지른 범행의 다수는 강간과 성기 절단을 포함하며, 대부분 성폭행으로 시작되었기 때문이다. 그의 성적 약탈 욕구는 사춘기 소녀들과 영아까지 그의 희생자가 되는 것을 보아 시간이 갈수록 심해진 것으로 보인다. 그는 여성과 소녀들을 강간하고 살해한 일종의 성적 사이코패스sexual psychopath였던 것이다. 심지어 그는 출산이 급박한 임산부를 강간하고 살해한 뒤, 죽어가면서 출산한 아이까지 살해했다. 그는 영아까지 살해한 이유에 대해, 그 아이가 자신이 겪은 아동기 트라우마와 같은 전철을 밟지 않기를 바랐기 때문이라고 했다. 사이코패스로서 그의 이러한 생각은 이해가 되는 부분이다.

자기중심적인 사이코패스는 오로지 자기에게만 중심을 두어 남들을 자신의 확장 그 이상의 어떤 것으로도 생각하지 못하기 때문이다. 그러나 사이코패스는 자신의 피해자에게 진정한 동정을 느끼지 못하기 때문에 아이를 걱정하여 살해했다는 그의 주장은 단순한 계략에 불과하다고 할 수 있다.

자신이 죽이고 자신이 만족하는 사이코패스의 전형

20년에 걸친 살인 행각이 끝나고 체포된 후, 셀즈는 행복하게 자신의 살인을 자백하고 때로는 발생하지도 않은 일까지 꾸며내기도 했다. 영상으로 녹화된 자백에서 그는 아무런 죄책감도 없었고 오히려 자신의 범행을 진술하며 스스로에게 만족해했다. 몇 년 동안의 수감 생활을 한 후 연쇄살인 전문가와의 면담에서 그는 이렇게 털어놓기도 했다.

"내 머리에서 살인을 지울 수 없다. 피해자들의 얼굴, 비명, 공포, 고통, 냄새, 피가 떠오르면 내가 너무 나쁜 짓을 했다고 생각한다. 나는 그것들과 매일을 살고 있다."

그러나 불과 몇 분 후에는 모든 비난을 피해자에게 돌렸다. 방문을 열어 놓은 여성 등 기회를 준 피해자들에게 잘못이 있다는 것이다. 그는 또 자신의 첫 살인이 15살 때였다면서, "살인자는 마치 마약 주사를 맞은 헤로인 중독자와 같아서 첫 번째 주사를 맞게 되면 반복적으로 마약을 원하게 되는 것과 같다"고 했다. 실제로 셸즈는 1987년까지도 지나치게 술을 마시고 약물을 복용했는데, 비록 헤로인을 선호하긴 했지만 들이킬 수 있고 주입할 수 있는 것이라면 어떤 약물이라도 복용했다.

심리학자 미어스Mears 박사는 재판부에 제출한 전문가 증언에서 다음과 같이 셸즈를 분석하고 진단했다. 우선 셸즈는 미래 폭력 가능성이라는 측면에서는 '측정불가off the scale'이며, 그의 마지막 피해 소녀의 부검은 의도적인 절단과 일치하는 사후 상처를 보였으며, 또한 치명상이 아닌 신체적 다수의 손상은 살인을 함으로써 쾌감을 얻었음을 암시한다는 것이다. 셸즈는 인격장애를 보였으며, 영상 자백을 하는 동안 거만한 태도를 보였다. 또한 음성 진술에서는 죽음에 대한 감정이 부족하고, 피해자에 대한 죄책감이 없었다. 셸즈의 경우를 보면 과거의 행위가 미래 행동의 가장 좋은 예측인자이며, 그의 범죄 경력이 몇 년에 걸쳐 심화되었음을 보여주고 있다.

- 「Through the Window: The Terrifying True Story of Cross-Country Killer Tommy Lynn Sells」(2007), Diane Fanning
- 「Tommy Lynn Sells - Serial Killers Unauthorized & Uncensored」(2014), T.J. Grimm
- 「The Anatomy of Evil」(2017), Michael H. Stone
- 'Killer Smile' 2017년 6월 4일자 「Dallas Observer」

- http://murderpedia.org/male.S/s/sells-tommy-lynn.htm
- https://krazykillers.wordpress.com/2014/07/24/tommy-lynn-sells-sells-his-sadistic-soul-to-satan

어디에도 마음 둘 곳 없었던
남자의 광기

영국판 메간법의 산파, 로이 윌리엄 휘팅

로이 윌리엄 휘팅Roy William Whiting은 1995년 한 소녀를 납치해 성폭행한 혐의로 29개월을 구치소에서 보냈다. 출소하고 약 2년 뒤에는 사라 페인 Sarah Payne을 살해했다. 이 사건이 계기가 되어 미국의 '메간법Megan's Law'의 영국판이라고 할 수 있는 '사라의 법Sarah's Law'이 제정되기도 했다.

소아성애자의
첫 번째 범행

페인이 실종되기 5년 전인 1995년 어느 토요일 오후, 손에 기름때가 잔뜩 묻은 꾀죄죄한 모습의 휘팅이 막다른 골목길에 차를 세우고 초봄의 햇살 아래 놀고 있던 3명의 소녀들을 관찰하기 시작했다. 어느 정도 시간이 흐른 후 휘팅은 주변에 아무도 없다는 것을 확인하고는 다가가서 갑자기 3명의 소녀들을 낚아채고 차 안으로 들어갈 것을 명령했다. 그러나 두 소녀는 도망가고 나머지 한 소녀가 휘팅의 붉은색 자동차 안으로 던져지고 만다. 이것이 9살 어린 소녀가 겪은 2시간여에 걸친 무시무시한 시련의 시작이었다. 어린 소녀는 30마일을 달려 인적이 끊긴 한적한 숲속으로 끌려가서는 옷을 벗도록 명령을 받고, 시키는 대로 하지 않으면 묶어놓겠다고 칼로 협박을 받는다. 휘팅은 어린 소녀를 음란하게 폭행한 뒤 소녀가 살던 동네에 내던진다. 그는 신속하게 검거되었고, 소녀를 납치해 음란하게 폭행했다고 자백했다.

그는 애초에 10년 이상의 종신형까지 받을 수 있었으나 소변을 보려고 멈추었다가 '덥석' 범행을 저지르게 되었으며, 심지어 성폭행을 하는 동안 '공포심'을 느꼈다고도 진술했다. 그의 변호인단 역시 범행의 특성에도 불구하고 그가 소아성애자라는 점을 찾지 못했다는 정신과의사의 보고서를 바탕으로 그에 대한 관대한 처분을 주장했다. 물론 재판이 이렇게 진행되는 데 대해서 아동 단체, 형사법 전문가 그리고 정신의학자들은 큰 우려를 표했다. 하지만 그의 법정 변호사는 그가 밧줄과 칼을 지니고 있었지만 납치를 계획하지 않았으며 그가 자신의 범행을 시인했고, 감옥에서 치료를 받고 범죄를 다시 일으키지 않을 것이라는 점을 참작해 형을 선고받아야 한다고 주장했다.

결국 휘팅은 징역 4년형을 받았다. 그의 형량은 피해자 가족에게는 충격이었다. 훗날 휘팅의 과거 범행을 자세히 알게 된 이후 사라 페인의 가족은 공포에 떨어야 했다. 그의 유죄가 확정된 후, 그를 평가했던 정신의학자는 휘팅이 석방되면 재범을 저지를 가능성이 높다고 주장했음에도 그는 2년 5개월의 수감 생활을 끝내고 석방되었다. 그 후 휘팅은 사라 페인을 발견했던 옥수수 밭에서 멀지 않은 곳에서 살았다.

도대체 사라는
왜 죽었을까?

사라 페인은 2000년 7월 1일 자신의 두 오빠와 여동생과 같이 놀던 조부모의 집 근처 옥수수 밭에서 실종되었다. 그로부터 48시간 동안 전국적인 수색이 실시되었고, 페인의 부모는 여러 번 텔레비전에 출현해 딸의 무사 귀가를 기원했다. 이튿날 경찰이 휘팅의 숙소를 방문해 페인의 실종에 대한 조사를 벌였다. 그를 조사했던 경찰관은 떠나면서도 그가 페인에 대해 지나치게 무관심한 것을 의심스러워했다. 결국 휘팅은 2차로 소환되어 조사를 받고 되돌아가려 할 때 경찰의 제지를 받고 체포되고 만다. 그는 이틀 동안 유치되었으나 경찰은 확실한 물증을 찾지 못했다. 다만 페인이 실종된 날 저녁 그는 자신이 집에 있었다고 주장했지만 그 시간에 주유소에서 주유를 한 영수증이 발견되어 집에 있었다는 그의 주장이 거짓임이 밝혀지기는 했다. 하지만 그는 다시 보석으로 풀려나왔고 자신의 숙소가 과학수사 전문가들의 정밀수색을 받는 동안 아버지와 함께 거주하게 된다. 경찰은 그의 숙소를 조사했지만 페인에 대한 아무런 증거도 찾아내지 못했다.

그러던 중 페인의 시신이 7월 17일에 발견되면서 그는 살인 혐의로 다시 체포되고 만다. 페인의 시신은 페인이 실종된 날 저녁에 휘팅이 주유를 했던 주유소로부터 5km 정도밖에 떨어지지 않은 곳에서 발견되었지만 혐의를 입증할 만한 아무런 증거를 찾지 못했기 때문에 그는 다시 보석으로 풀려나게 된다.

그 후 그는 훔친 자동차로 운전하다 경찰의 추격을 받고 주차된 자동차를 들이박은 후에 체포된다. 2000년 9월 27일 자동차 절도죄와 위험하게 운전한 혐의로 22개월형을 선고받는다. 그 사이 경찰은 그의 자동차에서 다양한 검사를 실시해 휘팅을 기소하기에 충분한 증거를 확보하고 그를 사라를 납치하고 살인한 혐의로 기소했다.

법의학 전문가들은 휘팅의 자동차에서 발견된 머리카락과 페인의 운동화에서 찾아낸 섬유질 그리고 DNA를 비교한 결과 페인의 머리카락이라는 결론을 내린다. 이 사건은 피의자에 대한 혐의를 입증하는 데 다양한 분야의 전문가들이 동원되어 굉장히 많은 법의학을 활용했으며, 그로 인해 수사 경비 또한 엄청나게 많이 들었다는 점에서 매우 특이한 사례로 알려져 있다.

그의 범행은
비극적인 어린 시절의 탓이었을까?

과연 무엇이 8살짜리 사회 부적응 소년을 엽기적인 살인마로 만들었던 걸까. 그는 누구이고 어떤 사람이었기에 그렇게 끔찍한 일을 저질렀을까. 1959년 철강근로자의 아들로 태어난 휘팅은 친구를 쉽게 사귀지 못했던 조용한 소년이었다고 한다. 학업에도 어려움을 겪어 전문대학을 중퇴했으며, 소외되었기 때문에 종종 놀림을 받기도 했다. 그의 가정생활도 행복하지 않았다. 경찰에 따르면, 그는 성 범죄자의 보편적인 특징이기도 한 아동 학대를 당한 증거들이 있었다고 한다. 그의 어린 시절은 분명 비극적이었다. 휘팅이 3살 때 여러 가지 장애를 가지고 태어난 여동생은 생후 3개월 만에 사망했다. 또 그가 태어나기 전 그의 부모는 심장질환으로 생후 이틀밖에 살지 못한 아들을 잃는 고통을 겪었다고 한다.

휘팅이 17살이 되던 해, 부모는 이혼하고 어머니는 다른 사람과 재혼한다. 제대로 가정교육을 받지 못한 채로 성인이 된 그는 기계공이 되었고, 시간 여유가 나는 주말에는 승용차를 개조한 경주용 차를 타며 시간을 보냈다. 그는 주유소에서 일하던 한 여자를 만나기까지 거의 여자친구가 없었다. 두 사람은 1986년에 결혼했으나 그들의 결합은 재앙이었다. 임대료를 제때 내지 못해 자신이 일하던 차고에서도 쫓겨날 정도로 부부는 돈 때문에 다툼이 많았다. 1987년 휘팅의 아내는 아들을 낳았으나 그는 이미 아내를 떠난 상태였다. 그 이후 그는 아이와 거의 만나거나 접촉하지 않았다. 그는 자신보다 한참 어린 여성을 포함해 여러 명의 여성들과 관계를 가졌으나 길게 가지는 못했으며, 그럴 때마다 그는 여성들을 비난했다고 한다.

휘팅의 문제는 이뿐만이 아니었다. 그는 결코 이룰 수 없는, 결실을 맺을 수 없는 계획들을 꿈꾸고, 끝이 없는 거짓말을 하곤 했다. 그가 9살짜리 소녀를 납치했던 1995년 3월까지도 그는 수리공으로 일하며 살았는데, 오후가 되면 습관적으로 사라지곤 했다고 동료들이 전한 바 있다. 그가 저지른 2건의 범행은 놀랄 만큼 닮았다. 범행 직전, 병가를 내고 납치에 사용했던 차량을 구입했고, 차량으로 이동해 피해자를 외진 곳으로 옮겼고, 토요일에 이루어졌고, 칼과 피해자를 결박할 도구를 가지고 있었다. 두 번 다 그는 범행 직후 자신의 외관과 자동차의 겉모습을 바꾸었다.

메간법에 이은
사라법이 제정되기까지

휘팅에 대해 경찰에 자문을 했던 한 범죄심리학자는 비록 실현시키지는 못했지만 페인이 죽기 몇 주 전에 걸쳐 또 다른 범행을 계획하고 있었을 것으로 믿고 있었다. 문제는 '어떻게 해서 그가 5년 사이에 두 번씩이나 범행을 저지를 수 있었는가'이다. 이에 대해서 한 정신의학자는 휘팅이 자신의 범죄를 둘러싼 방어기제로써 아마도 '장막'을 쳤을 것이라고 보고했다. 그러나 범죄심리학자들은 이 '심리적 장벽'을 침투하지 못해 그가 소아성애를 가지고 있지 않은 것으로 결론을 내렸다고 한다.

1995년 한 소녀를 납치해 성폭행한 혐의로 재판을 받을 때 그의 변호사는 그가 구치소에 있는 동안 정당한 처우를 받기를 간절하게 바라며 범죄를 다시 일으키지 않을 것이라고 주장했다. 이 재판 담당 판사는 휘팅이 자신의 이기적인 성적 쾌감을 위해 소녀를 공포에 떨게 했다는 데는 의심의 여지가 없다고 보았지만 자동차 안의 칼과 밧줄은 범행의 의도가 없어 보이고 범행이 사전에 계획되지 않았다는 데 기초해 선고했다.

그러나 소아성애 분야 전문가들은 정신의학자와 변호사의 태도와 결론에 심각한 우려를 표했다. 소녀를 납치해 음란하게 폭행한 사람이라고 반드시 소아성애자는 아니라는 것이 의학적으로 옳을지 모르지만 휘팅의 재판 기록을 검토한 여러 전문가들은 그의 행위가 소아성애적 성향을 가지고 있다는 것을 강하게 암시한다고 믿었다. 영국의 선도적인 소아성애 전문가도 휘팅이 밧줄과 칼을 가지고 다니며, 세 소녀를 납치하려고 할 정도로 확신에 차 있었으며, 납치했던 소녀를 집 근처로 되돌려놓았다는 것은 그가 소아성애자라는 것을 암시한다고 말하기도 했다.

문제는 여기서 끝이 아니었다. 휘팅은 교도소에서 처우받기를 거부했다. 이는 곧 그의 소아성애와 같은 정신적 질환이 치료되지 않았다는 것을 의미한다. 그가 처음으로 보호관찰을 전제로 하는 가석방 심사 대상이 되었을 때 이것이 거부되었다. 그때 그는 소녀를 납치했을 때 살려줬기 때문에 붙잡혔다고 생각해 다시 그러한 상황이 되면 살해할지도 모른다는 두려움을 가졌다고 한다.

그럼에도 그는 곧 가석방되었고, 원래 살던 곳으로 되돌아가면 주민들의 표적이 될지도 모른다는 우려에서 어머니가 살던 곳으로 보내줄 것을 보호관찰소에 요청했다. 그리고 그가 교도소에 수감 중이던 때 통과된 1997년 성범죄자특별법으로 인해 휘팅은 성범죄자 신상 공개 대상이 되었다. 그러나 출소 후 2년 반 동안 휘팅은 아무런 제지 없이 아이들이 놀고 있는 곳 가까이서 발견되기 시작했다. 그는 분명히 기회를 기다렸던 것이다.

휘팅이 사라 페인을 납치해 살해한 혐의로 유죄가 확정되고 나서야 그가 이미 아동 성폭력 범죄자라는 것이 밝혀졌고, 그로 인해 많은 이들이 성폭력 범죄자의 신상에 대해 대중적 접근을 허용할 것을 정부에 강력히 요구하기에 이른다. 이런 시민의 요구에 영국의 내무성은 그러한 제도가 크게 효과가 없으며, 소아성애자들을 지하로 숨게 할 뿐만 아니라 자경적 공격의 위험에 처하게 만든다고 반대했다. 사라법을 요구하는 시민들은 만약 법이 있었더라면 페인이 희생되지 않았을 수도 있었다고 주장했으나 정부에서는 반대했다. 그러나 결국 시민들의 요구를 받아들여 2000년 '사라의 법Sarah's Law'이 제정됐다.

그러나 미국에서는 이미 1994년에 아동 강간 전과자에 의해 납치되어 성폭행당하고 살해된 메간 사건을 계기로 메간법이 제정되어 성폭력 범죄자의 사진과 주소를 보여주게 했다. 물론 아직도 이 법의 효과에 대한 논란은 끊이지 않는다. 특히 대부분의 아동 성폭력 범죄자가 피해 아동과 면식관계에 있으며 낯선 사람에 의한 아동 성폭력은 흔치 않다는 등의 주장이 제기되고 있다.

가정의 비극이 만든 재앙

- 'How an eight-year-old misfit became a notorious killer'
  200년 12월 13일자 「The guardian」
- 'Sarah accused gave funfair alibi' 2001년 11월 22일자 「BBC News」
- 'Crimes That Shook Britain: The murder of Sarah Payne'
  2012년 5월 10일자 「Daily Mirror」

- http://murderpedia.org/male.W/w/whiting-roy.htm

아동 학대가 빚은 뇌손상으로
살인을 저지른 남자

거구의 살인마, 돈타 페이지

돈타 페이지Donta Page는 그의 나이 22세 때 24세의 페이튼 투틸Peyton Tuthil을 살해해 1급 살인으로 유죄가 확정되었던 살인범이다. 피해자는 페이지가 알코올과 약물중독 치료를 위해 임시로 머물던 사회 복귀 훈련 시설에서 인접한 곳에 살고 있다가 변을 당했다. 그런데 페이지가 특별한 관심을 모았던 이유는 잔혹한 범죄뿐만 아니라 재판 과정에서 벌어진 변호인단과 검찰 측의 논쟁 때문이라고 할 수 있다.

평생 친부의 얼굴을
보지 못한 아이

페이지의 어머니는 16세 때 페이지를 임신했는데 처음에는 유산을 하려고 했다. 결국 페이지를 출산했지만 양육의 대부분은 할머니가 맡았다. 페이지는 평생 자신의 아버지를 만나지 못했다. 그는 길거리에서 폭력에 익숙해진 채 자랐으며, 때로는 가정 내의 학대를 피하기 위해 버려진 건물에서 잠을 자기도 했다. 그는 총격을 당한 적이 있으며 10대 친구 2명이 살해당할

가정의 비극이 만든 재앙

때 자신도 그 폭력에 적극적으로 동참하기도 했다. 1996년에는 편의점 강도질을 하면서 여자 종업원에게 주먹을 휘두르고, 죽이겠다고 위협하며 칼 뒷부분으로 머리를 때리기도 했다. 마침 손님이 들어오자 페이지가 도주해 폭행은 끝이 났으나 경찰은 곧 그를 검거했다. 같은 해 11월, 페이지는 메릴랜드Maryland 주 교정국에 10년형을 받고 수감되었다. 2년 뒤인 1998년 가을, 판사는 페이지를 알코올 및 약물중독 재활 프로그램에 등록한다는 조건으로 가석방시켰다. 주 보호관찰국에서는 덴버Denver의 스타우트 가 재단Stout Street Foundation에서 치료를 받을 수 있게 허가했으나 콜로라도 주 당국에 통보하지 않았다. 치료를 받는 동안 동료 수강생들은 페이지가 자신들을 성적 또는 신체적으로 폭행한다는 이유로 제소를 했고, 결국 페이지는 오래 머물지 못한 채 1999년 2월 23일에 쫓겨나고 만다.

수중에 돈도 없이 퇴소를 당하게 된 그는 메릴랜드 주로 되돌아가는 편도 차표와 자신의 소지품을 다음날 오후에 찾아가라는 통보를 받는다. 스타우트 가를 같이 떠나게 된 또 한 명의 친구와 함께 그는 그날 밤 콜팩스Colfax 대로 주변을 돌아다녔다. 다음날 아침, 그곳을 떠나기까지 두어 시간의 여유가 생긴 그는 그 시간을 활용하기로 결정했다. 그날 아침 일찍 주택단지를 떠나는 한 젊은 여성 페이튼 투틸을 본 페이지는 침입 절도를 하기 해 그 여성의 집으로 향했다.

뇌손상에 의한 범죄는
처벌해선 안 된다?

처음에는 지하실 창문으로 들어가려 했으나 일이 여의치 않자 거구의 몸으로 뒷문 유리를 깨고 침입했다. 그는 지문을 남기지 않기 위해 수건으로 자신의 손을 감은 채 칼을 잡았다. 그러다가 투틸이 옷을 갈아입기 위해 집으로 돌아오는 소리를 듣고 뒷문 가까이 가서 선 채로 숨는다. 투틸이 정문을 열고 계단을 향했을 때 그녀는 돈을 숨긴 장소를 알려달라고 요구하며 칼을 들고 휘두르는 거구의 흑인남자, 페이지와 마주치게 된다. 그녀는 소리를 지르며 위층으로 뛰어 올라갔으나 이내 페이지가 따라가서 그녀의 얼굴을 몇 차례 가격하고, 칼등 끝으로 머리를 내려치는 바람에 머리에 깊은 상처가 난다. 당연히 투틸도 가만히 있지 않고 소리를 지르며 저항하지만 상처로 인해 벽과 마루에 핏자국만 흥건해질 뿐 페이지의 반밖에 안 되는 그녀가 그를 당해낼 수는 없었다.

이웃의 개가 심하게 짖자 페이지는 그녀를 침실로 끌고 들어가서는 다리미 줄로 두 손을 묶은 채 돈을 어디 두었는지 물었다. 투틸이 밖에 주차한 차 안에 있다고 했고, 페이지가 자동차 열쇠를 가지고 밖으로 나갔다 오는 사이 투틸이 묶였던 손을 풀고 달아나는 것을 본다. 페이지는 머리에서 피를 흘리는 그녀를 다시 다른 방으로 몰아넣고 침대에서 성기와 구강으로 강간했다. 페이지는 소리를 지르는 투틸을 조용히 시키고 유일한 증인을 제거하기 위해 그녀를 잡아당겨서 앉힌 다음 목을 깊게 찔렀다. 투틸은 깊은 상처로 많은 피를 흘렸지만 그때까지도 소리를 지르고 있었다. 이때 아마도 투틸은 손에 결정적인 부상을 입게 되는데, 후에 수사관들의 말에 의하면 페이지가 계속 가슴을 찌르려고 하자 손으로 막으려다 당한 부상이라고 한다.

그녀는 페이지가 휘두른 칼날로 인해 가슴과 주변에 8인치나 되는 깊은 자상을 입고 쓰러지게 된다. 투틸은 이내 숨졌지만 페이지는 즉시 현장을 떠나지 않고 아래층으로 내려가서 피가 묻은 옷을 세탁하려고 했다. 하지만 마음대로 되지 않자 포기하고는 칼과 옷 그리고 카메라 등을 플라스틱 봉지에 넣어서 집 밖의 쓰레기통에 던져버린다. 그러고는 버스 정류장으로 가는 차에 탑승하기 위해 시간에 맞추어 스타우트 가로 되돌아갔다. 투틸의 시체는 그날 밤 8시 반이 되어서야 그녀의 룸메이트에 의해 발견되었고, 경찰에 신고가 접수된다.

페이지는 1999년 2월 24일 페이튼 투틸을 강간하고 칼로 찔러 살해한 혐의를 인정했으나 자신이 온전한 정신이 아니었다는 이유로 무죄를 주장했다. 이를 우리는 통상 '정신이상 무죄변론Insanity defense'이라고 하며 변호인 측에서 종종 활용하는 변론 수법이다. 즉 범죄자가 범행을 저질렀지만 다양한 이유로 범인의 정신 상태가 정상이 아니어서 합리적 그리고 이성적 결정과 선택을 할 수 없었기 때문에 그로 인한 잘못된 선택인 범죄에 대해서 처벌해서는 안 된다는 것이다. 이러한 주장은 공리주의에 입각해 범죄자도 자유의지free will를 가진 사고할 줄 아는 존재로, 범죄 행위마저도 스스로 자유의지에 따라 선택한 것이므로 자신의 선택에 책임을 져야 한다는 가정에서 출발한다. 그렇기 때문에 뇌손상이나 정신이상 등으로 합리적 그리고 이성적 판단과 선택을 할 수 없는 그들의 범행은 처벌해서는 안 된다고 말하는 것이다.

페이지의 변호인단에 따르면, 그가 온전한 정신 상태일 수 없는 이유는 그가 어머니로부터 많이 맞아서 왼쪽 뇌가 손상을 당했기 때문이라는 것이다. 변호인 측에서는 두 가지 쟁점을 중심으로 그를 변론했다. 우선 그들은 페이지를 용서해달라는 것이 아니며, 단지 그를 조금 이해해달라는 것이었다. 여기서도 그들은 두 가지 쟁점을 중심으로 변론을 한다. 첫째, 페이지가 어린 시절부터 받아온 학대이다. 그가 태어난 날부터 출산을 후회했던 어머니로부터 그는 언어적 그리고 신체적 학대를 반복적으로 당했으며, 결국은 수차례 응급실로 실려갔고, 그가 열 살이 되자 버리고 떠났다는 할머니의 증언을 강조했다.

다른 또 하나의 쟁점은 바로 그의 뇌손상이다. 증언대에 선 전문가들은 사형수와 같은 대다수의 살인범들에게서 발견되는 공통점으로 정신질환, 아동기의 신체적이나 성적 학대 그리고 신경과학적 장애를 들고 있는데, 페이지도 그러한 공통 요소를 가지고 있다는 것이다. 즉, 페이지가 아동 학대와 뇌손상 그리고 반사회적 인격 장애 모두를 가졌다는 것이다. 이러한 변호인단 전문가들의 증언에 대항해 검찰에서도 전문가들을 증언대에 세우는데, 그들은 페이지의 뇌와 정신 상태는 온전하며, 폭력적인 행위를 뇌손상의 탓으로 돌리는 것은 위험한 해석이라고 증언했다. 그 증거로 그들은 페이지의 뇌를 검사한 결과 정상적으로 기능했으며, 증거 인멸과 도주를 시도했다는 점은 범행시 자신의 행동이 잘못되었다는 것을 알고 있었다는 증거라고 주장했다.

페이지는 법원의 명령으로 스타우트 가 재단의 알코올과 약물중독 치료 프로그램에 참여하기 위해 메릴랜드 주에서 콜로라도 주로 오게 되었다. 그러나 그의 악행으로 재단에서 쫓겨나게 되었고, 며칠 후 투틸의 집에 침입해 그녀를 폭행하고, 강간하고, 살해한 것이다.

계획적 범행 VS 우발적 범행

사실 페이지는 메릴랜드 주에서 강도 및 절도 혐의로 20년형을 선고받았다. 재판에서 변호인은 본 사건이 콜로라도의 사형 선고를 위한 법적 기준을 충족시키지 못하기 때문에 페이지에 대한 극형은 안 된다고 주장했다. 그들의 주장에 따르면, 페이지의 범행은 특별히 극악하거나 잔인하거나 약탈적인 방식으로 행해지지 않았으며, 고문을 하지도 않았다는 것이다.

그러나 검찰 측은 그의 살인이 투틸이 살해된 침대보에 흥건하게 젖은 혈흔들을 보아 아주 잔혹했다고 강조했다. 그들의 주장에 따르면, 페이지는 피해자를 두 번이나 찔렀으며, 밀쳐 넘어뜨린 후에도 다시 한 번 더 찔렀다는 것이다. 검찰은 그가 폭력에 대한 욕정으로 동기가 가득해 인간이 할 수 있는 모든 방식으로 투틸에게 폭력을 가했을 뿐만 아니라 차분하게 손을 씻고 옷을 세탁하려 했으며 필요한 것들을 훔치고, 원치 않거나 증거가 되는 것들은 버렸으며, 아무 일도 없었다는 듯이 스타우트 가로 차를 타기 위해 되돌아갔다고 주장했다. 뿐만 아니라 페이지는 피해 여성이 소리를 지르는 것이 싫었기 때문에 그녀의 목을 칼로 그었으며, 잡히지 않기 위해서 피해 여성을 살해했다는 것이다.

무엇보다도 설사 그가 이상적인 아동기를 보내지 못했고, 아버지가 없었으며, 어머니에게 학대를 당하고 버려지기도 했다는 사실 모두가 피의자의 잘못이 아니라 하더라도, 이런 사실의 어느 하나도 그가 피해자에게 가한 행위를 용서해주지는 않는다는 것이다. 더군다나 아동기에 학대받았다고 여성을 강간하고 사람을 죽여도 되는 것은 아니며 세상에는 완벽하게 자라고 보살핌을 받는 삶만 살 수 있는 사람은 거의 없지만 대부분의 사람들은 정상이며 자신을 발전시키고 향상시키기 위해 최선의 노력을 다하고, 사회의 규범과 규율을 지키고 법을 준수한다는 것이다.

이처럼 페이지의 사건이 세간의 관심을 끌었던 것은 그의 범죄 자체가 잔인한 이유도 있었지만 또 하나는 그가 과연 의도적으로, 심사숙고해 그녀를 살해했는가 하는 점 때문이었다. 검찰에서는 페이지가 범행 중 자신의 행위를 정확하게 알고 있었기 때문에 정신이상으로 인한 면책에 해당되지 않는다고 주장했다. 마치 우리가 버거킹에 제 발로 걸어 들어가서 메뉴를 보고 주문을 하는 것과 똑같은 방식으로 페이지는 심사숙고한 끝에 의도적으로 범행을 저질렀다는 것이다. 즉, 그는 사전에 계획해 의도적으로 범행했고, 범행 후 잡히지 않기 위해 증거물들을 없애거나 숨겼다는 점에서 정신이상으로 볼 수 없다는 것이다. 무엇보다 그는 자신의 자유를 피해자의 생명보다 앞세웠다.

그러나 변호인 측에서는 페이지의 아동기가 너무나 고통스러웠기 때문에 그러한 어린 시절의 나쁜 경험들이 그의 뇌와 정신 건강에 영향을 미쳤다고 주장했다. 변호인의 주장에 따르면, 페이지는 어린 시절 어머니로부터 전기 줄과 코드로 맞아서 등에 흉터가 생겼으며, 10살에 어머니에게 버림받아 할머니와 함께 살면서 어떤 남자로부터 강간을 당했다고 한다. 이에 검찰에서는 어린 시절의 어려움이 결코 범인이 한 짓, 진정으로 무고한 여성의 생명을 앗아간 데 대한 변명이 될 수 없다고 강력히 항변했다.

재판 과정에서 세계적인 신경범죄학자인 미국 펜실베이니아대학교의 레인Rain 교수도 전문가 증인으로서 증언했는데, 그에 따르면 페이지의 뇌 전두엽 피질에 이상이 있으며, 자신이 검증한 41명의 살인범의 전두엽 피질과 동일했다고 한다. 그는 전두엽 피질이 충동적이고 폭력적인 행위를 통제하는 역할을 한다고 강조했다.

가정의 비극이 만든 재앙

- 'Page 'deliberate' in killing' 2000년 11월 18일자 「The Denver Post」

- http://www.westword.com/news/dead-reckoning-5067279,

- http://murderpedia.org/male.P/p/page-donta.htm

49명의 매춘 여성을 살해한
최악의 연쇄살인범

캐나다의 돼지 농장주, 로버트 픽턴

    1949년 10월 24일, 캐나다Canada의 브리티시 콜롬비아British Columbia에서 태어난 로버트 픽턴Robert Pickton은 수백만 달러 규모의 양돈 농장주이자 유죄가 확정된 것만 6건이고 자백에 의하면 49명을 연쇄적으로 살해한 캐나다 최악의 연쇄살인범이다. 2007년에 그는 25년 동안 가석방이 불가능한 종신형을 선고받고 복역 중인데, 이는 당시 캐나다 법이 허용하는 최장기형이었다. 비록 현재까지의 재판에서는 6명의 살인 혐의에 대해서만 유죄가 확정되었지만 동료 수형자로 위장한 경찰관에게 자백한 살인 건수는 무려 49건에 달한다고 한다.

    법원의 발표에 따르면, 픽턴은 심지어 한 명을 더 살해해 50명을 채우려고 했으나 자신의 부주의로 체포되어 이루지 못했다는 말을 위장한 경찰관에게 했다고 한다. 결국 그는 유죄가 확정된 6건은 물론이고 재판에 계류 중인 자신이 자백한 사건까지 합하면 최대 49명을 살해한 연쇄살인범으로 기록될 수도 있다.

    적어도 1992년까지 픽턴은 그의 형제와 함께 양돈 농장을 소유하고 운

가정의 비극이 만든 재앙

영했다고 하는데, 농장의 일꾼 중 한 명은 그 양돈 농장을 '오싹하게 보이는 곳'이라고 불렀다. 270kg이나 나가는 돼지가 그 농장을 순찰하곤 했다는 것이다. 농장의 일꾼은 픽턴이 약에 의존하지 않는데도 가끔 이상한 행동을 해 주위의 시선과 관심을 끌었으며, 말수가 적은 '매우 조용한 사나이'로 기술했다. 픽턴은 유일한 차였던 버스를 검게 칠하고 무척 아꼈다. 픽턴 형제는 점점 농장 운영에 소홀히 하면서 1996년에 '돼지궁궐에서의 좋은 시간을 위한 모임Piggy palace good time society'이라는 비영리 자선 단체를 설립해 캐나다 정부에 등록했다. 이 모임의 행사는 개조된 도살장에서 열렸다. 그리고 이 행사에는 밴쿠버Vancouver의 매춘 여성들을 출연시키는 광란의 파티도 열렸으며 관중을 무려 2,000명까지 끌어들이기도 했다고 한다.

'돼지궁궐에서의
좋은 시간을 위한 모임'의 정체

1997년 3월 24일, 픽턴은 자신의 농장에서 매춘 여성과 언쟁을 하던 중에 여성을 수차례 찔러서 살인미수 혐의로 기소되었다. 피해 여성은 픽턴이 자신에게 수갑을 채우고 칼로 찔렀지만 그 흉기를 뺏어 그를 찌른 후 탈출했다고 진술했다. 그러나 픽턴은 보석으로 풀려났으며, 그에 대한 혐의와 기소도 이듬해에 각하되었다. 검찰이 그 피해 여성을 약물 중독자로 보고 정신적으로 불안정해 정확한 진술을 할 수 없다고 판단했기 때문이다. 피해 여성과 픽턴은 다툼 중에 입은 상처를 같은 병원에서 치료를 받기까지 했다. 피해 여성에게 채워졌던 수갑의 열쇠도 픽턴의 자동차에서 발견되었고, 픽턴이 성폭력 전과 기록이 있고 기타 다양한 교통법규 위반으로 3건이나 소송을 당하고 있었음에도 검찰은 피해 여성의 진술을 믿지 않았던 것이다.

몇 달 후, 픽턴 형제는 농업 지역으로 지정된 곳에서 춤과 공연 그리고 기타 오락을 목적으로 농장의 대형 축사를 개조한 혐의로 시 정부로부터 고발을 당하게 된다. 하지만 그는 이를 무시하고 1998년 새해맞이 파티를 열었다. 그 결과 당국으로부터 모든 파티를 금지한다는 명령을 받는다. 더불어 경찰은 농장에서 열리는 '돼지궁궐에서의 좋은 시간을 위한 모임'에 참석하는 사람들을 체포해도 된다는 허가를 받는다. 그 이듬해 적정한 재무 보고서를 제출하지 않은 혐의로 그 단체의 비영리 지위가 박탈되고, 결국은 단체 자체가 취소되고 만다.

농장 안에 묻은
피해 여성들의 시신

농장 인부 히스콕스Hiscox 씨는 그로부터 3년여 동안에 농장을 방문했던 여성들이 궁극적으로 실종되었다는 것을 알아차렸다. 결국 2002년 2월 6일, 경찰은 픽턴 형제 소유 농장의 불법 무기에 대한 수색영장을 집행하게 된다. 그들 형제를 구금한 후, 경찰은 두 번째 수색영장을 법원으로부터 발부받아 수색하다가 처방된 천식 흡입기를 포함한 실종된 한 여성 소유의 개인소지품들을 발견하게 된다. 뿐만 아니라 수색 결과, 경찰은 두 동강 내어 손과 발로 채워진 두개골을 포함한 일부 피해 여성들의 신체 일부, 33명의 여성 DNA, 피해자 소유의 피 묻은 옷, 턱뼈와 치아 등을 찾아낸다. 또한 경찰은 다양한 총기와 총탄, 야간 투시 안경 그리고 피해자의 잔해를 담은 쓰레기통의 사진도 찾아낸다.

아직도 픽턴 사건은 수사가 진행 중이어서 그의 살해 수법에 대한 정확한 정보를 얻기 힘들지만 증인들의 증언에 의하면, 그는 피해자인 매춘 여성들을 농장으로 데려와서는 수갑을 채우고 강간을 한 다음, 목을 졸라 살해해 시신을 토막 내어 나무를 자르는 기계로 분쇄해 키우던 돼지들에게 먹였다고 한다.

또 다른 주장으로는 피해자들을 고기 갈 듯이 갈아서 간 돼지고기와 섞어서 포장을 해 친지와 이웃들에게 나눠주었다는 것이다. 그가 어떻게 피해자들을 유인할 수 있었는가에 대해서 한 TV 프로그램은 성적 호의를 사는 것, 즉 매춘을 하는 것처럼 하는 등 간단한 미끼로 피해자들을 농장으로 유인했다고 보도했다.

이후, 픽턴은 여러 가지 불법 무기 소지와 사용에 관한 다양한 법률 위반 혐의로 기소가 되지만, 얼마 후 석방되어 경찰의 감시를 받게 된다. 그로부터 2005년 5월에 이르기까지 그는 여러 번에 걸쳐서 무려 27건에 이르는 1급 살인 혐의로 기소된다. 그 후로도 시체 발굴은 계속되었고, 2003년까지 수사비만 7,000만 달러에 이른 것으로 알려졌으며, 2015년까지도 법원의 명령으로 해당 농장은 출입이 통제되고 있으며, 모든 건물들은 폭파되었다.

이 사건의 가장 큰 문제는 피해자의 시신이 썩거나 사육되던 돼지나 짐승들에게 먹히거나 해서 과학적 분석도 어렵기 때문이라고 한다. 급기야 2004년 3월에 픽턴이 피해자의 인육을 갈아서 돼지고기와 섞어 시중에 팔았음이 밝혀지기도 해 나중에 시 보건당국에서 경고를 내리기도 했다.

경찰의 늑장 대응으로
피해자가 늘어난 사건

픽턴 사건에 대한 피해자 가족들은 물론 일반 시민들과 언론의 불만은 팽배해졌으며, 그 결과 피해자 가족들과 시민단체, 언론에서는 이번 사건 처리에 대한 공개 청문이나 조사를 강력하게 요구하기에 이르렀다. 이에 수사를 담당했던 경찰에서는 일부 실수가 있었음을 시인하고 픽턴을 빨리 체포하지 못한 데 대해서 사과했다. 또한 경찰은 픽턴의 피해자로 의심되는 또 다른 최소 16명의 실종 여성이 있다고 판단하고 있음도 밝혔다.

언론에서는 픽턴이 어떻게 14년 동안이나 밴쿠버 시내에서 사회적으로 취약한 매춘 여성들을 자신의 농장으로 유인했음에도 그를 체포하지 못했는지 이해할 수 없으며, 피해자 가족들은 그에 대한 완벽한 대답을 들을 권리가 있다고 주장했다. 더불어 밴쿠버 시내에서 실종된 여성 대부분은 가난하고 때로는 집도 없는데다가 약물에 중독되고 매춘으로 소득을 올리는 그야말로 사회에서 취약한 여성들이었다는 점, 그래서 경찰 측에서도 이들에 대한 편견과 비하가 어느 정도 작용했을 것이라고 주장했다. 더구나 밴쿠버 경찰은 여성들이 끊이지 않고 실종되고 있었음에도 크게 관심을 두지 않거나 조치를 너무나 늦게 그리고 천천히 취했다. 이는 아마도 캐나다 경찰이 전반적으로 이런 문제에 대체로 무관심했기 때문으로 인식되고 있다. 다만 경찰은 다른 도시에서 발생했던 유사한 여성 실종 사건들의 경우에는 피해자들의 시신이 발견되었으나 밴쿠버의 경우에는 시신도, 증거도 발견되지 않아 부검할 수도 없었기 때문이라고 해명하기도 했다.

실제로 이번 사건을 수사하는 과정에서 통상적으로 범행 현장에서 중요한 역할을 하는 과학수사 중에서 전혀 역할을 하지 못한 분야가 있었다면 바로 시신을 먹어치우는 곤충을 분석해 죽음의 시기나 원인 등을 밝혀내는 과학수사 곤충병리forensic entomology라고 할 수 있다. 이유는 시신 자체가 발견되지 않아 부검조차 할 수 없었기 때문이다.

한편, 밴쿠버 경찰에서 실종 매춘 여성들에 대한 수사 의지나 관심을 신속하게 기울이지 않았던 것은 나름의 이유가 있었다고 한다. 보편적으로 많은 매춘 여성들이 남성 고객과 포주 그리고 마약 거래상 등에 의해 살해됐기 때문에 픽턴에 의해 살해된 매춘 여성들 또한 그러했을 것으로 판단했다는 것이다. 그리고 매춘 여성들은 통상 약물 중독자들로 종종 거리에서 사라지곤 하는 것이 결코 이상한 일은 아니었다고 한다.

그들은 중독 치료를 위해 관계 기관이나 시설에 들어가거나 다른 도시로 옮기거나 약물을 과다 복용해 죽거나 자살하기도 하며, 병원에 입원하기도 하면서 1~2년 사라졌다가 되돌아오곤 한다는 것이다. 더 중요한 것은 이들의 신원이 대부분 밝혀지지 않았거나 위조되거나 변조된 채 생활하기 때문에 피해자들을 정확하게 파악할 수도 없었다는 것이다. 더구나 이들 대부분은 많은 상처를 받고 사는 사회적으로 취약한 계층 출신이고, 아동기 학대를 경험하는 등 결손 가정 출신이어서 가족도 가정도 없기 때문에 더욱 그렇게 여겨졌다.

- 「On the Farm: Robert William Pickton and the Tragic Story of
  Vancouver's Missing Women」(2010), Stevie Cameron
- 「The Worst Serial Killer In History」(2017), Amy Delaney
- 「Cold North Killers: Canadian Serial Murder」(2012), Lee Mellor
- 「The Pickton File」(2007, 2011), Stevie Cameron

- http://murderpedia.org/male.P/p/pickton-robert.htm
- http://criminalminds.wiki.com/wiki/Robert_Pickton

chapter 3

극에 달한 집착이
만든 재앙 I

특정 대상의 증오로 인한 살인 이야기

살인을 저지르고
무죄를 주장한 남자의 뻔뻔함

요크셔의 살인광, 피터 윌리엄 섯클리프

피터 윌리엄 섯클리프Peter William Sutcliffe는 1946년 6월 2일에 태어나서 13명의 여성을 살해하고 7명은 살해 미수 혐의로 1981년 유죄가 확정된 연쇄살인범이다. 언론에 의해 '요크셔의 살인광Yorkshire Ripper'이라고 별명이 붙여진 피터 윌리엄 섯클리프는 영국의 대표적인 연쇄살인범 중 하나다. 그의 범죄 이야기를 요약하면 다음과 같다.

섯클리프는 5년에 걸쳐 연속살인murder spree을 자행했으며, 브래드퍼드Bradford에서 규칙적으로 매춘부들을 범행 대상으로 삼았다. 매춘부들을 향한 그의 폭력성은 매춘부들이나 포주들로부터 사기를 당했기 때문에 폭발한 것 같지만 실상 수사 당국에서 조사를 받을 때 섯클리프는 매춘부들을 살해하라는 신의 계시를 받았다고 주장했다. 하지만 그는 매춘부뿐만 아니라 일반 여성도 살해했다.

1981년 위조된 자동차 번호판을 단 혐의로 체포된 후, 경찰에서는 섯클리프가 행한 일련의 살인에 대하여 심문한 결과 자백을 받았다. 재판장에서 섯클리프는 망상증 정신분열로 인해 책임이 경감된다는 것을 근거로 살인에 대해 무죄를 주장했으나, 이러한 변론은 대다수의 배심원들에 의해 거부되었다. 그 결과, 그는 현재 브로드무어Broadmoor 고위보안병원에서 20개의 독립된 종신형을 살고 있다. 그에 대한 유죄가 확정된 이후, 그는 자신의 어머니의 결혼 전 이름인 피터 윌리엄 쿠난Peter William Coonan으로 개명했다.

평범한 가정에서
평범하게 자란 것처럼 보이지만

사건이 종결된 후, 경찰은 연쇄살인이 계속되는 동안 아홉 차례나 그를 조사했음에도 불구하고 그를 검거하기까지 시간이 오래 걸린 데 대해서 많은 비판을 받았다. 물론 경찰이 사건이 불러온 선풍적인 반향으로 인해 살인광이 보낸 것 같은 편지와 날조된 기록들을 포함한, 일부가 왜곡된 엄청난 양의 정보를 다루어야 했던 것은 사실이었다. 그럼에도 불구하고 2006년 보고서를 보면 경찰에 대한 비판은 여전히 타당성이 있었다.

도대체 섯클리프는 어떤 사람인가? 그는 웨스트요크셔West Yorkshire 빙리Bingley의 한 근로자 가정에서 태어났으며, 부모로부터 영향을 받아 천주교 신자로 성장했다. 15세에 학교를 그만둔 상태였던 그는 1960년대에 공동묘지 무덤 파기를 포함한 일련의 비천한 직업을 가졌으며, 1971년 11월에서 1973년 4월 사이에는 텔레비전 공장의 포장공으로 일하다가 판매사원으로 외부 영업을 뛰도록 요구받게 되자 그만두고 만다. 그 후에도 그는 여러 직업과 직장을 전전하게 된다. 섯클리프는 1967년 2월 14일, 소니아Sonia를 만나서 1974년 8월 10일에 결혼한다. 그 후, 몇 번의 유산 끝에 부부는 아이를 가질 수 없을지도 모른다는 통보를 받게 된다.

섯클리프의 유년기나 10대 시절을 살펴보면 비정상적인 신호도 보이지 않았다. 다만 공동묘지 일꾼으로 일한 것과 관련되어 건강하지 못하고 섬뜩한 유머감각을 지녔던 것으로 알려져 있다. 또한 10대 때부터 점점 관음증에 사로잡히게 되고, 많은 시간을 매춘부들과 그들의 봉사를 구하는 남성들을 훔쳐보는 데 소비하게 된다.

섯클리프가 감행한 첫 번째 공격은 1969년에 일어났다. 자신을 속여 돈을 빼앗은 여성을 찾던 중에 만난 늙은 매춘부를 공격한 것이다. 그의 진술에 따르면, 그는 차고까지 매춘부를 따라가서는 양말에 돌을 넣어 피해 여성의 머리를 내리쳤다고 한다. 이에 그녀는 섯클리프의 자동차 번호판을 기억해 신고했다. 이튿날 경찰은 섯클리프를 찾아갔고 그는 모든 죄를 시인했다. 다만 피해 여성이 더 이상의 처벌을 원하지 않아 법적인 제재를 받지는 않았다. 경찰은 섯클리프가 매우 운이 좋았던 것으로 기록했다. 두 번째 공격은 1975년 7월 5일 밤에 키슬리Keighley에서 일어났다. 섯클리프는 혼자 걷고 있던 애나 로굴스키Anna Rogulskyj를 해머로 내리쳐서 정신을 잃게 한 후, 칼로 복부를 난도질했다. 이웃 주민의 방해를 받자 그는 그 자리를 떠났다. 로굴스키는 대대적인 치료를 받고 생존했으나 섯클리프의 공격으로 인해 상당한 트라우마를 떠안게 되었다. 같은 해, 같은 수법으로 섯클리프는 올리브 스멜트Olive Smelt라는 여성과 14세밖에 안 된 트레이시 브라우니Tracy Browne를 공격했고, 두 피해자 모두 목숨을 잃지는 않았으나 심각한 외상 후 장애를 앓게 되었다.

해머로 뒤통수치고
공구로 난자하고

섯클리프의 공격으로 목숨을 잃은 첫 피해자는 네 자녀의 어머니였던 윌마 맥캔Wilma McCann으로, 해머로 두 번 가격을 당한 후 목, 가슴, 복부에 차례로 15회나 난자를 당해 목숨을 잃고 말았다. 이 사건으로 무려 150명의 경찰관이 동원되고, 1,100번의 조사가 이루어졌으나 범인을 찾지 못했고, 결국 피해 여성의 딸이 어머니가 살해된 후 수년 동안의 고통을 견디다 못해 자살을 하고 말았다.

이듬해에도 그의 살인 행각은 계속되는데, 1976년 1월 어느 날, 51세의 에밀리 잭슨Emily Jackson의 머리를 해머로 가격한 후 드라이버로 51차례에 거쳐 목, 가슴, 복부를 난자하고, 허벅지엔 표식을 남기기도 했다. 같은 해, 5월에는 파티에 갔다가 혼자 걸어서 집으로 가고 있던 마르셀라 클랙스턴Marcella Claxton을 자신의 밴에 태운 뒤, 소변을 보기 위해 내린 피해 여성을 뒤에서 해머로 가격하고 버렸으나 다행히 생명을 유지할 수가 있어 후에 섯클리프의 재판에서 그에 대한 증언을 할 수 있었다. 이듬해인 1977년에는 채플타운Chapeltown의 매춘 여성이었던 이렌느 리처드슨Irene Richardson을 해머로 가격하여 살해했다. 그녀가 사망하자 그는 그녀의 시신을 칼로 절단했다. 살인 현장 근처에 남겨진 자동차 바퀴의 흔적으로 용의 차량 명부가 만들어질 수 있었다.

두 달 후, 브래드퍼드의 매춘 여성 패트리샤 티나 앳킨슨Patricia Tina Atkinson을 살해했고, 경찰은 그녀의 잠옷에 남겨졌던 군화 자국을 발견하게 된다. 다시 두 달 후, 채플타운에서 16세의 제인 맥도널드Jane MacDonald를 살해했다. 특이하게도 맥도널드는 매춘 여성이 아니었다. 그녀의 죽음은 대중들에게 모든 여성들이 잠재적 희생자가 될 수 있다는 것을 보여주었다. 한 달 후 7월에는 브래드퍼드에서 모린 롱Maureen Long을 공격했고 지나가던 사람으로부터 방해를 받았으나 방치하여 죽게 했다. 안타깝게도 목격자가 섯클리프의 차를 잘못 인식해 300명 이상의 경찰관이 1만 2,500건의 진술을 받고 수천 대의 차량을 조사했으나 성공하지 못했다. 같은 해 10월에는 맨체스터 Manchester의 매춘 여성 진 조던 Jean Jordan을 살해했으며, 그녀는 죽은 지 며칠 후에 옮겨진 채로 발견되었다. 살해 후, 섯클리프는 자신이 준 5파운드 지폐가 자신을 추적할 수 있는 단서가 된다고 생각해 시신을 버렸던 쓰레기 매립장으로 돌아갔으나 찾지 못하고 시신을 토막 내어 옮겼다고 한다.

이튿날 조던은 시신이 버려졌던 곳과 인접한 지역의 농장 근로자에 의해 발견되었다. 피살자의 핸드백 속 깊숙이 숨겨져 있던 5파운드짜리 지폐는 훗날 중요한 증거 자료가 되었다. 그해 12월, 섯클리프는 리즈 Leeds에서 또 다른 매춘 여성 마릴린 무어 Marilyn Moore를 공격했으나, 그녀는 살아남아서 경찰에 자신을 공격한 범인에 대한 인상착의 등을 기술했고, 범행 현장에서 발견된 타이어 자국이 그 전의 공격에서 발견되었던 것과 일치한다는 것을 확인할 수 있었다.

1978년에도 그의 살인 행각은 계속되어, 브래드퍼드의 21세 매춘 여성 이본느 피어슨 Yvonne Pearson, 허더즈필드 Huddersfield의 매춘 여성인 18세의 헬렌 리카 Helen Rytka 그리고 맨체스터에서 베라 밀워드 Vera Milward를 살해했다. 그리고 또 다른 범행을 저지르기까지는 거의 일 년의 시간이 걸렸다. 아마도 일종의 냉각기를 가진 것으로 볼 수 있다. 이 기간 동안 그의 어머니가 사망했기 때문일 것이라고 추정할 수도 있다. 그러나 1979년 4월, 그는 건물관리소에 근무하던 19세의 조세핀 휘터커 Josephine Whitaker를 살해했다. 임상 증거에도 불구하고 살인범이 보낸 것으로 보이는 녹음된 메시지를 받은 이후 수개월 동안이나 경찰의 노력과 방향이 전환되었다. 녹음된 테이프에는 이런 내용이 담겨 있었다고 한다.

극에 달한 집착이 만든 재앙 I

"나는 잭Jack이며, 당신들에겐 아직 나를 붙잡을 수 있는 행운이 없다. 나는 조지George, 당시 수사단장 당신을 절대적으로 존경하지만 조지 경이시여, 당신은 4년 전 내가 살인을 시작했을 때보다 나를 붙잡는 데 조금도 더 가까워지지 않았소."

이 녹음테이프에 기초하여 경찰에서는 위어사이드Wearside 억양을 가진 남성을 찾기 시작했고, 그 결과 선더랜드Sunderland의 캐슬타운Castletown 지역으로 수사망을 좁힐 수 있었다. 자신을 '위어사이드 잭'이라고 사칭한 사기꾼이 1978년 범행이 자신의 소행임을 주장하는 편지를 두 번 더 경찰에 보냈다. '잭 더 리퍼Jack The Ripper'라고 서명된 편지에는 1975년 프레스턴Preston에서 살해된 26세의 조안 해리슨Joan Harrison을 죽인 것이 자신이라고 주장한다. 그러나 그는 2005년 10월, 무직자인 알코올의존자 존 사무엘 험블John Samuel Humble이 범인임을 사칭한 편지와 녹음테이프를 보내 사법을 방해한 혐의로 기소되어 8년형을 선고받게 된다.

위조 번호판으로 체포되어
살인죄를 자백하다

한편, 섯클리프는 브래드퍼드대학교 학생인 20살의 바바라 리치Barbara Leach를 또 살해한다. 매춘 여성이 아닌 대학생이 살해된 이 사건으로 대중들은 다시 한 번 경계심을 갖게 됐고, 집중적인 대중 캠페인을 벌이게 된다. 위와 같은 허위 단서에도 불구하고, 섯클리프는 1979년에 적어도 두 번이나 조사를 받게 되며, 5파운드 지폐와 관련된 300여 명의 명부에도 올라 있고, 몇 가지 단서가 일치함에도 불구하고 강력하게 의심받거나 용의선상에 오르지 않았다. 사실 섯클리프는 아홉 차례나 경찰의 조사를 받았다고 한다.

더 놀라운 것은 섯클리프가 1980년 4월 음주운전으로 체포되어 재판을 기다리는 동안에도, 47세의 여성과 20세의 리즈대학교 학생을 더 살해했다는 점이다. 뿐만 아니라 같은 기간에 3명의 여성을 더 공격했으나 그들은 목숨을 구할 수 있었다. 그러던 중 1980년 11월 25일, 섯클리프의 동료인 트레버 버즈올Trevor Birdsall이 그를 용의자로 경찰에 신고했으나 엄청난 양의 서류뭉치 속에 묻히고 만다. 그러다가 1981년 1월 2일, 도로를 달리는 차 안에서 매춘 여성과 함께 있던 섯클리프는 경찰에게 검문을 당하게 되고 위조된 가짜 차량 번호판을 부착한 혐의로 체포되어 관할 경찰서로 이송된다. 웨스트요크셔의 듀스버리Dewsbury 경찰서에서 그는 요크셔 살인광 용의자와 신체적 특징이 일치하는 점이 많아서 사건과 관련한 조사를 받게 된다.

이튿날 체포 현장에서 경찰은 소변이 마렵다는 그를 잠깐 놓아줬을 때 버렸던 칼, 해머 그리고 밧줄을 발견하게 된다. 1월 4일 오후, 그는 갑자기 자신이 리퍼라고 주장하고는 다음날까지 다수의 범행을 자백했다. 몇 주가 지나고, 그는 신이 자신에게 여성들을 살해하라는 명령을 내렸다고 주장했다. 그는 오로지 가장 어린 피해자인 제인 맥도널드의 살인과 끝까지 자신의 범행을 부정했던 존 해리슨의 살인에 대해 심문할 때만 감정을 보였다고 한다. 후자의 사건은 다른 성범죄자의 소행으로 밝혀졌다.

단지 때리기만 했을 뿐
난 죽이지 않았다

재판에 넘겨진 섯클리프는 13건의 살인 사건에 대해서 무죄를 주장하는 대신, 감형을 목적으로 살인이 아닌 치사 혐의에 대한 유죄만 인정했다. 자신은 단지 신의 뜻을 따르는 도구였다는 것이다. 그는 묘지 노동자로 일할 때 '매춘부'를 살해하라고 명령하는 소리를 들었다고 주장했다. 물론 그는 7건의 살인미수에 대해서는 순순히 유죄를 인정했다. 검찰에서는 섯클리프에게 망상적 정신분열증이 있다고 진단한 4명의 임상 심리학자들의 진술을 토대로 유죄 협상을 받아들이려고 했으나, 재판관인 보어햄Boreham 판사는 검찰에 정신이상에 대한 자세한 설명을 요구했다. 장시간의 논의 끝에 재판관은 4명의 전문가 증언과 유죄 협상을 거부하고, 배심원에서 처리할 것을 주장했다. 결국 2주에 걸친 재판과 변호인단의 노력에도 불구하고, 그는 모든 사건의 유죄가 인정되어 20건에서 종신형을 선고받게 된다. 판사는 그가 절대로 교도소를 나가지 못하기를 희망했으며, 보호관찰부에 가석방되기 전 적어도 30년은 수용할 것을 권고했다.

정신의학자들이 그가 더 이상 정신적 질환을 앓고 있지 않다고 결정한 이상 요크셔의 살인광은 보안이 최고 수준인 중구금 교도소로 이송되었다. 이전에 망상적 정신분열증으로 진단되어 보안 수준이 가장 높은 중구금 정신병원에 수용되어 있던 섯클리프는 방에서 TV나 DVD를 볼 수 있는 병원을 떠난다는 점에 대해서 매우 분노했다고 한다. 그러나 고등법원에서는 그가 절대로 석방되어서는 안 되며, 의사들도 과거 교도소 직원들이 다른 재소자들로부터 그를 보호할 수 없기 때문에 그가 중간 수준의 교도소에 수용되어서는 안 된다고 주장했다. 만에 하나 그가 구치소로 이송된다면, 24시간 사방에서 항시 보호받을 수 있는 시설에 수용되어야 한다고 말이다.

섯클리프는 5년에 걸쳐 13명의 여성을 살해했으며, 또 다른 7명의 여성을 살해하려고 했으나 미수에 그쳤다. 게다가 사람을 살해하는 데 그치지 않고 해머, 드라이버, 칼과 같은 흉기를 사용하여 시신을 훼손하기도 했다. 그러나 그는 뻔뻔스럽게도 자신은 성을 파는 매춘 여성들을 살해하라는 신의 명령과 계시를 받았다고 믿고 있었다. 20건에서 종신형이 선고된 이후에도 다수의 언론매체에서는 섯클리프가 재판에서 다루어졌던 사건보다 훨씬 더 많은 여성들을 살해했을 수도 있다고 보도했다. 이런 이유로 이 사건은 지난 100년 동안 가장 악질적인 것으로 소문난 범죄 중 하나로 남아 있으며, 당시 경찰 수사의 문제점에 대한 분석과 평가는 현재 경찰 수사에도 상당한 영향을 미치고 있다.

그렇다면 무엇이 그를 그토록 잔인한 연쇄살인마로 만들었을까? 그가 운전하던 탱크로리의 창에는 '이 차 안에는 잠재적 천재성이 풀어진다면 나라를 뒤흔들고, 그의 역동적 에너지가 주변의 사람들을 제압할 사나이가 타고 있다. 그를 잠들게 하라'라는 격문이 붙어 있었다고 한다.

피터 섯클리프는 6형제 중 첫째로 태어났으며, 어린 시절 그는 동생들을 잘 돌보는 아버지같이 든든하고 좋은 남자아이였다고 한다. 반면 그의 아버지는 가정과 자녀들에게 소홀히 했을 뿐 아니라 자기 부인을 의심하고 비난하기까지 했으나, 실상 그 자신이 불륜을 저질렀다고 한다. 훤칠한 키에 운동을 좋아하고 사교적이었던 아버지와는 달리, 섯클리프는 왜소하고 내성적이어서 어머니와 더 가까이 지냈다. 그는 학교를 싫어했고, 친구를 사귀는 것을 어려워했으며, 때로는 따돌림을 당하기도 했다. 10대 시절에는 육체미 운동으로 체중과 근육을 늘리고, 15살에는 학교도 그만두게 된다. 물론 범행의 유일한 요소는 아닐 수 있지만 대부분의 연쇄살인범들이 가졌던 직업의 일부는 그들의 불건전한 심리와 연관된 부분이 있다. 섯클리프 역시 영안실에서 일했다. 그곳에서 그는 시체를 기괴한 자세로 만들거나 복화술 인형으로 장난치기를 즐겼다고 한다. 그가 가졌던 또 다른 직업은 무덤을 파는 것이었는데, 그는 유골들을 가지고 비정상적인 놀이를 하기를 좋아했으며, 죽은 사람의 패물을 훔치는 것이 발각되기도 했다.

그가 주로 매춘 여성들을 다수 살해했다는 점에서 일각에서는 그녀들과의 좋지 않은 경험들이 그를 매춘 여성들에 대한 폭력적인 증오로 이끌었다고 주장한다. 또 다른 입장에서는 그가 다수의 남성 지배적인 문화에서 보이는 동일한 성차별주의적 전형을 따른다는 점에서, 그가 이상으로 여겼던 어머니와 다른 여성과 간음을 하는 그의 아버지를 중재시키려는 노력에서 일어난 사건이라는 주장도 있다. 흥미로운 것은 그에게 피해를 입은 여성들은 순수한 성녀이거나 매춘 여성이었다는 점이다. 매춘 여성의 경우, 그가 훗날 "나는 단지 거리를 청소했던 것이다"라고 진술한 것처럼 그들을 사람으로 보지 않고, 그런 여성들을 죽이는 것은 살인이라기보다 곳곳에 만연한 질병 근절로 생각했을 것이다. 연쇄살인을 했던 5년 동안 섯클리프는 헌신적인 남편이었고 정상적인 사내로 보였다. 심지어 그의 동생도 "그러한 일을 저지르고 집에 돌아와서 가족들과 저녁을 먹고 아무 일도 없었던 것처럼 웃고 행동할 수가 있는가?"라며 의아해했다.

또 다른 가설은 부인 소니아의 여러 번에 걸친 유산에 대한 반응이라는 것이다. 즉, 당시 29세에 불과했던 그의 아내가 다시는 아이를 가질 수 없다는 통보를 받았다는 점이 섯클리프에게 영향을 주었다는 주장이다. 그가 종종 피해자의 복부와 몸통을 토막 냈다는 점에서 이를 유추할 수도 있을 것이다. 사실 그는 자신의 아내가 다시는 아이를 가질 수 없다는 소식을 듣자마자 첫 번째 범행을 감행했다. 그가 매춘 여성들에게 보복 공격을 가했다는 주장도 있다.

- 『Wicked Beyond Belief: The Hunt for the Yorkshire Ripper』(2003),
  Michael Bilton
- 『Somebody's Husband, Somebody's Son: The Story of Peter Sutcliffe』
  (1984), Gordon Burn
- 『Somebody's Husband, Somebody's Son: The Story of the
  Yorkshire Ripper』(2004), Gordon Burn
- 『The Yorkshire Ripper』(1981), Roger Cross
- 『The Streetcleaner The Yorkshire Ripper Case on Trial』(1986),
  Nicole Ward Jouve
- 『Voices from an Evil God』(1993), Barbara Jones
- 『Just A Boy: The True Story of A Stolen Childhood』(2005),
  Richard McCann

- http://www.dailymail.co.uk/news/article-3340330/Yorkshire-Ripper,
  2015년 12월 1일자
- http://www.crimeandinvestigation.co.uk/crime-files/peter-sutcliffe--
  the-yorkshire-ripper

인종차별주의의 근원,
나치즘이 부른 참극

백인 우월주의 연쇄살인범, 조셉 폴 프랭클린

조셉 폴 프랭클린Joseph Paul Franklin은 1950년 4월 13일에 미국에서 태어난 연쇄살인범이다. 그는 다수의 살인 혐의로 유죄가 확정되어 1건에서 사형과 동시에 6개의 종신형을 함께 선고받았을 뿐만 아니라 2명의 유명 인사에 대한 살인미수도 자백한 흉악 범죄자다. 이 2명의 유명 인사들은 생명을 잃지 않았지만 그중 한 사람은 영구 하반신 장애를 갖게 되었다. 그럼에도 불구하고 프랭클린은 이 2건의 살인미수 범죄에 대해서는 처벌을 받지 않았다.

프랭클린은 자신의 범행 중 일부에 대해서 여러 번에 걸쳐 반복적으로 진술을 바꾸었고, 또한 그가 피의자나 용의자로 의심 받고 있었던 일부 범죄에 대해서는 기소되지 않았기 때문에, 그가 어떤 범죄를 얼마나 저질렀는지도 정확하게 파악할 수 없다고 한다. 프랭클린 자신은 인종 문제가 범행 동기라고 진술했지만 그가 망상적 편집증을 앓고 있어서 제대로 재판을 받을 수 없다는 변호인단의 주장도 있었다. 결국 미주리Missouri 주에서 15년 동안 사형 집행을 기다리는 사형수로 있다가 2013년 11월 20일 독극물 주입으로 프랭클린에 대한 사형이 집행되었다.

프랭클린의 범죄 행각을 좀더 구체적으로 들여다보자. 그는 인생의 대부분을 자신이 열등하다고 생각했던 사람들, 특히 흑인과 유대인의 세상을 깨끗이 지울 기회를 찾아 동부 연안을 오르락내리락 떠돌아다닌 떠돌이였다. 그의 주요 금전적 자원은 은행 강도로 얻었을 것으로 보이며, 후에 자신이 검거되는 데 결정적인 역할을 했던 '헌혈'을 통해 부족한 경비를 보충했다고 한다.

그의 구체적인 범행 일지는 대충 이렇다. 망상적 편집광으로 알려진 프랭클린은 20대 때부터 전국을 떠돌았다. 그러다가 1977년 7월, 테네시Tennessee 주 채터누가Chattanooga 시의 한 유대인 교회당을 폭파했으나 부상을 당한 사람은 아무도 없었다. 프랭클린의 살인 행각이 시작된 것은 그 이후부터였다. 1977년 10월, 미주리 주의 세인트루이스Saint Louis 시에 도착한 그는 전화번호부에서 유대인 교회당을 찾아 주차장에서 다섯 발을 발사해 42살의 세 아이를 둔 아버지인 제럴드 고든Gerald Gordon 씨를 살해한다. 이 현장에서 용케 빠져나온 그는 3년 동안 계속 살인 행각을 벌이게 된다. 희생자의 상당수는 인종이 서로 다른 쌍, 특히 흑인 남성과 백인 여성 커플이 많았는데, 신시내티Cincinnati 시에서 2명의 흑인 아동, 3명의 히치하이커, 1명의 15세 백인 창녀에게도 총격을 가해 살해했다. 그 소녀가 흑인 남자와 성관계를 해 화가 났다는 것이 이유였다.

미국 전역을 돌아다니며
흑백 커플을 죽이다

프랭클린은 결국 1980년 8월, 유타의 솔트레이크시티Salt Lake City에서 2

명의 젊은 흑인 남성을 살해한 뒤 체포된다. 그때까지 알려진 바로 그는 위스콘신wisconsin 주의 매디슨Madison 시에서 2명, 오하이오Ohio 주 신시내티 시에서 2명, 유타 주 솔트레이크 시에서 2명, 테네시 주 채터누가 시에서 1명 그리고 미주리 주 세인트루이스에서 1명 등 총 8명을 살해한 혐의로 기소되어 유죄가 확정되었다. 몇 년 후 연방교도소에 수감 중이던 그가 몇 건의 살인을 추가로 자백하기도 했다. 그 외에 「허슬러」의 발행인인 래리 플린트Larry Flynt가 잡지에 흑인 남성과 백인 여성 커플을 게재했다는 이유로 가격을 당하기도 했다. 프랭클린은 아주 뛰어난 저격수였으며, 전국을 여행하는 동안 대체로 흑인 남성과 백인 여성으로 이루어진 약 7쌍의 커플을 공격했다고 한다. 그가 좋아했던 저격 장소는 쇼핑몰의 옥상이었다고 하지만 건물의 지붕이나 횃대에서도 인종이 혼합된 커플들을 가격했다고 한다. 그가 워낙 이동을 많이 하는 까닭에 당국이 확보했던 유일한 증거는 그가 그 도시에 있었다는 사실 하나밖에 없었다. 덕분에 프랭클린은 법망을 피할 수 있었고, 오랜 기간에 걸쳐 그렇게 많은 사람을 살해하는 연쇄살인범이 될 수 있었다.

유타 주에서 2건의 살인을 한 후, 그는 미국 중서부 지역으로 되돌아가서 켄터키Kentucky 주를 여행하다가 구금되어 자신의 자동차에 싣고 다니던 총기와 관련해 심문을 받는다. 비록 그때의 심문에서는 벗어나지만 경찰은 그가 잠재적으로 저격 살인과 관련이 있다는 의심을 하게 하는 충분한 증거를 자동차에서 찾는다. 그의 몸 여러 군데에 있는 인종차별적 문신과 헌혈 은행을 방문하는 습관이 결합되어 수사관들은 전국적인 헌혈 은행에 대한 경계령을 발동한다. 결국 1980년 10월, 인종차별적인 메시지가 분명한 문신이 플로리다의 헌혈 은행 종사자의 주의를 끌게 되고, 그 직원이 FBI에 신고해 그는 결국 체포되기에 이른다.

피해자가 사형제도를 반대하며
사면을 요구

그는 미주리 주에서의 살인 사건으로 재판을 받으면서 도주를 시도했지만 살인 혐의로 유죄가 확정된다. 재판 과정에서 그를 오랫동안 면담했던 정신의학자는 그가 망상적 편집증이 있어서 재판을 제대로 받을 수 없을 것으로 보인다며 변호인단을 위한 증언을 한다. 그녀는 그의 망상적 편집증이 아마도 아동기의 심각한 아동 학대 경력과 환상적 사고에 기인한 것으로 추정했다. 한편 프랭클린의 저격을 받았던 잡지 출판인 래리 플린트도 정부가 국민들에게 살인을 금하면서 정부 스스로 국민을 살해해야 하는 사형은 옳지 않다고 그에 대한 사면을 요구한다. 그럼에도 불구하고 그는 사형을 선고받고 만다.

프랭클린에 대한 사형 집행은 이후에도 복잡하게 꼬였다. 대부분의 유럽 제약회사들이 자신들의 약품이 사형 집행을 위한 독극물로 쓰이는 것을 도덕적 그리고 윤리적 이유로 거절하거나 반대했기 때문이다. 이에 대한 대응으로 미주리 주에서는 새로운 독극물 주입 방법을 활용하겠다고 발표한다. 그러자 관할 미 연방지방법원은 사형 집행의 새로운 방법에 대해 제기된 우려를 이유로 사형 집행을 연기할 것을 명한다. 얼마 후 또 다른 연방법원 판사는 자신이 정신적으로 너무나 심약하고 무력하기 때문에 사형이 집행되어서는 안 된다는 프랭클린의 주장을 받아들였으나, 상급법원은 즉각 이를 기각하고 결국 대법원에서도 그의 마지막 요청을 기각한다. 지역신문과의 인터뷰에서 프랭클린은 다시금 자신의 인종차별의 관점을 재확인했으나 범행 동기는 그것 외에도 아동 학대 경험이 어느 정도 영향을 미쳤다고 주장했다. 수감 중 그는 흑인 재소자들과 교류하고 상호작용하며 그들도 우리와 같은 사람들이라고 말하기도 했다. 2013년 11월 20일, 그는 약물을 주입한 지 10분쯤 지나서 사망한 것으로 발표되었으며, 참관했던 언론의 보도에 의하면 그는 고통스러워하는 것 같지 않았고, 어떠한 말이나 글로도 최후 진술을 하지 않았다고 한다.

히틀러에게 영감을 받아
살인을 시작

프랭클린은 과연 어떤 사람일까. 그는 앨라배마Alabama 주 모빌Mobile 시의 가난한 가정에서 태어났으며, 아동기에 심각한 신체적 학대를 당했다고 한다. 고교 시절 초기에는 복음교회에 흥미와 관심을 가졌으며, 이어서 나치주의Nazism에 그리고 그 후에는 전국백인사회주의당National Socialist White People's Party과 백인우월주의단KKK, Ku Klux Klan에 가입하고, 심지어 독일의 히틀러 치하에서 나치주의 선전, 선동 장관을 지냈던 파울 요세프 괴벨스Paul Joseph Goebbels와 벤자민 프랭클린Benjamin Franklin의 이름을 따서 자신의 이름을 폴 조셉 프랭클린으로 바꾸기까지 했다. 1960년대 들어, 그는 『나의 투쟁Mein Kampf』을 읽은 후 인종 전쟁을 시작하려는 영감과 자극을 받았다고 한다.

백인 우월주의자 집단과의 교류가 증대되면서, 그는 점점 더 소수인종들에 대해 적대적이 되었다. 70년대 중반쯤에는, 당시 가장 급진적인 증오 집단마저도 그들이 증오심을 충분히 보이지 않았다고 생각해 거부했다. 그는 그냥 앉아서 불평과 불만을 제기하는 데 그치지 않고 공격하기를 원했다. 후에 스스로 밝힌 바에 따르면, 자신에게 스스로 부여한 사명은 동료 우월주의자들을 행동하게 하는 것이었다고 한다.

학대가 차별로,
차별이 살인으로

변호인단은 프랭클린의 정신 상태가 온전치 못하다고 주장했지만, 프랭클린 스스로는 CNN과의 인터뷰에서 대략 22명의 냉혈적 사형 집행과 같은 형태의 죽음을 자신의 책임이라고 했다. 「허슬러」의 발행인 래리 플린트를 저격해 영구 장애자로 만든 이유가, 그가 잡지에 백인 여성과 흑인 남성 커플을 게재했기 때문이라는 인종차별적 주장으로 자신의 범행을 정당화하는 데서도 그의 정신 상태를 엿볼 수 있다. 그의 주장은 백인은 백인과 흑인은 흑인과 인디안은 인디안과 그리고 동양인은 동양인과 결혼해야 한다는 것이다. 뿐만 아니라 세인트루이스의 전화번호부에서 유대인 교회당을 찾아서 폭파하는 등 철저하게 계획 범행을 저지르는 것에서 정신이상을 의심할 여지를 없애는 것이다. 이를 입증이라도 하듯 그는 "나는 전쟁터에 있다. 백인종의 생존이 걸려 있다"라고 주장했다. 심지어 그는 자신의 범행이 소수인종에 대한 1인 전쟁에 나설 병사들에게 하나의 좋은 모범이 될 것이라고도 주장했다. 결국 그는 정신이상이라기보다는 편견과 오해에서 비롯된 인종차별적 증오 범죄자라고 할 수 있을 것이다.

프랭클린은 어떤 때는 수 년 동안, 또는 수개월씩 가족과 가정을 버렸던 알코올의존증의 떠돌이 아버지의 맏아들로 태어났다. 프랭클린의 형제자매들이 기억하는 바에 따르면, 그의 아버지는 어쩌다 한번 집에 돌아오면 아이들을 구타하고 학대하는 것으로 자신의 귀환을 축하했으며, 그중에서도 맏아들인 프랭클린이 가장 심한 벌을 받았다고 한다. 청소년이 되어서도 사고로 심각하게 시력을 훼손당한 이후로 학교를 중퇴하고 만다. 그 부상이 양날의 칼과 같아서 시력은 손상되었지만 당시 대부분의 청년들이 모병과 참전으로 불안해할 때 시력 문제로 입대를 걱정하지 않고 결혼할 수 있게 되었다. 결혼 후 얼마 안 되어 그의 아내는 그의 인성이 '밤과 낮'처럼 변하는 것을 알게 되었다. 마치 그가 증오했던 아버지를 흉내 내는 것처럼 그는 아내를 구타하기 시작했고, 때로는 어떤 이유인지 모르게 슬프게 울고 있기도 했다고 한다. 그즈음 백인 일색이었던 프랭클린의 동네가 인종적으로 통합되었고, 그는 병리적으로 편협한 극우의 세계로 선회하기 시작했다. 그 후 몇 년 동안은 인종 관련 사건과 숨긴 무기를 옮긴 혐의로 간간히 체포되는 등 볼썽사나운 일들로 점철되었다. 그는 점점 더 미국 나치당에 빠져서 1972년 어머니가 사망한 이후 전적으로 인종분리운동에 전념하기도 했다. 애틀랜타Atlanta로 이사해서는 신국수주의 당원이 되고, 백인우월주의단에 가입한다. 그는 그로부터 인종 간 커플을 공개적으로 욕하기 시작했고, 1976년의 어느 날 그런 커플을 막다른 골목까지 따라가서 최루가스를 분사했다. 이즈음 그는 개명까지 해 정상적인 삶과의 마지막 고리마저 끊게 된다.

종합하면, 결국 그의 잔혹한 연속살인 행위는 학대적이고 붕괴된 가정 출신의 정신적 장애가 있는 청년이 급진적인 인종차별주의자가 되고, 나아가 연쇄살인범이 된 치명적인 혼합의 결과라고 할 수 있다.

- 『Images of Terror: What We Can and Can't Know About Terrorism』
  (2003), Philip Jenkins
- 『Dark Soul of the South: The Life and Crimes of Racist Killer
  Joseph Paul Franklin』(2011), Mel Ayton

- 'Judge stays serial killer's execution' 2013년 11월 20일 「CNN News」
- 'High court denies execution stay for racist serial killer'
  2013년 11월 20일자 「USA Today」
- 'Joseph Franklin, white supremacist serial killer, executed'
  2013년 11월 20일자 「BBC News」
- 'Man Is Convicted of Killing Interracial Couple in Wisconsin in 1977'
  1986년 2월 14일자 「New York Times」
- 'AROUND THE NATION; Judge Denies Trial Request For Suspect in Iowa
  Deaths' 1981년 1월 6일자 「The New York Times」
- 'Larry Flynt: Don't execute man who shot me' 2013년 10월 18일
  「BBC News」
- 'Cruel and unusable' 2013년 11월 1일자 「The Economist」
- 'Missouri executes prisoner using single drug from secret pharmacy'
  2013년 11월 20일자 「The Guardian」
- 'US serial killer Joseph Franklin granted stay of execution'
  2013년 11월 19일자 「BBC News」
- 'Missouri executes serial killer Joseph Paul Franklin'
  2013년 11월 20일자 「Los Angeles Times」

– http://murderpedia.org/male.F/f/franklin-joseph.htm

– https://www.thoughtco.com/serial-killers-gary-and-thaddeus-
  lewingdon-973124

– http://criminalminds.wikia.com/wiki/James_Huberty

– http://www.dailymail.co.uk/news/article-2510543/Joseph-Paul-
  Franklin-serial-killer-paralyzed-Larry-Flynt-executed.html

67명 이상의 소년과 청년을 죽인 남자

채점표 살인마, 랜디 스티븐 크래프트

랜디 스티븐 크래프트Randy Steven Kraft는 1972년에서 1983년 사이에 캘리포니아 등지에서 적어도 16명의 젊은 남성을 강간하고 고문한 뒤 살해하여 시신을 절단한 일명 '채점표 살인마Scorecard Killer' 또는 '고속도로 살인마Freeway Killer'로 알려진 연쇄살인범이다. 이와 동시에 최대 51명의 소년과 청년들을 강간하고 살해한 것으로도 간주되고 있으나, 1989년 5월 16명을 살해한 혐의로 유죄가 확정되어 현재 캘리포니아 주의 마린 카운티Marin County의 산 쿠엔틴San Quentin 주립교도소에 수감되어 사형을 기다리는 중이다. 크래프트가 '채점표 살인마'로 알려지게 된 것은 피해자들과 관련되는 비밀스러운 표식을 채점표같이 기록으로 남겼기 때문이며, '고속도로 살인마'로 불렸던 것은 다수의 피해자 시신이 고속도로 주변에서 발견되었기 때문이다.

월반을 할 정도로 명쾌한 두뇌를 가진 크래프트

크래프트는 1945년 3월 19일, 캘리포니아의 롱비치Long Beach에서 어머니

오팔 리Opal Lee와 아버지 해롤드 허버트 크래프트Harold Herbert Kraft 사이에서 넷째 아이이자 유일한 아들로 태어났다. 그의 아버지는 생산직 근로자였으며, 어머니는 재봉사였다고 한다. 그의 가족은 겸손하고 조심스럽게 생활했으며, 어머니는 남편의 월급을 보충하기 위하여 여러 가지 일을 했음에도 불구하고 자녀들을 위해 항상 시간을 할애했다. 반대로 아버지는 아내와 자식들과 어떠한 사교 모임에도 거의 참여하지 않았으며, 후에 가족과 거리를 두었던 것으로 기술되었다.

아동기의 크래프트는 비록 사고뭉치였다고 알려져 있으나 어머니와 세 누나들의 보살핌을 받고 자랐다고 한다. 학교에서는 교사와 동급생들로부터 지능이 높고 명석하다는 평가를 받았으며, 중학생 시절에는 월반을 하기도 했다.

청소년기의 크래프트는 골수 공화당원이 되는 등 정치에 관심을 가져 연방 상원의원이 되겠다는 열망을 가졌다. 웨스트민스터고등학교에 진학한 지 얼마 되지 않아서 그는 2명의 친구와 함께 웨스트민스터 세계문제 클럽Westminster World Affairs Club을 만들기도 했다. 학교에서 그는 쾌활하고, 정기적으로 A학점을 받는 우수한 학생이었다. 비록 일부 학생들과 교사들은 나중에 그가 동성애자가 아닐까 하는 의문을 가졌지만 크래프트는 가끔 여학생들과 데이트도 즐겼다. 물론 크래프트 자신도 처음에는 자신의 성 정체성에 대한 의문을 가졌지만 훗날 고교 시절부터 자신이 동성애자라는 것을 깨달았다고 진술한 바 있다.

1963년 6월 3일, 그는 390명 중에서 10등으로 고등학교를 졸업한 뒤, 그해 가을 캘리포니아의 클레어몬트Claremont에 있는 클레어몬트남자대학Claremont Men's College에 진학했다. 진학과 동시에 그는 ROTC에 등록하고, 월

남전에 찬성하고, 이따금 1964년 대통령선거에 출마했던 보수당 후보 배리 골드워터Barry Goldwater 상원의원을 지지하는 시위에 참가하곤 했다.

같은 해 크래프트는 첫 동성애 관계를 갖는다. 대학에서 그는 게이들에게 음식을 제공하는 지역의 가든 그로브Garden Grove 칵테일 라운지에서 바텐더로 일을 했으며, 정기적으로 남창들과의 우연한 성관계를 위해 라구나Raguna와 헌팅턴Huntington 해변을 찾았다고 알려져 있다. 대학 재학 중에 그는 여성들과도 가끔 데이트를 했지만 자신의 성 정체성을 가족들에게 알리기 위하여 남자친구들을 지속적으로 데려오기도 했다. 하지만 부모와 자매들은 처음에 그의 성 정체성을 알아차리지 못했다고 한다. 그러던 중 1966년에 크래프트는 헌팅턴 해변에서 암행 중이던 경찰관 앞에서 음란 행동을 한 혐의로 체포되었으나 그때까지 전과가 없어서 기소되지는 않았다. 이듬해 그는 정치적 신념을 극적으로 바꾸어 좌익 정치 이념의 열렬한 지지자로 나섰고, 민주당원으로 등록하여 당원 관리자가 되어서 로버트 케네디Robert Kennedy 당선을 위해 지칠 줄 모르고 선거운동을 했다. 그 공으로 케네디 상원의원으로부터 감사의 서신을 받기도 했다. 졸업반이 되자, 그는 시름에 빠진 학생이 되어 다른 학생들과 음주와 마약을 하며 도박장을 드나들기 시작했다. 결국 그는 그해 대학을 졸업하지 못하고 이듬해가 되어서야 졸업하게 된다.

졸업 4개월 후 그는 공군에 입대하고, 같은 해 가족들에게 자신이 동성애자라는 것을 밝히게 되었다. 그러자 아버지는 분개한 반면 어머니는 받아들이지는 못했지만 어느 정도 이해는 했다. 궁극적으로 그의 가족들도 그의 성 정체성을 받아들였다. 하지만 가족들은 크래프트가 자신의 성 정체성을 밝힌 후에 가족들과 거리를 두기 시작했다고 느꼈다. 다만 가족과의 연락은 꾸준하게 지속한다.

1969년 7월 26일 그는 상관에게 자신의 성 정체성을 밝힌 후 비록 공식적으로는 '의료상'으로 기록되었지만 공군으로부터 퇴역을 당한다. 자신의 퇴역 결정에 불복한 그는 법률 자문을 구해보지만 거절당하게 되자 다시 부모의 집으로 되돌아가서 바텐더로 일하게 된다.

그러던 중 1970년 3월, 그는 헌팅턴 해변에서 조이 팬셔 Joey Fancher라는 이름의 가출한 13살짜리 웨스트민스터 소년을 만나게 된다. 그는 소년에게 자신과 함께 살자며 자신의 아파트로 데려가서는 폭행을 가한다. 그 후 크래프트가 일하러 가기 위해 소년을 내버려둔 채 떠나자 소년은 아파트를 탈출한다. 그때 누군가가 소년의 좋지 않은 상태를 보고 구급차를 불러 응급 처치를 받았다. 병원으로 이송된 소년은 경찰에게 자신이 약물을 주입받았으며 폭행을 당한 것은 사실이나 성적으로 폭행 당한 것은 아니라고 진술했다. 소년은 자신이 자발적으로 약을 복용했다고 진술했지만 경찰은 영장 없이 가택 수색을 진행했다. 그러나 아무런 혐의가 발견되지 않았다.

크래프트가 본격적으로 살인을 행한 시기는 1971년에서 1983년 사이이며, 그 기간 동안 그는 총 67명을 살해한 것으로 알려져 있다. 그에게 성폭행을 당한 피해자는 모두 13세에서 35세 사이의 남성들이었으며, 그들 대부분은 10대 후반에서 20대 중반이었다. 그중 16건에 대해서는 기소되어 유죄가 확정되었다. 피해자의 다수는 해병대원이었으며, 그들 대부분의 시체에서는 혈액 속 알코올 농도가 높고 진정제도 투여 받은 것으로 나타났다. 이는 피해자들이 학대당하고 피살되기 전에 감각이 없었다는 것을 보여준다. 크래프트는 대부분의 피해자들에게 차를 태워주겠다거나 술을 사주겠다는 말로 유인했으며 주로 차 안에서 알코올과 약물 투여가 이뤄진 것으로 보인다. 그런 다음 고문을 당하고 성적으로 학대를 당한 뒤에, 교살되거나 질식사를 당하고, 일부는 약물 과다 복용으로 그리고 적어도 1명은 맞아서 사망한 것으로 알려져 있다.

물론 모든 피살자가 다 그런 것은 아니었지만 대부분은 여러 고속도로변이나 인접한 곳에 버려졌다. 다수의 피해자들은 주로 성기 주변, 가슴, 얼굴이 자동차 담뱃불 라이터로 태워졌으며, 일부는 머리와 얼굴에 둔기로 심하게 맞은 흔적이 있었고, 다른 일부는 거세되고, 토막 나고, 사지가 잘리기도 했다.

젊은 백인 남성들의
시신이 발견되다

크래프트에게 살해당한 첫 번째 희생자일 것으로 짐작되는 이는 1971년 10월 5일에 발견되었다. 경찰이 오르테가Ortega 고속도로 가까이에서 웨인 듀케차Wayne Dukette라는 이름의 나체 시신을 발견한 것이다. 30세의 롱비치 주민이자 게이바의 바텐더였던 피해자의 시신이 부패해 살인의 징표들은 이미 다 지워졌으나 부검 결과는 알코올로 인한 독살로 명기되었다. 훗날 크래프트의 기록장에 피해자의 별명인 'Stables'가 맨 처음 적혀 있는 것으로 보아 아마도 그가 크래프트의 첫 번째 희생자일 것으로 추측하고 있다.

듀케차를 살해한 지 15개월이 지나서, 크래프트는 20세의 에드워드 무어 Edward Moore라는 이름의 해병을 살해하는데, 무어의 시신은 1972년 12월 26일 크리스마스이브에 405번 고속도로변에서 발견되었다. 시신의 찰과상으로 보아 그는 움직이는 차량으로부터 버려진 것으로 보였다. 부검 결과 그는 손목과 발목이 묶인 채로 얼굴을 둔기로 맞은 다음 목이 졸려 교살된 것으로 밝혀졌다. 시신에는 또한 여러 군데 물어뜯긴 흔적이 남아 있었으며, 직장에 양말이 삽입되어 있었다.

그로부터 6주 후 17세에서 25세 사이로 보이는 신원이 확인되지 않은 청년의 시신이 로스앤젤레스Los Angeles의 터미널 아일랜드Ireland 고속도로 주변에서 발견되는데, 그는 동아줄로 묶여 있었고 역시나 직장에 양말이 삽입되어 있었다. 그로부터 두 달 후, 4월 9일에는 17살의 케빈 베일리Kevin Bailey라는 소년이 헌팅턴 해변의 길가에서 발견되었는데, 이 소년은 살해되기 전에 항문 성교를 당하고 거세되어 있었다. 7월 27일까지 크래프트는 사지가 절단된 신원이 밝혀지지 않은 청년과 실종된 지 이틀 만에 405번 고속도로 진입 램프에서 온몸이 묶인 채로 발견된 20살의 로니 위비Ronnie Wiebe를 살해했다고 한다. 위비의 손목과 발목에 난 자국은 그가 도구에 매달려 있었다는 것을 암시했다.

이듬해인 1973년에는 크래프트가 단 한 명만을 살해한 것으로 알려지고 있는데, 피해자는 빈센트 크루즈 메스타스Vincent Cruz Mestas라고 하는 23세의 양성애자 미술학도였으며, 그의 시신은 12월 29일 샌버너디노San Bernardino 산에서 발견되었다. 이전의 여러 사례와 같이, 피해자의 양말 한쪽이 직장에 꽂혀 있었으며, 양손도 시신에서 분리되었으나 일절 발견되지 않았다. 1974년 11월까지 5구의 시신이 남캘리포니아 지역의 대로변에서 발견되는데, 그중 하나의 시신에서는 몸속에 이물질들이 삽입되어 있었으며, 또 다른 한 명에게서는 이전의 많은 사례에서처럼 물어뜯은 흔적이 발견되었다.

1975년 1월 2일, 크래프트는 17살의 고교생 존 레라스John Leras를 납치하여 살해하는데, 희생자의 묶여진 시신은 이튿날 선셋Sunset 해변에서 발견되었으며, 그의 항문에서 이물질이 밀려서 나온 채로 버려져 있었다. 그의 시신이 발견된 곳 근처에 끌린 흔적을 살펴보면 시신을 물속으로 옮긴 사람이 둘임을 암시했다. 그리고 2주 후, 1월 17일에는 21세의 크레이그 조나이티스Craig Jonaitis의 시신이 고속도로변 호텔 주차장에서 발견되었는데, 그 또한 신발 끈 같은 긴 줄로 목이 졸려 살해된 것으로 확인되었다.

지금까지 14명의 시신이 버려진 채로 발견되었으며, 동일범의 소행으로 여겨졌고, 모든 피해자가 유사한 신체적 특성을 가진 백인 남성이었다. 그때쯤 캘리포니아 주 여러 지역 살인 사건 수사관들이 오렌지카운티Orange County에 모여서 아직 윤곽이 확인되지 않은 살인마를 찾기 위한 논의를 시작한다. FBI의 살인범에 대한 프로파일은 범인이 '사회의 복지와 이익'에는 무관심한 평균 이상의 지능을 가진 질서정연하고 조직적인 색욕적 살인범이라고 기술했다. 일부 수사관들은 2구의 시신 코에 종이 티슈가 꽂혀 있었으며 이는 사망 후 시신에서 분비물이 나오지 못하게 하기 위해서 군에서 주로 사용하는 절차라는 점에서 범인이 군대 경력이 있는 한 명 이상일 것으로 믿었으며, 피해자의 항문에 박힌 양말도 시신을 버리기 위해 옮기는 동안 이물질이 나오지 못하게 하기 위한 조치라고 믿었다. 그러나 이 시점까지도 아무런 단서나 용의자를 특정하지 못하고 있었다.

살인자를 음주운전으로 체포하다

1983년 5월 14일 새벽 1시 10분, 2명의 캘리포니아 고속도로 순찰대원캘리포니아주 경찰은 도요타 셀리카가 불법으로 차선을 변경하며 이리저리 왔다 갔다 하면서 불규칙적으로 운행하는 것을 목격하게 되자 음주운전 차량으로 생각하고 정지 신호를 보낸다. 운전자는 자동차를 세우고 차에서 하차해 맥주병에 든 내용물을 도로에 버린다. 스틸링 경관은 자신을 랜디 크래프트라고 밝힌 운전자가 바지 단추를 잠그지 않은 것을 목격하고 그의 음주 여부를 검사한다. 결국 운전자는 음주운전 혐의로 체포당한다. 그때 동료 경관인 하워드 경사는 자동차로 접근해 조수석에 비스듬히 누워 있는 젊은 남성을 발견한다. 그는 부분적으로 재킷으로 몸을 덮은 채 눈을 감고 비스듬히 누워 있었고, 그의 발 주변에는 빈 맥주병이 어지럽게 널려 있었다. 경관은 그를 깨우려고 흔들어보았지만 움직이지 않았으며, 체온이 매우 낮은 것을 알게 된다. 결국 맥박을 짚어보고는 이미 사망했으며 청년의 목에 끈으로 묶였던 흔적도 발견하게 된다. 청년의 재킷을 벗기자 피해자의 바지가 열려 성기가 노출되었다. 청년의 손은 신발 끈으로 묶여 있었고, 손목에는 자국이 나 있었다. 피해자는 훗날 목이 졸려 사망한 것으로 밝혀졌다.

65명 혹은 67명의
젊은 남자를 죽인 살인마

체포 당시 크래프트는 음주운전 혐의로 검거되었으나 살인죄로 기소되었다. 자동차를 철저하게 수색한 결과 자동차 뒷좌석에서 피해자의 목에 난 자국과 일치하는 벨트가 발견되고 술과 처방의약품 그리고 진정제 등 다른 증거물들이 나왔다. 특히 조수석에는 다량의 혈흔이 있었으나 피해자에게서 아무런 외상도 발견되지 않았다. 임상분석 결과 혈흔은 사람의 것으로 확인되었고, 자동차 카펫 밑에서는 음란한 자세의 남자 사진 50장 이상이 들어 있던 봉투도 발견되었는데, 사진의 인물들은 대부분 잠들었거나 죽어 있었다. 자동차 트렁크에서는 암호화된 기호가 적혀 있는 손으로 쓴 목록바인더가 발견되었다. 그의 집을 수색한 결과, 지난 10년간 살해당한 수많은 젊은이들의 개인 소장물품과 의복을 비롯한 다양한 증거물들이 나왔으며, 집의 카펫에서 나온 섬유질이 피해자 스캇 휴스Scot Hughes의 것과 일치했으며, 거실의 소파는 사진첩에 있는 것과 동일한 것이었다.

크래프트의 자동차에서 발견된 정갈하게 쓰여 있는 61개의 글귀와 단어 목록은 각각의 피해자들과 연관된 것으로 밝혀졌다. 일부는 'Edward Daniel Moore'의 머리글자인 'EDM'과 같이 분명하게 피해자의 이름을 보여주었고, 일부는 고문이나 시신 절단 또는 마지막 목격된 장소를 지칭하기도 했다. 예를 들어 'Marine Head BP'는 뷰나파크Buena Park에서 히치하이킹을 하는 모습이 마지막으로 목격되고 머리가 참수된 해병대원을 지칭했다. 일부는 단순히 시신을 유기한 장소를 적고 있기도 했다. 또한 '2 in 1 Beach' '2 in 1 Hitch' 같은 경우는 한 번에 2명을 해치웠다는 이중살인을 지칭했다.

그러나 수사관들은 목록에 적혀 있지 않은 피해자도 있을 수 있다고 가정해 크래프트의 피해자가 최소 65명에서 최대 67명에 이를 것으로 추정했다. 크래프트가 살해한 것으로 추정되는 67명의 피해자 중 22명은 신원조차 밝혀지지 않았으며 시신도 찾지 못했다. 이는 부분적으로 살인 행각이 몇 개 주에 걸쳐서 발생했으며, 다양한 지역의 장소에 시신이 버려졌기 때문으로 추정되고 있다.

1983년 5월 16일, 크래프트는 테리 갬브럴Terry Lee Gambrel을 살인한 혐의로 기소되었다. 수사관들은 9월 8일까지 700여 명을 조사하고 면담한 결과 1972년 12월과 1983년 2월 사이에 발생한 15건의 살인 사건도 크래프트가 저질렀음을 뒷받침하는 250여 건의 물적 증거들을 확보했다. 그 결과 그는 2건의 항문 성교와 1건의 거세 외에도 15건의 살인 사건으로 추가 기소되었

극에 달한 집착이 만든 재앙 I

다. 1988년 9월 26일 오렌지카운티에서 맥카틴McCartin 판사의 심리로 재판이 시작되었는데, 재판에는 160여 명이 검찰 측 증인으로 채택되었고, 무려 1,000건이 넘는 물증들이 증거로 제출되었다. 그러나 변호인단은 제출된 증거의 대부분이 상황 증거라고 수용하지 않았으며 크래프트의 사건을 기각시키려고 했다. 또한 크래프트를 지역사회의 건전하고 똑바른 구성원으로 표현하려고 노력했다. 크래프트에 의해 16명의 젊은 청년들이 살해당했다는 점에 대해서는 시비하지 않고, 그가 아니라 다른 누군가가 저지른 일이라고 주장했다.

또한 변호인단은 16명의 피해자 중 일부가 또 다른 연쇄살인범 윌리엄 보닌William Bonin과 패트릭 커니Patrick Kearney 둘 중 한 사람에 의해 살해되었으며, 피해자 누구에게서도 크래프트가 살해했다는 완벽한 증거를 찾을 수 없다고 주장했다. 1989년 5월 12일, 11일 동안의 논의 끝에 배심원단에서는 16건의 살인, 1건의 항문 성교와 1건의 거세 혐의에 대해서 크래프트에게 유죄를 확정했다. 그러나 변호인 측에서는 크래프트의 뇌가 전두엽에 이상이 있어서 자신의 감정과 충동을 조절하는 능력이 줄어들었다고 주장하는 PET 촬영 사진을 제출했다. 이에 검찰에서는 크래프트의 뇌에 아무런 문제가 없으며, 단지 성적 만족을 위하여 살인을 즐겼을 뿐이라고 주장했다. 1989년 8월 11일, 배심원단에서는 사형을 권고했으며, 석 달 후 판사는 사형을 선고했다.

공범이었던 누군가는
벌써 죽었다

크래프트 살인 사건의 일부와 연계시키는 정황 증거와 DNA 증거들을 접한 많은 이들은 크래프트가 범인으로 지목된 모든 살인이 한 사람만으로 이루어진 범행이 아니라는 강한 의문을 가졌다. 이런 의구심에 대해서 검찰은 아마도 일부 사건의 경우 크래프트가 단독 범행을 하지 않았기 때문이라고 설명하고 있다.

실제로도 혼자 운전하면서 달리는 차 안에서 90kg이나 되는 시체를 차창 밖으로 던지기는 어렵다는 것이다. 고속도로변에 버려진 시신의 타박상이나 파편들을 볼 때 피해자들은 50마일 이상의 속도로 달리는 차에서 버려졌으며 혼자서 빠른 속도로 운전을 하면서 그 같은 행동을 하기란 어려웠을 것으로 판단되었다. 그 밖에도 단독 범행이 아닐 수 있다는 가정에 설득력을 더하는 몇 가지 정황이나 증거들이 나오기도 했다.

이 점에 대해서 검찰에서는 크래프트의 전 연인이었던 제프 그레이브즈 Jeff Graves가 몇 건의 살인 사건을 도왔을 수도 있다고 믿었다. 그레이브즈는 크래프트가 16건의 살인을 저질렀던 기간인 1971년부터 1976년까지 크래프트와 함께 살았던 사람이다. 그러나 그레이브즈가 1987년 7월 27일 에이즈로 사망하게 되면서 더 이상 심문이나 조사를 할 수 없게 되었다.

- 「Angel of Darkness: The True Story of Randy Kraft and the Most Heinous Murder Spree」(1991), Dennis McDougal
- 「Randy Steven Kraft – Serial Killers Unauthorized & Uncensored」(2014), T.J. Carlson
- 「The Scorecard Killer: the Randy Kraft Story」(2015), Brian Lee Tucker

- https://www.thoughtco.com/serial-killer-randy-krafts-scorecard-973149
- http://murderpedia.org/male.K/k/ktaft-randy.htm
- http://criminalminds.wikia.com/wiki/Randy_Kraft

죽였지만 기억하지 못하는 살인자의 지능

그린 강 살인마, 게리 리언 리지웨이

1949년 2월 18일 유타 주의 솔트레이크 시에서 3형제 중 둘째로 태어난 게리 리언 리지웨이Gary Leon Ridgway. 그는 처음에 48명을 살해한 혐의로 유죄가 확정되었으나 훗날 그보다 2배 정도 더 많은 사람을 살해했다고 자백한, 그린Green 강 살인마로 알려진 미국의 연쇄살인범이다. 또한 유죄 협상을 통해 다른 혐의까지 추가되어 유죄가 확정되어 전체 혐의가 49건에 달한, 미국 역사상 가장 잔인한 연쇄살인범 중 하나로 알려져 있다.

그는 1980년대에서 1990년대에 걸쳐 수많은 여성과 소녀들을 워싱턴Washington 주에서 살해했으며, 희생자의 대부분은 매춘부이거나 가출한 미성년자를 포함한 취약 여성들인 것으로 알려졌다. 언론에서는 그의 신분이 밝혀지기 전까지 그를 그린 강 살인마란 별명으로 불렀다. 그는 여성의 목을 졸라 죽였는데 주로 손을 사용했으나 때로는 끈도 사용했다고 한다. 목을 졸라 살해한 다음 그는 시신을 숲이 우거진 곳이나 풀이 무성한 곳에 버렸으나 종종 시신과 성관계를 갖기 위해 시신을 버린 곳에 되돌아오기도 했다고 한다.

존재를 알지 못할 정도로
조용한 아이

리지웨이의 가정은 약간 문제가 있었다고 하는데, 그의 친척들은 그의 어머니가 권력을 휘두르고 횡포를 부렸다고 진술했다. 어린 시절의 리지웨이도 부모가 벌인 폭력적인 논쟁을 한 번 이상 목격했다. 그의 지능은 IQ 검사 결과가 겨우 82로 나왔을 정도로 심한 평균 이하였다고 한다. 그래서인지 학교에서도 그는 학업 성적이 매우 나빴으며, 학교 친구들은 그를 조용하고 거의 기억하지 못할 정도로 눈에 띄지 않았다고 회상했다. 그의 10대 시절도 문제가 있었다고 하는데, 예를 들어 14살까지도 이불에 오줌을 쌌다. 그때마다 어머니는 그를 홀딱 벗겨서 알몸으로 욕실까지 가게 해 목욕을 시켰다. 이런 일들이 그를 분기시키고 당혹케 했으며, 이로 인해 결국 그의 어머니에 대한 성적이고 폭력적인 환상을 갖게 했을 것으로 알려졌다. 16살 때 그는 6살짜리 소년을 숲속으로 데리고 가서 칼로 갈비를 관통해 간까지 찔렀다. 피해자에 따르면, 당시 리지웨이는 웃으면서 "나는 항상 사람을 죽이는 것이 어떤 느낌인지 궁금했다"라고 말했다는 것이다.

흥미롭게도 리지웨이의 가정은 그의 어머니가 지배했고, 그와 그의 형제들 그리고 심지어는 남편에게까지 그녀는 신체적 그리고 정신적인 학대를 가했다고 한다. 그래서인지 리지웨이는 나이가 제법 들 때까지 소변을 가리지 못했고, 한번은 고양이가 죽을 때까지 냉장고에 가두기도 하는 등 동물들을 학대했다. 또한 형제들과 함께 BB총으로 새들을 쏘기도 했고, 지능이 낮아서인지 두 번이나 상급 학년으로 진급을 못하고 낙제를 했다. 심지어 14살 때는 어린 소년을 때려서 죽이려고도 했다. 결국 그는 10대 때부터 살인을 저지르게 되었는데, 수영장에서 6살 소년의 다리를 묶어 물속에 빠뜨려서 죽게 한 것이 자신의 첫 살인이었다고 한다.

리지웨이는 1969년 20살에 고등학교를 졸업하고, 고등학교에서 만난 19살의 여자친구와 결혼을 한다. 그 후 해군에 입대해 베트남으로 파병되어 군수물자 수송선에서 근무하며 전쟁을 목격하게 된다. 해군에서 근무하는 동안 그는 빈번하게 수많은 매춘부들과 성관계를 가져 매독에 감염되기도 했다. 그로 인해 화도 났지만 아무런 조치도 취하지 않고 그들과 계속 성관계를 가졌다. 리지웨이가 군에 복무하는 동안 그의 아내가 바람을 피워 결혼 생활은 일 년도 채 지나지 않아 깨지고 만다. 리지웨이의 친지들은 그를 조용하지만 이상한 사람으로 기술했다.

『성경』을 읽으며 울었던 남자의 이상한 성욕

그 후 두 번째 결혼을 했으나 이번에도 아내의 불륜으로 이혼을 하게 되는데, 두 번째 아내는 그가 자신을 조리개에 넣어 질식시키려고 했다고 주장했다. 그는 두 번째 결혼 기간 동안 매우 종교적이 되어 방문 선교 활동을 벌이고, 직장과 집에서 큰 소리로 『성경』을 읽고, 아내에게 교회 목사의 설교대로 행동하라고 강요했다. 그는 설교를 들은 후나 『성경』을 읽은 후에 종종 울기도 했다. 그럼에도 불구하고 그는 두 번째 결혼 기간 동안 매춘을 계속했으며, 아내에게 공공장소나 때로는 그가 시신을 버렸던 장소에서 성관계를 가질 것을 원했다. 그의 삶 속 여성들에 따르면, 그는 만족할 줄 모르는 탐욕스러운 성적 취향을 가졌으며, 그의 세 아내와 다수의 여자친구들도 그가 하루에도 몇 번씩이나 성관계를 요구했다고 주장했다. 그 자신도 사랑과 증오를 가졌던 매춘 여성들에게 병적으로 애착을 가졌다고 스스로 시인했다. 그는 종종 동네에 매춘 여성들이 살고 있는 것에 대해 불평했으나 그들과 주기적으로 관계를 가졌다. 그는 통제할 수 없는 욕정과 자신의 엄격한 종교적 신념 사이에서 괴로워했던 것으로 알려지기도 했다.

리지웨이는 1980년대와 1990년대에 걸쳐 적어도 71명의 여성을 살해한 것으로 추정하고 있으며, 대부분 1982년과 1984년 사이에 발생했다. 피해자들은 주로 고속도로변에서 골라잡아 목 졸라 살해한 매춘 여성이거나 가출 여성이었다. 대부분의 시신은 그린 강 주변의 숲이 우거진 곳에 버려졌으며, 여러 구의 시신은 적절하게 배치되어 있었고, 통상적으로 옷이 벗겨진 채였다. 기이하게도 가끔 리지웨이는 시신으로 되돌아와 시신과 성관계를 갖기도 했다. 그는 주로 고속도로변에서 매춘 여성을 찾아 성관계를 하고 뒤에서 목을 졸라 살해했다. 이때 피해자들은 자신을 보호하고 방어하려다 상처를 입게 되는데 이것이 사람들의 관심을 끌 수도 있다고 생각해 그 후부터 끈을 이용하기 시작했다고 한다.

1987년에 그에게서 채취된 DNA 표본이 피해자에게서 나온 정액의 유전자와 일치해 체포 영장이 발급되어 체포되기에 이른다. 그 후 그는 사형을 면하기 위해 자신의 추가 범행을 자백하는 조건으로 유죄 협상을 벌였다. 2003년 12월 18일의 재판에서 그는 48건에서 가석방이 없는 종신형을 받고, 시신을 훼손해 각 10년씩 추가되어 480년에 달하는 자유형을 추가로 받았다.

그에 대한 유죄 협상 결과 그가 사형을 면할 수 있게 되자 피해자의 가족들은 분노했다. 검찰이 당연히 사형을 구형하고 그렇게 되도록 노력해야 하지만 유죄 확정과 기타 범행에 대한 종결이라는 편의를 위해 유죄 협상에 임함으로써 정의를 실현하지 못했다고 생각한 것이다. 리지웨이는 전형적인 사이코패스로, 자신의 피해자들을 기억하지 못했다. 다 잊은 상태라 정확하게 기술하는 데 어려움이 많았다. 또한 피해자들의 이름을 전혀 알지도 못했으며, 그들을 대리 흥분의 대상으로 치부했고 결코 인간화하거나 개인화하지 않았다. 피해자들은 그에게 단순히 일회용 여성으로서 버려지는 존재였던 것이다. 그러나 한편으로 그는 매우 계산적인 사람이었다. 자신은 피해자들이 살았던 동네에서만 살해했지 그 이외의 지역에서는 전혀 살인 행각을 벌이지 않았다고 주장했다.

그러면서도 그의 여성 전반, 특히 매춘 여성에 대한 경멸은 자신의 유죄 협상에서도 분명하게 나타났다. 리지웨이는 자신이 매춘 여성을 택한 이유는 성을 대가로 그들에게 돈을 지불하고 싶지 않았기 때문이라고 진술했다. 또한 매춘 여성들은 표가 나지 않게 쉽게 범행 대상 표적으로 삼을 수 있기 때문에 그들을 택했다고도 했다. 매춘 여성들은 실종되거나 사라져도 당장 누군가가 알아차리지도 못하고 신고가 되지도 않으며, 어쩌면 영원히 발각되지 않을 수도 있기 때문이라는 것이다. 또한 리지웨이는 일상생활에서 결여되어 있던 자신감이 살아나는 살인 경험을 회상할 때 흥미를 보이는 등 전형적인 연쇄살인범의 행동을 표출했다.

– 「Green River, Running Red: The Real Story of the Green River Killer」
  (2004), Ann Rule
– 「The Riverman: Ted Bundy and I Hunt for the Green River Killer」(2004),
  Robert Keppel
– 「Defending Gary: Unraveling the Mind of the Green River Killer」(2006),
  Mark Prothero, Carlton Smith
– 「Green River Killer」(2011), Jeff Jensen
– 「The Case of Gary Leon Ridgway & John Wayne Gacy
  (Green River Killer & The Killer Clown)」(2013), Steven G Carley

– 'River Of Death' 2002년 6월 3일자 「Time」
– 'With 48 Guilty Pleas, Killer avoids Death Penalty' 2003년 11월 5일자
  「Quad-City Times」
– 'Like minds: Bundy figured Ridgway out' 2003년 11월 16일자
  「The News Tribune」
– 'Profiler can't recall why he said letter wasn't from Green River killer'
  2003년 11월 26일자 「The Seattle Times」
– 'Like minds: Bundy figured Ridgway out' 2010년 9월 27일
  「The News Tribune」
– 'Gary Ridgway, Green River Killer, Charged With Murder #49,
  but Still Won't Face Execution' 2011년 2월 7일 「Seattle Weekly」
– 'Remains of a Green River killer victim found near Issaquah'
  2014년 11월 12일자 「The Seattle Times」
– 'Green River killer's return to Washington may not bring closure
  to victims' families' 2015년 9월 22일자 「The Seattle Times」

- www.westword.com/news/gary-ridgway-americas-most-prolific-
  serial-killer-out-of-colorado-6852432
- http://criminalminds.wikia.com/wiki/Gary_Ridgway
- https://www.biography.com/people/gary-ridgway-10073409
- http://murderpedia.org/male.R/r/ridgway-gary.htm

여성 증오가 빚은
총기 난사의 폐해

루비의 다중살상범, 조지 해너드

루비Luby의 총기 난사는 미국 텍사스Texas 주의 루비라는 고급 음식점에서 1991년 10월 16일 점심시간에 발생한 다중살상 범죄이다. 범인인 조지 해너드George Hennard는 자신의 픽업트럭으로 식당의 정문 유리창을 뚫고 식당으로 난입하여 즉각적으로 총기를 난사하여 23명을 살해하고 27명에게 부상을 입히고 자신의 총으로 자살하였다. 이 사건은 최근에 발생한 플로리다주 올랜도Orlando 시 나이트클럽 총기 난사, 버지니아Virginia 공대 총기 난사 그리고 샌디훅초등학교Sandy Hook Elementary School 총기 난사 다음으로 참혹한 다중살상 사건으로 알려져 있다. 2016년에 발생한 올랜도 사건 전까지만 해도 루비의 총기 난사는 학교가 아닌 장소에서 발생한 가장 많은 인명이 살상된 참혹한 총기 난사 사건으로 기록되고 있다.

사건의 전모는 이렇다. 1991년 10월 16일, 동료들에 대한 분노로 집에 틀어박힌, 그리고 여성과 소수인종을 싫어하는 사람으로 그려지는, 해직된 전직 상선의 선원이었던 35살의 해너드는 자신의 87년형 포드레인저 청색 픽업트럭을 몰고 텍사스 주 킬린Killeen 시의 루비 카페테리아의 정문 유리창을 뚫고 들어간다. 그는 "이곳 킬린과 벨턴Belton의 모든 여자들은 독사들이다. 바로 이것이 당신들이 나와 나의 가족에게 한 짓이다. 이것이 벨 카운티Bell County가 나에게 한 짓이다. 오늘은 바로 그것을 되갚는 날이다"라고 소리 지르며 손님과 종업원들에게 두 정의 권총을 쏘기 시작하였다.

그날이 국가 기념일이라 식당을 찾은 인원은 많았다. 해너드는 붐비는 식당에 있던 약 140여 명의 손님들을 쫓아가며 총을 쏘아 23명을 살해했는데, 그들 중 한 명은 머리에 총을 정통으로 맞았으며, 다른 27명에게는 중상을 입혔다. 그는 경찰관과의 짧은 대치와 총격이 있은 후 화장실로 도주하기 전까지 적어도 세 번이나 탄창을 갈아 끼웠으며, 경찰과의 총격으로 부상을 당하였으며, 자신의 머리에 스스로 총격을 가하여 자살함으로써 사건은 끝이 났다고 한다.

여성들만 골라
총구를 겨눈 해너드

그렇다면 그는 왜 이런 끔직하고 잔인한 범행을 저질렀을까? 다수의 보도에 의하면 해너드의 여성에 대한 증오를 그 이유로 들고 있다. 한때 그와 기숙을 함께 하였던 동료는 그가 흑인, 히스패닉 그리고 동성애자를 증오했으며, 종종 여자들을 뱀이라고 말했다고 한다. 뿐만 아니라 그는 항상 여성들에 대하여 경멸적인 소견을 가졌으며, 특히 어머니와 싸운 이후에 더욱더 그랬다는 것이다. 이를 입증이라도 하듯, 생존자들의 증언에 따르면, 그는 남성들을 지나쳐서 여성들에게 총격을 가했다고 한다. 실제로 사살된 23명 중 14명이 여성이었다. 부상자들 중에서도 여성이 대다수였으며, 그가 두 여성에게 총격을 가하기 전 그녀들을 향해 욕설을 퍼부었다고 한다.

극에 달한 집착이 만든 재앙 |

그렇다면 그는 왜 이처럼 여성들을 증오하게 되었을까 궁금하지 않을 수 없다. 우선 그가 누구인지, 어떤 사람이었는지부터 알아보자. 해너드는 1956년 10월 15일 펜실베이니아Pennsylvania 주에서 스위스Suisse 출신의 의사 아버지와 전업주부 어머니 사이에서 두 동생을 둔 맏이로 태어났다. 1974년 고등학교를 졸업하고 미 해군에 입대하여 2년을 복무하고 1976년 영예롭게 전역한다. 전역 후 그는 상선의 선원으로 근무하다 약물 남용으로 해고당하게 된다.

수사 초기, 경찰의 보고서에 의하면 해너드가 이웃 자매에게 보낸 편지에 여성과 권력 기관하고 뭔가 문제가 있음을 보였다는 것이다. 실제로 범행의 동기를 찾던 경찰도 해너드가 분명히 여성들과 뭔가 문제가 있는 것 같다고 논평하기도 하였다. 뿐만 아니라 수사 경찰은 해너드에게서 뉴욕 레스토랑에서의 다중살상을 주제로 한 영화 「피셔 킹The Fisher King」의 관람표를 찾았다고 발표하였다. 하지만 의구심을 가질 수도 있는 약물 남용이나 뇌손상 등은 범인의 부검 결과 아무런 증거도 나오지 않았다고 한다.

한편 그의 여동생은 오빠가 여성을 증오하였다는 것을 부인하였으며, 그렇다고 가족들이 오빠의 범행 동기를 알고 있는 것은 아니라고 주장하였다. 주위 사람들이 그에 대하여 기억하는 바를 종합하자면, 그는 부유하지만 문제가 있는 가정 출신으로 여성과 소수인종을 증오하고, 그의 폭력적 성격이나 기질과 분노 그리고 찢어진 눈매가 사람들을 두려움에 떨게 했던, 정서와 정신적으로 장애와 문제가 있던 한 젊은이의 어두운 초상이다. 그러나 그 누구도 구체적으로 과연 무엇이 그로 하여금 루비에서 피로 물든 참사에 불을 지폈는지에 대해선 알지 못하는 것 같다.

그를 조금 더 잘, 깊이 그리고 정확하게 이해하기 위해서 그의 성장과 삶의 과정 그리고 배경을 살펴볼 필요가 있다. 해너드는 아버지가 미국 전역의 육군병원에서 근무한 관계로 이곳저곳으로 이사를 많이 다녔다. 그를 기억하는 한 초등학교 교사는 그가 항상 아주 외향적이었고 동급생들은 그를 멋진 아이라고 생각했다는 것이다. 그러던 그가 아주 강직했던 것으로 알려진 아버지와 크게 다툰 이후부터 완전히 내향적으로 변했다고 한다. 실제로 이웃주민들은 해드너가 동성이나 이성 친구들과 어울려 다닌 것을 보지 못했으며 해너드의 부모는 이에 대해 아무런 조치를 취하지 않았다고 전했다.

무절제하고 난폭한 남자가 여성을 증오하다

해너드는 고등학교를 졸업하고 해군에 입대하여 2년간 복무하고 전역한 뒤, 상선의 선원으로 근무하다 약물 남용 문제로 체포되고 동료 선원들과의 인종적 다툼으로 선원증이 취소되자 흑인, 히스패닉, 동성애자를 증오하고, 여성을 뱀이라고 말하는 등 여성을 비하하는 태도를 견지했다. 특히 어머니와의 다툼 이후에 이러한 태도는 더욱 심해졌다고 한다. 얼마 후 그는 약물 남용 프로그램에 등록하고, 이 일 저 일을 하며 떠돌기 시작했으며, 가끔 건설 노동자로 일하기도 하였다. 1991년 약물 남용으로 선원증이 취소된 직후 그는 총기를 구입하였고, 그의 행동은 점점 더 이상해져서 이웃에 사는 두 자매에게 '나와 내 가족을 파괴하려는 엄청난 여성 독사들의 면전에서 언젠가 웃을 수 있는 만족을 달라'는 이상한 편지를 보낸다.

물론 그가 실업자가 된 전직 선원이고, 별난 사람이란 명성을 가진, 여성을 증오하는 무절제하고 난폭한 은둔자였으며, 지나가는 여성들에게 외설적으로 소리를 지르고 위협적인 편지로 이웃을 당황하게 하는 것을 즐겼지만 그러한 그의 이상한 생활 유형만으로는 그의 행동의 극악성을 다 설명할 수는 없다. 심지어 경찰서장까지도 그가 왜 그와 같은 잔혹한 범행을 했는지를 보여줄 단서를 찾지 못했다고 자인하면서, 아마 앞으로도 그 이유를 알지 못할 수도 있다고 한숨지었다. 다만 그에 의해 희생된 피해자 23명 중 14명이 여성이라는 점에서 그는 강한 여성혐오증을 갖고 있을 것이라는 소문만 무성했다. 그 소문의 진원은 희생자들을 향하여 총격을 가하기 전 욕설을 퍼부었고, 수년 동안이나 자신의 어머니와 독하게 싸웠으며, 심지어 어머니를 죽이려고 위협도 했다는 점 그리고 여성을 향한 폭력을 표현하는 가사를 담고 있는 음악을 좋아했고, 여성은 비열하고 천박하며 역겨운 창조물이라고 말하곤 했다는 점에서 찾을 수 있다.

그렇더라도 그가 왜 소외된 외톨이로 여성을 증오하고 난폭하게 되었을까는 설명되지 않는다. 하지만 그를 아는 다수의 사람들의 말을 들어보면 그는 총기 난사와 같은 잠재적 범죄를 저지를 수 있는 큰 장애를 가진, 심각한 문제가 있는 사람이라는 것을 알 수 있다. 그를 아는 한 기자도 그가 결코 웃지 않았으며, 세상의 짐을 짊어지고 있는 것처럼 보였으며, 외톨이였고, 결코 말을 많이 하지 않았으며, 대체로 그가 무서웠다고 기술했다. 다른 지인들은 그를 전투적이고, 참을성이 없으며, 거칠고, 문제가 있는 외톨이로 기술하였고, 가끔 같이 술을 마셨다는 술친구는 그가 술이 취했을 때는 특히 밉상스럽고 성가셨다고 증언했다. 종합하자면 해너드는 결코 사람다운 사람이 아니었던 것이다.

그런 그가 약물 남용으로 선원증마저 박탈당하자 점점 더 사람들과 어울리는 것이 어려워졌고, 성격은 더욱 거칠어지며 분격해졌다고 한다. 직업의 상실, 직장의 상실이 그를 퇴락시키는 데 한 신호였다고 할 수 있는 것이다. 약물 치료를 받고 나서 해너드는 선원증을 재발급받기 위하여 상관에게 추천서를 부탁하였으나 그마저 거절당하자 세상을 향한 분노의 불꽃에 불을 붙이게 되었고, 자신의 문제와 어려움을 받아들이지 않고 오히려 가능한 가장 파괴적인 방법으로 자신의 좌절을 분출하기로 결심하게 된다. 그는 즉시 복수를 위한 준비를 시작하였고, 네바다Nevada를 방문하여 두 정의 권총과 다량의 총탄을 구입하게 되며, 바로 이것이 후에 다수의 무고한 생명을 희생시키게 된다.

자신의 좌절과 분개를
살인으로 해소하다

일반적으로, 다중살인범은 여러 번의 개인적 삶의 실패를 경험하고, 스스로 보잘 것 없는 존재인 자신이 평생 동안 이용당하고, 지배당하고, 통제당했기 때문에 그것을 되갚기 위해 누군가를 이용하고, 통제하고, 지배하기를 원한다고 한다. 그래서 자신의 손가락 하나로도 이 사람을 죽일 것인지 살릴 것인지 결정할 수 있다고 생각한다는 것이다.

이러한 보편적 특성을 가진 다중살인범들은 몇 가지 범주에 속하게 될 때 행동할 확률이 높아진다. 첫째 좌절로, 인생이 원하는 대로 돌아가지 않으며, 스스로 자격이 있다고 여기지만 기회와 행운이 자신에게 주어지지 않는다고 느낀다. 두 번째는 소외로, 자신이 주류 사회의 일원으로 소속되지 못하고 오히려 거절당하고, 좌절당하고, 비참해진다고 느낀다. 그래서 오랜 기간 계획하면서 잠재적 표적을 골라서 행동하게 된다. 그리고 상실감도 한몫을 하는데, 특히 신분과 지위의 상실은 대다수의 우리들에게도 감정적 회오리를 몰고 와 기분을 나쁘게 만든다. 이러한 어려움에 직면한 대부분의 사람들은 자신들의 좌절과 분개를 다른 방식으로 해소하고 삶의 어려움을 좋은 쪽으로 최선을 다해 이용하려고 노력한다. 그렇게 극복하지 못하는 사람들 중 일부는 스스로 목숨을 끊는데, 그렇게라도 해소할 수 있는 수단을 찾지 못하면 일부는 다른 사람의 목숨까지도 빼앗을 수 있다. 그들은 상실한 지위와 신분 그리고 자긍심을 회복하고 되찾기 위하여 마음속으로 사회 일반에 대한 살인적 분노로 모든 사람 또는 누군가를 공격하고 자신의 좌절과 분개를 해소한다. 바로 이러한 면에서 전문가들은 해너드가 이러한 경우에 딱 맞아떨어진다고 한다.

- 『House of Plenty: The Rise, Fall, and Revival of Luby's Cafeterias』(2010), Carol Dawson and Carol Johnston

- 'Luby's shooting' 1991년 10월 16일자 「Killeen Daily Herald」
- '23 Shot Dead at Texas Cafeteria' 1991년 10월 17일자
  「Los Angeles Times」
- 'Gunman Kills 22 and Himself in Texas Cafeteria' 1991년 10월 17일자
  「The New York Times」
- 'Police May Never Learn What Motivated Gunman: Massacre:
  Hennard was seen as reclusive, belligerent. Officials are looking into
  possibility he hated women.' 1991년 10월 18일자 「Los Angeles Times」
- 'Dead: 23 Texans and 1 Anti-Gun Measure' 1991년 10월 20일자
  「The New York Times」
- 'Crime: Ten Minutes in Hell' 1991년 10월 28일자 「Time」
- 'Gun-Friendly Governor' 2000년 3월 16일자 「Washington Post」
- 'Luby's tragedy: 15 years later' 2006년 10월 15일 「Killeen Daily Herald」

- http://murderpedia.org/male.H/h/hennard-george-jo.htm
- http://criminalminds.wikia.com/wiki/George_Hennard
- http://www.people.com/people/archive/article/0,,20111193,00.html

음악 소리가
총소리로 바뀌기까지의 진실

올랜드 다중살인범, 오마르 마틴

2016년 6월 12일, 29세의 미국인 경비원인 오마르 마틴Omar Mateen은 플로리다 주 올랜도 시 소재의 펄스Pulse라는 동성애자 나이트클럽에서 총기를 난사해 3시간 동안 경찰과의 대치 끝에 사살되기까지 무려 49명을 살해하고 53명에게 부상을 입힌다. 이 사건은 미국 역사상 한 사람의 총기 난사로 가장 많은 사람이 희생된 사건임과 동시에 LGBTLesbian, Gay, Bisexual, Transgender의 약자로 성적 소수자를 이르는 말에게 가해진 가장 참혹한 사건이다. 또한 2001년 9·11 테러 이후 미국에서 일어난 가장 잔인한 공격으로 기록되고 있다. 뿐만 아니라 이 사건은 발생 장소가 특정인들을 위한 공간이었고, 사건 당일엔 히스패닉의 날이었기에 주로 특정 인종이 희생되었다는 점에서 인종과 성적 취향에 기초한 일종의 표적 범죄target crime와 증오 범죄hate crime로 폭넓게 간주되고 있다.

이 사건에 대한 관심거리 중 하나는 특정 단체, 즉 IS와의 연계 여부이다. 총기 난사가 시작된 직후, 마틴은 911에 전화를 걸어 이라크의 IS 지도자에 대한 충성을 다짐했다. 그 후에도 경찰 위기 협상 전문가에게 자신의 행동은 미국이 이라크와 시리아에서 폭격을 감행하고 있기 때문이며, 협상 전문가가 미국 정부에 폭격을 멈추도록 요구해야 한다고 말했다는 것이다.

그러나 미 중앙정보국CIA의 최종 수사 결과 IS와 마틴 사이에는 아무런 연계도 찾지 못했다고 결론을 내렸다. 반대로 특정 집단동성애자에 대한 증오와 표적 범죄라는 주장과 관련해서는 그가 그 나이트클럽의 단골이었으며 동성애자 데이트 앱을 애용했다는 주장을 뒷받침할 만한 증거를 발견하지 못했다고 미 연방수사국이 밝히고 있다.

경찰이 되고 싶었던
한 청년의 증오

그날 새벽의 사건 개요는 이렇다. 2016년 6월 11일, 당시 클럽에서는 매주 토요일에 열리는 행사의 일환으로 라틴의 밤 행사를 주최하고 있어서 클럽에 있던 절대 다수가 히스패닉이었다고 한다. 6월 12일 새벽 2시 무렵, 그날의 마지막 주문이 한창이던 즈음, 자신의 밴으로 클럽에 도착한 마틴은 자동 소총과 반자동 권총으로 무장한 채 걸어서 건물로 접근한다. 입구에서 그는 경찰관과 교전을 했으나 약 2분 후 건물 안으로 들어간다. 그러고는 손님들에게 총을 쏘기 시작했다. 2명의 경찰관이 추가로 그와 교전을 하고 그를 건물 안으로 퇴각시키자 그는 인질을 잡기 시작했다. 그러자 100여 명의 경찰과 보안관이 추가로 현장에 배치되었다. 다수의 손님들은 총소리가 불꽃놀이나 음악 소리인 줄로 착각했다고 한다.

당시 현장은 시끄러운 음악과 어둠으로 야기된 혼란과 공포의 도가니였다. 생존자의 증언에 따르면, 마틴은 사람들이 숨어 있던 화장실로 들어가 총기를 난사했으며, 한때 그의 소총이 잠시 동안 작동 오류가 생기기도 해

인질을 잡고 총격을 멈추기도 했다. 또 다른 생존자에 의하면 마틴이 자신은 흑인들과 아무런 문제도 없으며, 미국이 자신의 나라에 대한 폭격을 멈출 때까지 자신도 공격을 멈추지 않겠노라고 말했다는 것이다. 한편 또 다른 생존자는 마틴이 폭발물을 가지고 있으며 클럽 주변에는 저격수를 배치했다고 주장해 손님 중 일부가 폭발물의 존재 가능성에 관해 911에 전화나 문자로 신고했다고 진술했다.

총격이 시작되고 몇 분 후인 새벽 2시 9분, 클럽에서는 페이스북으로 손님들에게 모두 밖으로 나가서 도망을 가라고 게시한다. 그리고 2시 22분에는 마틴이 직접 911에 전화를 걸어 보스턴Boston 마라톤 폭파범 조하르 차르나예프Dzhokhar Tsarnaev 형제가 자신과 동향인이자 절실한 친구라고 언급하는가 하면, 2014년 시리아Syria에서의 자살 폭탄 테러로 숨진 모네 모하메드 아부 살라Moner Mohammad Abu Salha도 언급한다. 그는 자신이 아부 살라의 죽음에서 영감을 받았으며, IS 지도자들에게 충성을 서약한다고 말했다. 수사관들에 의하면 실제로 그들은 같은 이슬람 사원을 다녀서 아마도 서로 알 수 있었을 것이라고 한다. 그는 2시 45분에 지역 방송국에 전화를 걸어 자신이 총격자이고, IS를 대신해 공격을 감행했다고 말하고는 빠른 속도로 아랍어로 말하기 시작했다.

그즈음 사건 현장에는 더 많은 경찰이 현장에 투입되었고, 마틴이 인질을 잡고 있어서 위기 협상가도 현장에 모습을 나타냈다. 처음에는 마틴이 위험한 무기나 도구로 무장한 것으로 생각했으나 사실이 아니었다고 한다. 경찰 위기 협상 팀은 마틴과 세 차례 통화를 했으며, 그때 그는 자신이 인질들을 폭발물로 묶어서 건물의 군데군데 전략적으로 위치시켰다는 말도 했다고 한다.

마틴은 뉴욕에서 아프가니스탄Afghanistan 이민자의 아들로 태어나 무슬림으로 자랐다. 2006년 10월부터 2007년 4월까지 그는 플로리다 주 교정국의 교도소 경비원이 되기 위한 훈련을 받았으나 수습직으로 있을 때 학교에 총을 가져오겠다는 농담을 해 교도소장의 권고로 해직되고 만다. 2011년에는 플로리다 주 경찰관이 되고 싶었지만 실패하고, 2015년에는 경찰학교 입학 허가를 받지 못했다.

경찰학교 동료들에 의하면, 그는 2007년 야외에서 식사를 할 때 무슬림 율법에 맞지 않게 자신의 햄버거가 돼지고기에 닿았다는 이유로 급우에게 총을 쏘겠다고 위협했다고 한다. 2007년 이후 그는 다국적 경비 보안 기업인 G4S에 경비원으로 근무했는데, 회사에 따르면 입사할 때와 2013년, 두 번에 걸쳐 그를 스크린했으나 특별한 문제는 없었다고 한다.

게이일 수도 있는 남자가 게이를 죽이다?

그는 총기 면허와 경비원 면허를 소지했고, 심리검사도 통과했고, 전과 기록도 없었다. 그러나 전직 동료는 마틴이 욕설을 하고, 사람들을 증오하며, 사람을 죽인다는 말을 했다고 증언했다. 특히 그는 흑인, 여성, 유대인, 히스패닉 그리고 동성애자 등을 싫어하거나 증오했다고 한다.

마틴은 2009년 첫 결혼을 하나 단 4개월 만에 별거를 해 2011년 완전히 이혼을 한다. 나이트클럽 총격이 있은 후, 이혼한 그의 아내는 그가 정신적으로 불안정한 질환을 앓고 있으며, 분명히 장애가 있고 트라우마가 깊었으며, 양극적bipolar이었다고 진술했다. 또한 종종 신체적인 학대를 가했으며, 근육 강화제스테로이드를 복용하는 습성이 있었다고 말했다. 또한 그녀는 그가 종교적이긴 했지만 종교가 이번 사건에 큰 역할을 했다고는 생각하지 않는다고도 했다.

한때 마틴은 FBI에게 관심 대상이었다. 2013년 직장 동료들에게 알 카에다와 가족관계가 있으며, 헤즈볼라의 회원이라는 언질을 하자 회사인 G4S에서는 그를 해고했고 군 보안관은 이를 FBI에 보고하게 되어 수사가 게시되었다. 2014년의 수사는 마틴이 자살 폭탄 테러범인 아부 살라와 연계되었다는 제보가 있은 후에 시작되었다. 그러나 두 번의 수사 결과 더 이상의 수사를 진행할 만한 단서는 아무것도 찾지 못했고, 수사는 곧 종료되고 만다.

마틴의 경찰학교 동료 중 한 사람은 2006년 무렵 마틴이 강의가 끝난 후 게이바에서 시간을 보냈기 때문에 그가 게이일 것이라는 생각을 했다고 말했다. 또한 마틴이 사회적으로 기이한 사람이며 동료들이 싫어했다고도 진술했다. 또 한 남자는 마틴이 클럽 총기 난사를 벌인 이유를 그가 성관계를 가졌던 푸에르토리코 남자로부터 에이즈에 노출되었다고 믿고 그에 대한 복수를 하기 위해서라고 진술했다.

그 외에도 일부 단골손님들도 마틴을 열 번 이상 클럽에서 보았으며, 가끔 그가 만취한 탓에 소란스러웠으며, 호전적이었다고 기억했다. 뿐만 아니라 그가 동성애자라는 주장을 뒷받침하는 증거로, 그가 게이 데이팅 앱gay dating app, gay hook-up app과 게이 남성들 간의 소통을 위한 웹사이트를 이용했으며, 그런 사이트에 자신의 사진을 게재했다는 증언도 나왔다. 나아가 나이트클럽에서 그가 남자를 데리고 나가려는 시도도 했다고 전해지고 있다.

그러나 FBI에서는 증인들이 그를 잘못 보았거나 오인했으며, 따라서 마틴이 동성애자라는 점에 의문을 가졌다. 마틴이 동성애 생활을 했다는 것을 입증하는 사진, 문자, 스마트폰 앱, 음성통화 등 그 어떤 증거도 찾지 못했다는 것이다. 오히려 이런 주장과는 반대로 마틴의 아버지는 자신들 앞에서 키스를 나누는 동성애 커플을 보고 마틴이 매우 화가 났으며, 그것이 아마도 동성애자 클럽의 총기 난사의 요인이었을 수도 있다고 했다. 아들이 동성애자라는 소문이 퍼지자 아버지는 자신의 아들이 비밀스러운 동성애자라는 것을 믿지 않았다고 한다. 그러나 마틴의 전처는 자신이 있는 앞에서 그의 아버지가 그를 게이라고 불렀다고 주장했다.

관계자들은 이번 총기 난사를 증오 범죄와 테러 행위, 특히 대내적 테러로 특징지었으며, 일부 학계에서는 마틴이 조직적이고 준비를 잘한 것처럼 보인다고 했다. 그러나 FBI에서는 외국으로부터 연계되거나 지시를 받은 아무런 지표도 없으며, 그가 어떤 종류의 네트워크와도 관련이 있다는 흔적을 찾지 못했다고 결론을 내렸다. 다만 미국 최고의 정보 공동체에서 볼 때 이 사건은 범인이 적어도 부분적으로 인터넷을 통해 급진화했으며, 외부 테러리스트 조직으로부터 영감을 받았다는 강력한 징표들을 찾을 수 있었다고 발표했다.

다른 관계자들도 IS가 마틴과 직접적인 연계나 훈련 또는 지시가 없이도 그를 자극하고 그에게 영감을 줄 수 있었을 것이라고 했다. 수사관들도 마치 2015년의 캘리포니아 주 샌버너디노 공격과 같이 마틴을 어떤 집단과 연계시킬 수 있는 증거도 나타나지 않았다고 밝히며, 총기 난사가 IS에 의해 지시는 받지 않았지만 영감을 받을 수 있었다고 조심스럽게 주장했다. 한편, 이 사건은 최소한의 경비와 보안만 갖춘 민간인이나 민간 영역을 표적으로 하는 소프트 타깃 테러리즘이 가능한 좋은 예로 간주되기도 한다.

성에 대한 자기혐오인가
아니면 IS에 대한 충성인가?

이 사건이 주는 또 한 가지 논란은 테러 동기의 문제이다. 한편에서는 폭력적 동성애 혐오homophobia라고 주장하고, 다른 한편에서는 인종적 이슬람주의의 영감이라고 주장한다는 점이다. 다수의 보고서와 언론 기사에서 마틴은 자신이 공격한 나이트클럽의 단골이었으며, 그가 동성애 데이트 앱을 즐겨 사용했지만 그의 아버지는 아들이 강력한 반동성애 태도를 가지고 있다고 주장했다는 점에서 그의 이번 총기 난사의 동기가 내재화된 동성애 혐오라는 주장이 나오고 있다. 문제는 과연 이 동성애 혐오가 미국 역사상 가장 참혹한 총기 난사와 어떤 연관이 있는가이다.

일부 전문가들은 자신의 성sexuality에 관한 강력한 자기 혐오self-loathing가 사건의 주요 동기라는 주장에 의구심을 가진다. 그들은 과연 자신을 증오하기 때문에 타인을 증오하고 해치려는 동기를 가질 수 있을까 하는 의문에 주목한다. 이런 주장에 대해 다른 전문가들은 물론 그런 현상이 보편적이지는 않지만 자신이 투쟁하고 있는 무언가에 대한 과잉보상으로써 다른 LGBT에 대해 폭력적일 수 있다고 한다. 동성애 혐오가 분명하게 정의되지는 않지만 LGBT인 사람이 LGBT 공동체에 대한 사회의 부정적 신념에 마주쳐서 그 신념들을 흡수하고 받아들일 때 일어날 수 있다고 한다.

다른 한편에서는 그가 IS 집단에 충성을 서약했으며, FBI에서도 두 번씩이나 과거 테러와 관련해서 수사했다는 사실을 들어 인종적 배경을 동기로 주장한다. 또 어떤 전문가들은 자신의 성 정체에 대한 분투가 기독교 사회인 미국에서 더욱 고통스러워진 나머지, 자신의 종교적 관점에서 테러와 같은 공격을 고려했을 정도로 점점 더 극단적이 되었을 수도 있다고 설명한다.

참조

- 'At Least 50 Dead in Orlando Gay Club Shooting, Suspect Pledged Allegiance to ISIS, Officials Say' 2016년 6월 12일자 「ABC News」
- 'Last Call at Pulse Nightclub, and Then Shots Rang Out' 2016년 6월 12일자 「The New York Times」
- 'Significance of Orlando gunman calling 911 during standoff' 2016년 6월 13일자 「CBS News」
- 'Orlando Police Detail Battle to End Massacre at Gay Nightclub' 2016년 6월 13일자 「The New York Times」
- 'Gunman who killed 49 in Orlando nightclub had pledged allegiance to ISIS' 2016년 6월 13일 자 「The Washington Post」
- 'Weapons gunman used in Orlando shooting are high-capacity, common' 2016년 6월 15일자 「USA Today」
- 'How a heroic Marine's military training helped him save dozens from Orlando gunman' 2016년 6월 15일자 「The Washington Post」
- 'They took too damn long: Inside the police response to the Orlando shooting' 2016년 8월 1일자 「The Washington Post」
- 'Wife of Orlando nightclub gunman arrested outside SF' 2017년 1월 16일 「San Francisco Chronicle」
- 'If you're alive, raise your hand desperate rescuer said in Pulse nightclub' 2017년 4월 14일자 「ABC News」

- http://www.bbc.com/news/magazine-36534693,

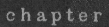

chapter 4

극에 달한 집착이
만든 재앙 II

소년과 소녀에 대한 살인 이야기

잘나가는 사업가의
이중적인 생활

살인 광대, 존 웨인 게이시

존 웨인 게이시John Wayne Gacy는 '살인 광대'로 알려진 미국의 연쇄강간살
인범이다. 그는 1972년에서 1978년 사이에 미국의 일리노이Illinois 주에서 최
소한 33명의 10대 소년과 청년들을 성폭행하고 살해했다. 지금껏 알려진 그
의 범행 모두는 자신의 집에서 이루어졌으며, 피해자들은 속임수에 빠져 강
제로 유인되었다. 또한 한 명을 제외한 모든 피해자가 지혈대로 목이 졸리거
나 질식해 살해되었으며, 그의 첫 번째 피해자만 폭행으로 숨졌다. 그는 피
해자 중 26명의 시신을 자기 집의 지하 공간에 묻었으며, 다른 3명은 다른
곳에 위치한 자신의 땅에 묻었고, 마지막 4명은 강에 버렸다고 한다. 그가
'살인 광대'로 알려진 것은 그가 모금 행사, 시가행진, 어린이 축제에서 자신
이 개발한 캐릭터인 '광대 포고Pogo the clown'로 분장을 하고 자선 봉사를 했
기 때문이다.

게이시는 자동차 수리공이자 제1차 세계대전 참전용사인 아버지와 전업
주부인 어머니 사이에서 태어난 3남매 중 둘째로, 외동아들로 태어났다. 그
의 조상은 폴란드Poland와 덴마크Denmark의 혈통을 이어받았으며, 그의 할

아버지 때 미국으로 이민을 왔다. 그는 천주교 신자로 자랐으며, 따라서 천주교 학교에 다녔다. 그는 신문을 배달하고 가게에서 식료품을 포장하는 등의 일을 하여 용돈을 벌었고, 보이스카우트 활동으로 바쁘게 지내는 아주 조용한 소년이었다. 그는 결코 인기가 높은 소년은 아니었지만 학교 친구들과 교사 그리고 동료 직원이나 보이스카우트 친구들은 그를 좋아했다. 아버지와의 관계와 일련의 건강 문제를 제외하고 그의 어린 시절은 대체로 정상적이었던 것으로 보인다. 다만 그가 11살 때, 놀이터에서 그네를 타다가 다른쪽 그네에 머리를 맞아 뇌에 혈전이 생겼다. 그로부터 16살이 되기까지 혈전이 발견되지 않다가 그 사이에 발작과 기억상실을 겪게 된다. 또한 17살에는 심장질환이 있는 것으로 진단을 받기도 한다.

아버지의 학대로
경멸스러운 아동기를 보냈던 게이시

어린 시절 게이시는 과체중이었으며, 운동신경이 둔했다. 그는 두 누이동생과 어머니와는 가까이 지냈으나 알코올의존증으로 가족들을 학대하는 아버지와는 힘든 관계를 가졌다. 그럼에도 불구하고 어린 시절의 게이시는 줄곧 고집스러운 아버지가 자신을 자랑스러워하도록 하려고 노력했지만 거의 칭찬을 받지 못했다. 어린 시절의 기억 중 하나는 그가 고작 4살 때 일부러 그런 것도 아닌데 아버지가 정리해둔 자동차 엔진 부품을 어지럽혔다고 아버지로부터 가죽 허리띠로 맞은 일이다. 아버지가 빗자루로 그의 머리를 때려 실신했던 적도 있었다. 아버지는 그를 지속적으로 비하했고, 종종 누이동생과 부정적으로 비교했다. 결국 그는 바보스럽고 어리석다는 말을 들으며 경멸스러운 아동기를 견뎌야 했고 아버지와의 마찰과 알력은 그의 아동기와 청소년기 전반에 걸쳐 계속되었다. 하지만 체포된 후의 인터뷰에서 그는 아버지를 한 번도 증오하지는 않았다고 답했다.

게이시가 6살 때, 동네 가게에서 장난감 트럭을 훔친 벌로 아버지에게 허리띠로 심하게 맞게 되자, 어머니는 아버지의 언어적 그리고 신체적 학대로부터 아들을 보호하려고 노력했다. 하지만 아버지로부터 '계집아이' 또는 '마마보이'라는 더 심한 비난만 받게 된다. 어느 날, 게이시와 친구 한 명이 여자아이를 성적으로 애무했다는 것을 알게 된 아버지가 면도기를 가는 가죽끈으로 구타했다. 그런데 바로 그해에 게이시가 가족의 아는 사람으로부터 성적인 애무를 당하게 되지만 게이시는 자신이 비난당할까 두려워 그 사건을 누구에게도 말하지 않는다. 그는 건강상의 문제로 체육 활동을 못했고, 친구도 별로 없었다. 가끔 학교 아이들로부터 따돌림과 놀림을 당하기도 했던 평범한 학생이었다.

4학년 때 그는 기억상실을 경험하게 된다. 그리고 발작으로 가끔씩 병원에 입원을 해야 했다. 그 결과 그는 결석을 많이 하게 되어 학업 성적이 떨어졌다. 그러자 아버지는 게이시가 동정과 관심을 받기 위한 꾀라고 의심했으며, 실제로 입원한 그를 거짓말쟁이라고 비난했다. 그 이후로도 아버지는 게이시를 언어적으로, 신체적으로 학대하고 폭력을 가했지만 게이시는 단 한 번도 아버지에게 대들거나 반격을 가하지 않았다.

생애 두 번째로
동성애를 경험하다

18살이 된 게이시는 민주당 지역 간부에 출마하지만 아버지는 그가 놀림감이 될 것이라고 비난했다. 그는 자신의 정치 입문과 출마는 아버지로부터 한 번도 받지 못한 인정을 다른 사람들로부터 받기 위한 시도였을지도 모른다고 훗날 설명했다. 아버지가 사준 자동차의 열쇠 문제로 또 다시 다투고 상처가 깊어지자 그는 집을 떠나 라스베이거스로 갔다. 처음엔 구급차 조수로 일하다 다음엔 영안실 조수로 일하면서 장의사들이 시신을 염하는 것을 목격하게 된다. 어느 날인가 혼자 영안실에 남게 된 그는 10대 소녀의 관으로 기어 올라가서 시신을 껴안고 쓰다듬는 자신을 보고 큰 충격을 받았다고 고백한 적이 있다.

이튿날 그는 어머니에게 전화를 걸어 아버지가 자신을 받아줄지를 물었다. 아버지의 승낙으로 그는 다시 시카고로 돌아가서 전문학교에 입학하고 졸업하여 어느 신발회사 관리직 임시 사원으로 일하게 된다. 능력을 인정받아 그는 매니저의 위치에 오르고 동료 사원과 결혼까지 한다. 그리고 아내의 친정아버지가 아이오와Iowa 주에서 유명 치킨 프랜차이즈를 세 개나 인수하자 그를 돕기 위해 게이시도 아이오와로 이주를 한다. 그곳에서 그는 지역 청년회의소JC에 입회하여 올해의 사람으로 선정되고 훗날에는 부회장의 지위에까지 오르게 된다.

그러던 중 어느 날 동료 회원의 초대로 술에 취한 상태에서 동료로부터 구강성교를 당하는, 생애 두 번째 동성애를 경험하게 된다. 뿐만 아니라 청년회의소 활동을 하는 동안 또 하나의 이상한 경험을 하게 하는데, 그것은 바로 스와핑, 매춘, 음화 그리고 마약이었다. 그는 이런 것들에 깊이 심취했고 아내 몰래 다른 지역의 매춘 여성들과 관계를 가졌다. 동시에 그는 자신의 집 지하에 소위 바를 차려서 회사 직원들을 자주 초청하여 술자리를 벌였는데, 남녀 모두 초청하긴 했지만 그는 오로지 남성들과만 어울리고 그들에게 술을 권하여 성적 접촉을 시도했다. 게이시는 청년회의소 동료의 아들에게 음란 영상을 보여주겠다고 자신의 집으로 유인하여 술을 먹이고 구강성교를 하도록 했는데, 이것이 지금껏 알려진 그의 첫 번째 범죄 행위이다. 다수의 다른 소년들도 게이시가 동성애에 대한 과학적인 연구를 한다는 속임수를 믿고 50달러를 받고 동성애를 당하게 된다. 그러던 중 동료의 아들이 아버지에게 토로하고 경찰에 신고가 접수되면서 마침내 게이시는 체포된다.

하지만 게이시는 자신의 혐의를 부인하며 거짓말탐지기 조사를 강력하게 요구하였다. 검사 결과 게이시가 사건에 대한 어떠한 잘못도 한 일이 없다고 부인할 때마다 거짓 반응이 나왔다. 하지만 그는 자신에 대한 혐의가 청년회의소 회장이 되고 싶은 피해 소년의 아버지가 꾸민 정치적인 모함이라고 항변하였다. 심지어 일부 회원들은 그의 주장을 믿고 시위까지 벌이기도 하지만 결국 그는 수간 혐의로 기소된다. 게이시는 재판에서 증언하게 될 피해 소년을 납치하여 증언을 하지 못하도록 강요하지만 피해 소년은 바로 경찰에 신고하게 되고 모든 것이 게이시의 사주로 이루어졌음을 자백한다.

결국 그는 재판에 회부되고 재판부에서는 정신의학자들에게 그의 정신 상태를 검사해줄 것을 요청한다. 검사 결과 게이시는 반사회적 인격 장애가 있으며, 그의 행동 유형은 사회와 반복적으로 갈등을 일으킬 가능성이 높지만 그의 정신 상태는 재판을 받을 수 있을 정도는 된다고 결론이 나왔다.

지역 유지로 활동하며
살인을 시작하다

교도소에 수용된 게이시는 곧바로 모범 수형자로 명성을 얻게 되고, 18개월의 수형 생활을 하고 12개월의 보호관찰부 가석방으로 풀려나게 된다. 그는 어머니의 재정적 지원으로 집을 구하게 되고, 바로 그곳에서 모든 살인 행각을 저지르게 된다. 게이시는 출소 후부터 하던 식당의 요리사를 그만두고 인테리어 사업을 시작했다. 사업이 번창하게 되자, 그는 각종 사회 참여와 봉사 활동에도 열정을 보여 지역사회의 각종 위원회 위원으로도 활동한다. 지역 축제의 책임자가 되어 급기야는 어린이 환자들을 돕기 위한 자선 활동 단체인 「졸리 조커스Jolly Jokers」에 가입하여 광대 포고나 익살 광대라는 자신만의 캐릭터를 만들어 지역 축제, 민주당 행사, 자선 행사 그리고 어린이 병원 지원 등 모금 행사에 자원하여 봉사하게 된다. 그때 게이시는 재혼한 아내에게 자신이 양성애자이며, 앞으로는 부부간에 성행위는 없을 것임을 통보한다. 그는 대부분 외박을 하거나 새벽에 귀가했고, 그때마다 소년들을 데려왔다. 결국 게이시의 아내는 이혼을 요구한다.

이혼 후, 게이시는 고속버스터미널에서 16세의 소년을 유인하여 집으로 데려와 살해해 지하 공간에 매장하는데, 이것이 그의 첫 번째 살인이 되었다. 그 이후에도 유사한 방법으로 또 다른 소년을 살해해 매장한다. 이와는 별개로 그의 사업은 확장할 정도로 잘되었다. 더불어 그의 동성애적 욕구도 더 왕성해졌다. 그때를 '잘나가던 해Cruising year'라고 부르기도 했다. 이 시기에 그가 저지른 대부분의 연쇄살인이 이루어진다. 결국은 꼬리가 잡혀 경찰에 모든 것을 자백하고 만다. 그에 따르면 게이시는 대략 25명에서 30명 정도를 살해했고, 그들 대부분은 10대 가출 소년이나 남창들이었다. 피해자들은 대부분 강제로 끌려왔지만 때로는 경찰로 오인하거나 또는 돈이나 자기 회사에 취직을 시켜준다는 약속을 믿고 그를 따라갔다고 한다. 피해자들이 집에 도착하면 게이시는 그들에게 수갑을 채우거나 묶어서 성적으로 폭행을 하고 고문을 했다. 대부분의 피해자들은 지혈대로 목이 졸려 살해되었는데, 그는 이를 '노끈 요술rope trick'이라고 했다. 게이시는 대부분의 시신을 지하 공간에 묻었으며 발각되지 않도록 후에 시멘트로 포장도 했지만 마지막 4명의 시신은 자신의 지하 공간이 가득차서 주변 강에 버렸다고 한다.

33명에 대한 살인 혐의로 재판에 회부된 게이시는 변호인단의 요청으로 300여 시간 동안 의사들과 면담을 하고 검사를 받았으며, 그가 과연 재판을 받을 수 있을 만큼 정신적으로 온전한지 여부를 가리기 위한 다양한 심리검사도 받았다. 변호사들은 정신이상을 이유로 그의 혐의에 대한 무죄를 변론하려고 다수의 정신의학 전문가들을 동원했다. 이들 전문가들은 게이시가 복합 인격 장애를 가진 과대 망상적 정신분열증 환자라고 주장했다.

그러나 검찰에서는 게이시가 정신적으로 온전하며 자기 행동을 완전히 통제할 수 있다고 반박하며, 몇몇 증인을 동원하여 그의 행동은 사전에 계획되었으며, 범행이 발각되지 않도록 하기 위해 저지른 여러 시도들을 들어 증언하도록 했다. 검찰 측 의사들은 그가 정신이상과 복합 인격 장애를 가졌다는 변호인 측 전문가들의 주장을 반박했다. 그러자 변호인 측에서는 반대신문에서 33건 모두가 사실은 색정적 질식 사고의 가능성을 제기했으나 이 주장 또한 검찰 측 의사들에 의하여 받아들여지지 않았다.

정신이상이란 이유로
무죄를 받고 싶었던 최악의 살인범

마지막 선고 공판에서, 검사는 우선 게이시의 청소년 학대 이력, 발각되지 않기 위하여 노력했다는 증언 그리고 생존 피해자를 '살아 있는 죽음 living dead'으로 기술하면서 그를 "살인범 중 최악"이라고 부르고, 과거의 많은 대재앙보다 더 큰 인간적 재앙에 책임이 있다고 주장했다. 반면에 게이시의 변호사는 게이시가 자신을 통제할 수 없는 충동에 이끌리는 사람으로 그리며, 이 주장을 지지하기 위하여 그가 자신의 행동을 통제할 수 없었다는 지인과 회사 직원들의 증언을 제시했다.

또한 배심원들에게는 편견에 사로잡히지 말고 그에게 정신이상을 이유로 무죄를 선고하여 그의 마음과 정신세계를 연구함으로써 인간 행동의 심리에 대한 과학적 연구에 큰 도움이 될 것이라고 설득했다. 그러나 검찰은 그가 죄의식이 없는 반사회적 인격 장애일지 모르지만 재판을 받을 수 있을 만큼 정신이 온전하다고 주장하여 사형을 선고받게 된다.

게이시 사건은 사회에 긍정적으로 기여한 부분도 있다. 바로 이 사건이 미국의 '실종아동 찾기 법Missinf Child Recovery Act'의 기초가 되었기 때문이다. 그때까지만 해도 실종 아동을 수색하기 위해서는 72시간이 지나야 한다는 규정이 있었다. 하지만 실종 아동 사건의 경우 처음 24~48시간이 가장 중요한 시기이기 때문에, 72시간을 경과해야 한다는 규정을 없앰으로써 실종 신고 직후 바로 수색을 시작할 수 있게 되었다. 이 법안이 전국적으로 확대되면서 실종 아동을 찾기 위한 전국적인 네트워크가 형성되었고, 바로 이 네트워크가 요즘 잘 알려진 소위 '앰버경보•'로 발전하게 된 것이다.

• Amber Alert : 모든 관련 부문을 동원해 납치범을 공개 수배하는 프로그램

- 『A Question of Doubt: The John Wayne Gacy Story』(1995),
  John Wayne Gacy
- 『John Wayne Gacy: Defending a Monster』(2013), Sam L. Amirante,
  Danny Broderick
- 『Buried Dreams: Inside the Mind of a Serial Killer』(1986), Tim Cahill
- 『The Chicago Killer: The Hunt for Serial Killer John Wayne Gacy』(2012),
  Karen M. Kozenczak, Joseph R. Kozenczak
- 『The Man Who Killed Boys: The John Wayne Gacy, Jr. Story』(1993),
  Clifford L. Linedecker
- 『Extraordinary Behavior: A Case Study Approach to Understanding
  Social Problems』(2001), Dennis L. Peck, Norman A. Dolch
- 『Whoever Fights Monsters: My Twenty Years Hunting Serial Killers for
  The FBI』(1992), Robert K. Ressler &Tom Shachtman
- 『Killer Clown: The John Wayne Gacy Murders』(2013), Terry Sullivan,
  Peter Maiken

- http://murderpedia.org/male.G/g1/gacy-john-wayne.htm
- http://www.prairieghosts.com/gacy.html

300명 이상의 소녀들을 죽인
소시오패스

안데스 산맥의 괴물, 페드로 로페즈

콜롬비아Colombia의 연쇄살인범 페드로 알폰소 로페즈Pedro Alonso López는 89명의 소녀를 살해한 혐의로 형이 확정되었다. 그런데 그는 콜롬비아는 물론이고 페루Peru와 에콰도르Ecuador 그리고 또 다른 나라에서 300명 이상을 살해했다고 주장했다. 1980년 로페즈는 9살에서 12살에 이르는 53명의 소녀들이 묻혀 있는 곳으로 경찰을 안내했고, 1983년에 열린 재판에서 110명에 달하는 에콰도르 소녀를 살해한 혐의로 유죄가 확정되었다. 이어서 그는 페루와 콜롬비아에서 240명을 더 살해했다고 자백한 것을 계기로 세상에 알려지게 되었다. 로페즈의 연쇄살인 행각이 주로 남미의 안데스 산맥 주변 국가들에서 이루어졌다는 점에서 언론은 그를 '안데스 산맥의 괴물The Monster of the Andes'이라고 이름 지었다.

로페즈의 생물학적 아버지는 콜롬비아 내전이 한창이던 시절 콜롬비아 보수당원 중 한 사람이었다고 한다. 1947년 12월 28일, 그의 아버지는 아내와 다툰 후 로페즈라는 이름의 매춘 여성과 불륜 관계를 맺게 되고, 이어서 그 매춘 여성은 임신을 하게 된다. 그러나 임신 3개월쯤, 로페즈의 아버지는 혁명 폭도들로부터 식용품 가게를 지키려다가 총격을 받아 숨지게 된다. 6개월 후 페드로 로페즈는 13명의 형제 중 7번째 아이로 세상에 태어나게 된다. 이렇게 태어난 그의 성장기도 원만치는 않았던 것 같다.

선생님이 되고 싶었지만
집에서 쫓겨난 소년

어린 시절의 로페즈는 선생님이 되고 싶었던 예의바르고 공손한 소년이었다. 그러나 현실은 갈 곳 없는 홈리스였다. 폭력과 성적 학대를 당하는 어린 시절을 견디고 성인이 되자마자 그는 수감 생활을 경험하게 된다. 그의 어머니는 로페즈에게 신체적으로 학대를 가했고, 스스로도 매춘 여성으로서 고객들로부터 폭행을 당하곤 했다. 그러던 로페즈는 1957년, 그가 8살 때 누이동생의 가슴을 만지다 어머니에게 발각되어 집에서 쫓겨나게 되는데, 그는 콜롬비아의 수도인 보고타^{Bogotá}로 가서는 홈리스 아동이 된다. 그곳에서 그는 갱단에 가입하고, 코카인의 일종인 바주코^{bazuco}를 흡입하게 된다. 그러던 중 폐가로 끌려가 한 이방인에게 성폭행을 당했다.

그러던 로페즈는 10살 때 노상에서 미국 선교사 부부에게 발견된 후, 잠자리를 제공받고 고아를 위한 학교에도 등록하게 된다. 하지만 그곳에서마저 교사로부터 성추행을 당하게 되자 결국 가출을 감행한다. 그는 아동기의 그가 겪은 고통에 대해 보복하고 싶다고 말하곤 했다고 한다. 그렇게 길거리에서 자란 그는 21살 때 자동차를 훔친 혐의로 수감이 되고, 그 안에서 적어도 2명의 죄수로부터 강간을 당하게 된다. 그 보복으로 그는 가해자들을 살해한다.

구치소에서의 수감 생활을 마친 후, 그는 페루에서 젊은 소녀들을 살해하기 시작했다. 그는 1978년까지 100명 이상을 살해했으며 한 원주민에 의해 붙잡혀 원주민법에 의해 그를 생매장해 사형시키려고 준비하던 중, 어느 미국 선교사가 끼어들어 그를 페루 경찰에 인계하도록 원주민들을 설득했다. 경찰에 인계된 그는 곧 그의 범죄가 원주민과 사회에 끼친 영향과 위험을 전혀 고려하지도 않은 채 콜롬비아로 추방되었다. 그리고 그는 다시 콜롬비아와 에콰도르로 이주해 매주 약 3명의 소녀들을 살해하게 된다. 그는 에콰도르 소녀들이 보다 유연하고 신뢰가 가며, 무고하기 때문에 에콰도르 소녀들을 좋아한다고 주장했다.

그 당시 로페즈가 체포되기 전까지 경찰은 다수의 소녀들이 실종되거나 사라지는 것이 성노예나 매춘에 기인한 것으로 믿었다. 그러던 어느 날 그의 납치 시도가 실패로 끝나고 시장 상인들에게 둘러싸이게 되자 마침내 체포되고 만다. 로페즈는 구금 초기 당국에 협조하기를 거부했으나 한 수사관이 로페즈의 동료 재소자로 변장해 그와 같이 수감 생활을 하면서 그의 신뢰를 얻게 되어 그로부터 자백은 물론이고 희생자들이 묻힌 구체적이고 자세한 위치를 알아낼 수 있었다고 한다.

그는 300명 이상의 살인을 자백했지만 반신반의하던 경찰은 홍수가 나서 대량으로 시신을 묻었던 묘지들이 훼손되고 나서야 비로소 그의 말을 믿게 되었다. 언론 보도에 의하면, 그는 1980년에 체포되었지만 1998년 말 에콰도르 정부에 의해 풀려나게 된다. 그가 교도소에 있을 때, 행해진 한 언론과의 인터뷰에서 그는 자신을 '세기의 남자the man of the century'라고 기술했으며, 자신은 교도소 수형 생활을 모범적으로 잘해 석방될 것이라고 말했다는 것이다. 실제로 그는 1994년 8월 31일 에콰도르 교도소에서 석방되었지만 1시간 후에 바로 불법체류로 체포되어 다시 콜롬비아 당국에 인계되었다. 그 사이 그의 정신 상태는 온전치 않은 것으로 밝혀져 보고타 병원의 정신병동에 입원했지만 1998년 정신이 온전하다는 진단을 받고 보석으로 풀려나게 되었다. 그리고 도주하고 만다.

300명의 소녀를 살인했지만
보석으로 풀려나다

1981년 7월 31일, 33살의 로페즈는 57건의 살인에 대한 유죄 협상에 동의해 교도소에 수감되었다. 그곳에서 그는 공식적으로 소시오패스, 즉 반사회적 인격 장애로 진단되었다. 그 후 에콰도르 법률상 로페즈에게 법정 최고 형량인 16년형만이 선고되자 대중의 엄청난 분노가 일었다. 논란 이후에 에콰도르에서 법정 최고형을 25년형으로 변경할 정도였다. 1994년 8월 31일, 로페즈는 모범수로 수형 생활을 했다는 이유로 16년형 중에서 2년이 감형되어 14년의 수형 생활을 하고 교도소에서 석방되어 콜롬비아로 추방된다. 콜롬비아 당국에서는 20년이 지난 살인으로 그를 처벌하려고 시도했으나 로페즈는 오히려 정신이상으로 진단받아 1995년에 정신병동에 수용된다. 1998년 2월, 그는 정신이상이 없는 것으로 판단되어 보석으로 석방된 후 현재까지도 행방이 묘연하다고 한다.

로페즈가 1980년에 에콰도르에서 체포되어 자신의 범행을 자백함으로써 그는 아마도 역대 최다 연속살인범으로 기록되었을 것이다. 시장에서 12살 소녀를 납치하려다 실패해 붙잡히게 되자 그는 콜롬비아, 페루 그리고 에콰도르에서 300명의 어린 소녀들을 강간하고 살해했다고 주장해 당국을 놀라게 했다. 해당 국가에서는 실종 아동의 급증을 이미 인지했으나 그것이 알려지지 않은 노예무역에 기인했을 것으로 알고 있었다. 로페즈가 자신의 범행을 자백하기까지 당국자들은 그 많은 실종 사건이 단 한 사람의 범행이었을 것으로 상상하기도 어려웠을 것이다.

자동차 절도로 교도소에 수감되었던 경험과 그곳에서 나이 많은 재소자들로부터 집단 강간을 당했던 고통 그리고 더 일찍이 가정에서 겪어야 했던 아동 학대와 가출, 길거리에서 당한 강간 등 고통스러웠던 시간들이 로페즈의 정신과 마음에 치유할 수 없는 상처를 주었으며, 그것이 그가 조금은 간직하고 있는 온전한 정신의 경계를 넘게 했다. 어린 시절 그가 감내해야 했던 어머니로부터의 아동 학대로 인해 그는 여성에 대한 두려움을 지니고 성장했다. 그는 여성들과의 사회적 교접이 비현실적임을 알게 되고, 음란 서적과 잡지를 통해 자신의 욕구를 채웠다. 그의 마음속에는 어머니가 인생의 모든 고통과 골칫거리 그리고 비난의 대상이었던 것이다. 실제로도 연쇄살인범들에 관해서 떠오르는 한 가지 오싹한 형태가 있다면 그것은 바로 연쇄살인범의 다수가 매춘부의 아이였다는 사실이다. 미국에서 역대 최악의 연쇄살인범으로 알려진 헨리 루카스도 매춘부였던 자신의 어머니를 강간하고 살해하면서부터 자신의 연쇄살인을 시작했다. FBI의 한 수사관 겸 프로파일러는 연쇄살인범은 종종 자신의 어머니에 대한 일종의 강박관념, 쉬운 말로 사랑과 증오 관계에 사로잡혀 있다고 설명한다.

- 『The World's Most Infamous Murders』(1983), Roger Boar &
  Nigel Blundell

- https://www.biography.com/people/pedro-alonso-lopez-
  12103226#profile
- http://murderpedia.org/male.L/l/lopez-pedro.htm

소년을 사랑한
소년의 살인 이야기

파키스탄 소년 사냥꾼, 자베드 이크발

1956년 10월 8일, 파키스탄에서 부유한 기업인 아버지에게서 여섯 번째 중 넷째로 태어난 자베드 이크발Javed Iqbal은 100명의 남자아이를 성적으로 학대하고 살해한 연쇄살인범이다. 1978년 그가 아직도 대학생이던 때, 그는 철물 사업을 시작했고, 그의 아버지가 구입한 빌라에서 소년들과 함께 생활했다.

빈민층의 아이들의
가출을 막기 위해 벌인 쇼라고?

1999년 12월의 어느 날, 이크발은 6살에서 16살 사이의 남자아이 100명을 살해했다고 자백하는 한 통의 편지를 경찰과 지역신문사에 보낸다. 그 편지에서 그는 주로 노상에서 생활하는 고아와 가출 소년들의 목을 졸라 살해하고 팔다리를 토막 내고, 염화수소산이 담긴 큰 통을 이용해 시신을 처리했다고 주장했다. 그러고는 다시 시신의 잔해를 강물에 버렸다는 것이다. 편지를 받은 경찰과 신문사 기자는 그의 집에서 실제로 벽과 바닥에 묻은 핏

자국과 목을 조를 때 사용했을 쇠사슬을 발견했고, 플라스틱 가방에는 다수 피해자들의 사진이 들어 있었다. 또한 경찰이 찾을 수 있도록 부분적으로 부식한 시신의 조각들이 공개되어 있었으며, 시신을 의도적으로 부식시키지 않아서 경찰이 찾을 수 있을 것이라고 주장하는 노트도 놓여 있었다.

또한 편지에는 강물에 투신하려고 계획했다는 주장도 있어서 경찰이 그물을 이용해 그의 시신을 찾으려고 했으나 실패하자 당시 역사상 최대 규모의 수색을 벌이기도 했다. 결국 이크발은 체포되었다. 하지만 그는 살인에 대한 자세한 기술이 적혀 있는 일기장의 필적이 그의 글씨와 일치되는데도 법정에서 자신의 무죄를 주장했다. 빈민층 출신 아이들의 가출에 대중의 관심을 끌기 위해 벌인 일들이었다는 것이다. 또한 그는 자신이 경찰에서 한 진술은 경찰의 강압 때문이었다고 주장했으나 약 100명의 증인들이 그에 반하는 증언을 해 결국 유죄가 확정되었다. 선고 재판에서 판사는 그에게 사형을 선고하면서 특별히 공개적으로 교살할 것을 명했으나 2001년 10월 8일 아침에 이크발은 교도소의 방에서 죽은 채 발견되었다. 교도소 당국에서는 그가 침대 이불을 이용해 스스로 목을 매달아 자살했다고 발표했으나 일부에서는 독극물에 의한 것이라는 등 그의 죽음에 강한 의문을 제기했다.

경찰은 당시 실종된 아이들의 부모와 접촉해 사진과 의류 등을 통해 실종된 아이와 일치한지를 확인했다. 대부분은 확인되었으나 시신은 단 한 구도 찾지 못했다고 한다. 이크발은 결국 대규모 수색 작전에서도 모습을 드러내지 않다가 스스로 편지를 보냈던 신문사로 자진해서 출두했다. 그 이유는 그가 생명의 위협을 느껴 경찰소에 가기를 거절했기 때문이다. 재판 도중 그는 살해 당시 자신은 목격자에 지나지 않았고, 자신의 자백은 경찰의 강압에 의한 것이었으며 그저 아이들을 방기한 실종 아동의 부모들에게 경고하기 위한 메시지를 보냈을 뿐이라고 주장했다.

그러나 그는 경찰에 보낸 편지에 그가 과거에 수간 혐의로 체포되었을 때 경찰이 자신에게 행한 학대에 대한 보복으로 대부분 부랑아들을 살해했다고 적었다. 그 당시 경찰은 자신을 오인해 잘못 체포했고 구금 중 경찰에게 심하게 구타도 당했다고 주장했다. 6개월에 걸친 살인 기간 동안 그는 피해자의 이름, 나이, 살해 날짜, 시신을 처리하는 비용까지도 자세하게 기록했고 그들의 신발과 옷도 모아두었다.

이 사건의 담당 특별검사는 그에 의해서 살해된 것으로 알려진 100여 명의 희생자별로 100건의 사형을 선고해줄 것을 요구했다. 이 특별검사는 이크발의 자백이 적정한가에 대해 오랜 시간 고심했고, 타당하다는 결론에 도달했다고 주장했다. 그는 이크발이 실종된 두 아이들과 함께 있던 것을 보았다는 두 목격자들의 증언이 있고, 이크발이 남자아이들과의 세속적 성교를 가진 혐의로 다른 법정에서 이미 재판을 받고 있다는 것도 그의 혐의를 입증하는 것이라고 주장했다.

그의 범행이 얼마나 잔인했던가는 법원의 선고에서 그대로 나타난다. 판사는 그에게 사형을 선고하면서 그에게 희생당한 아이들의 부모가 보는 앞에서 공개적으로 교살하고, 그의 시체는 그가 아이들을 살해했던 그대로 100개의 조각을 내서 염산 통에 넣으라고 명령했다. 그러나 선고 일주일 후, 파키스탄의 종교 지도자가 시신을 토막 내는 등 이크발에 대한 계획된 사형 집행은 죽은 사람에 대한 존중을 가르치는 이슬람 경전과 율법에 어긋난다고 주장하고 나섰다. 그러나 이크발에 대한 사형 논란은 그가 독극물에 의한 것으로 보이는 원인으로 교도소에서 사망하게 되면서 종지부를 찍지만 경찰의 조작이라는 또 다른 논쟁을 불러오게 된다.

그의 살인 동기는
아무것도 밝혀지지 않았다

이크발이 100여 명의 소년들을 살해한 구체적이고 분명한 동기는 밝혀지지 않았지만 그의 일기장을 보면 그 스스로도 한때 성적 학대의 피해자였으며, 그에 대한 보복으로 살인을 저지른 것으로 보인다. 그는 또한 자신을 괴롭혔던 사람들에 대해서 어떤 행동도 취하지 않았던 경찰에 의해 가해진 외상으로 고통을 받았다고도 주장했다. 실제로 그의 집에는 그의 두개골을 촬영한 방사선 사진, 다수의 병원 영수증 그리고 의사의 처방전 등이 발견되었다. 물론 그가 주장하는 외상으로 인해 정신적 능력 여부가 확인되지는 않았지만 자살에서 얻은 힌트에 의하면 그가 정신이상이라는 주장은 받아들여지지 않았던 것 같다.

심리학자들은 그를 어린 시절부터 나쁜 습관에 젖어 있었던 막돼먹은 아이로 기술했다. 이크발을 직접 만난 경험이 있는 사람들은 그를 동성 간의 성교에 대한 자신의 욕정을 충족시킬 수 있을 정도로 갈 데까지 간 '소년 사냥꾼'으로 기억했다. 200cc 모터사이클을 소유했던 10대부터 그는 소년들을 유혹하기 위해 다양한 방법을 활용했다. 그가 애용한 가장 효과적인 방법은 어린이 잡지를 통해 펜팔 친구를 만드는 것이었다. 펜팔 친구들로부터 사진을 구한 다음, 그들과 우정을 지속할 '매력적인' 소년들의 짧은 명부를 만든다. 그는 향수나 코인 또는 티켓 등 동성 소년 친구들에게 줄 선물을 사는 데 수천 루피의 돈을 소비했다. 다른 가족들도 그러한 나쁜 취미에 대해서 알게 되었으나 이크발은 자신의 인생을 가족들이 방해하도록 내버려두지 않았으며, 자신과 함께하는 소년들에 대해서도 나쁘게 이야기하지 못하게 했다.

그러나 1990년 말 어떤 사람이 이크발을 지목하며 자신의 아들에게 동성 간 성교를 하게 했다는 소를 제기해, 경찰이 이크발의 아버지와 두 형제를 구인했으나 끝내 이크발은 자수하지 않았다. 8일째 되던 날, 그가 데리고 있던 소년 한 명이 체포되어 구금되자 몇 시간도 되지 않아 이크발이 나타나 소년을 잡아가게 두었다고 가족들을 맹비난했으며 얼마 후 소년을 석방시키기 위해 경찰에 자수했다. 그동안 결혼하라는 가족의 요청을 그렇게 반대하던 그가 어느 날 갑자기 데리고 있던 소년의 누이와 결혼하겠다고 선언하는 등 이크발은 가족보다 소년들에게 이상할 정도로 집착했다고 한다. 이런 점들 때문에 사람들은 그를 "악마 천재"라고 불렀다. 그는 법과 형벌에 대해 잘 알고 있었으며 여러 기관에 여러 가지 이유로 소청을 제기했다. 이크발은 한때 동성 간 성교 혐의로 체포되어 6개월 동안 구치소에 수감되었지만 그때 그 악몽이 소년들을 향한 그의 취향에 영향을 주지는 못했다.

- 『Serial Killers : Javed Iqbal - The cold-hearted monster』(2011)
- 'Justice (retd) Javed Iqbal passes away in Lahore' 2015년 10월 3일자
  『The Express Tribune newspaper』

- https://www.dawn.com/news/896/lahore-the

이상 성욕이 부른
가장 잔인한 살인

콜롬비아의 짐승, 루이스 가라비토

루이스 가라비토Louis Garavito는 '짐승The beast'이나 디즈니 만화에 나오는 '구피Goofy'라는 별명으로도 불리는 콜롬비아의 강간범이자 연쇄살인범이다. 그는 1957년 1월 27일생으로 일곱 형제 중 맏아들이며, 감정적 그리고 신체적으로 아버지로부터 학대를 당한 것이 분명하다. 실제로 재판 과정에서 가라비토는 자신이 아동으로서 성적 학대의 피해자였다고 진술했다.

짐승 같은 남자가
소년들을 죽이다

그의 범행은 1999년 자신이 147명의 소년을 강간, 고문, 살해했다고 시인함으로써 세상에 알려지기 시작했다. 그러나 교도소에서 스스로 그린 지도 상에 열거한 두개골의 위치에 기초하면 그의 피해자는 궁극적으로 300명을 초과하는 것으로 알려져 있다. 그래서 그는 언론으로부터 '세계에서 가장 잔인한 연쇄살인범'으로 기술되고 있다. 그의 범행이 특이한 것은 그가 살해한 피해자의 수가 많다는 것이지만, 그 밖에 한 가지 특성이 더 있다면 그것은 그가 소녀가 아닌 소년들을 강간하고 살해했다는 점이다.

가라비토의 희생자들이 소녀가 아니라 소년이라는 것 외에도, 16세 소년 한 사람을 제외하고 피해 아동은 6살에서 16살에 이르는 가난한 아이들 또는 시골 아이들이거나 길거리의 아이들이었다. 그의 수법은 이렇다. 먼저 길거리나 시골에서 아이들에게 접근해, 그들에게 선물이나 적은 액수의 돈을 제공한다. 이렇게 해서 그들의 신뢰를 얻은 뒤에, 아이들을 데리고 걷다가 아이들이 지칠 때 괴롭히고, 강간하고, 목을 찔러 죽게 해 통상적으로 사지를 절단했다. 뿐만 아니라 대부분의 시체에서는 장기간 가해진 고문의 흔적도 보였다.

그의 범죄는 모두 그가 술에 취했을 때 자행되었다. 피해 아동의 대다수는 가난한 가정 출신이거나 10여 년 동안 1,500만 콜롬비아 국민들을 이주시켰던 정치적 폭력이나 빈곤으로 인해 가족으로부터 분리된 아동 등 거리의 아이들이었다. 옷도 제대로 입지 못하고, 굶주리고, 침울한 거리의 아이들이 껌을 팔거나 신문을 팔거나 구두를 닦는 것은 콜롬비아 대도시 길거리에서 흔히 볼 수 있는 광경이었다. 떠돌이였던 가라비토는 거리의 아이들과 친해지면서 그들을 데리고 길거리를 걷다가 아이들이 지치면 나일론 끈으로 그들을 묶어서 목을 치거나 머리를 쳐서 살해해 얇게 땅을 판 뒤 묻었다. 경찰 수사관들에 의하면 대부분의 희생자들은 성적으로도 학대되었다고 한다.

그의 범행은 항상 술에 취했을 때, 그리고 밤이 아닌 대낮에, 아이들이 시장 골목을 많이 돌아다니는 주말에, 비교적 안정적으로 유사한 수법, 즉 길거리에서 가난한 아이나 집을 나온 아이들에게 작은 선물을 주는 등 솔깃한 꼬임을 통해 한적한 곳으로 유인해 고문, 강간, 목을 졸라 살해하는 방식을 사용했다. 모든 피해자의 시신은 손이 묶여 있었고, 시신이 묻혀 있던 주변에는 칼뿐만 아니라 다수의 핏자국도 발견되었으며, 시신의 목과 외음부는 심하게 잘리거나 손상되어 있었다. 검시를 자세하게 한 결과 시신에는 물어뜯는 등 유사 강간의 흔적들이 발견되었다고 한다.

가라비토는 1999년 4월 22일 드디어 체포된다. 사실 그는 다른 사람의 신분으로 강간 미수로 체포된 후에도 빈번하게 거주지와 직장을 옮겼기 때문에, 즉각적으로 그의 범행을 추적할 수가 없었다. 더불어 그는 헤어스타일을 자주 바꾸었으며 다른 사람의 이름을 이용했다. 하지만 수사관들은 증인들과 호텔 기록 등을 통해 가라비토를 용의자로 지목했으며, 그의 집에서 발견된 밧줄이 다수 피해자의 손에 사용되었던 것과 일치했다. 경찰에 의하면 이것 외에도 그에 대한 증거들이 너무나 확실하고 강했기 때문에 그의 자백을 쉽게 받을 수 있었다고 한다. 가라비토의 자백에 이어 경찰이 다수의 시신을 찾자 처음에는 사탄의 이교도들 소행일 것으로 여겼던 당국에서는 전국의 유사 범죄를 조사할 전국 단위의 대책위원회를 설치한다. 그 당시 콜롬비아에서는 아이들이 항상 실종되기 일쑤였고, 아무도 아이들의 실종이나 소재에 대해 문의하지 않았기 때문에 가라비토가 발각되지 않고 그토록 오랫동안 그 많은 아이들을 살해할 수 있었을 것으로 판단했다. 그의 자백이 있은 후, 경찰은 빈곤층에 대해 무관심하고 내부적으로 부패했다는 비판을 거세게 받아야 했다.

**콜롬비아 법률 제도의
취약성**

특히 콜롬비아는 큰 나라지만 다른 기관 간의 상호 협조와 공조는 매우 어려웠다. 지속적이고 극단적인 정치적 문제들로 준군대와 게릴라 같은 다중 폭력으로 고통을 받고 있는 상황인지라 더욱 기관 간 공조가 어려웠을 것이다. 특히 콜롬비아는 다른 나라에 비해 소아성애 pedophilia가 매우 광범위한 편이었는데, 그것은 콜롬비아의 약 37%의 아이들이 어떤 형태이든지 약간의 수입이 필요했기 때문이라고 한다. 바로 이 점으로 인해 아이들의 실종 비율이 높은데도 불구하고 예방이 어려웠다고 한다.

그 당시 콜롬비아에는 여러 명의 연쇄살인범이 잡히지 않고 활동 중이었기 때문에, 발견된 시신들이 안데스의 괴물이라고 불리던 연쇄살인범 로페즈의 희생자인지 아니면 다른 연쇄살인범의 희생자인지가 분명하지 않았다. 그러나 다행히도 범죄 현장이나 시신의 상태 등이 오로지 소녀들만 살해하는 로페즈의 경우로 볼 때 다른 연쇄살인범들의 범죄와 일치하지 않았다고 한다. 당시에는 비용과 조직 문제로 프로파일링이 행해지지는 않았지만 희생자 가족들의 증언을 종합하면, 희생된 아이들이 사라진 시간이 대부분 오전 10시 무렵이었으며, 아이들에게 먹을 것을 주거나 선물을 주면서 같이 산책을 하거나 짐을 들어줄 것을 요청하면서 집에서 멀리 유인해 그들이 집을 찾아갈 수 없도록 했다고 한다.

결국 그는 자신이 140명이 넘는 아이들을 살해했다고 자백했으며, 콜롬비아 전국에 걸쳐 모두 172명을 살해한 혐의로 기소된다. 그러나 그는 172건의 살인 혐의 중에서 139건에 대해서만 유죄로 밝혀지고 나머지는 사법 절차가 진행 중이라고 한다. 콜롬비아의 법률에 의거하면, 139건의 살인 혐의에 각 살인 혐의별 최고 형량을 곱하면 1853년 9일에 이르지만, 콜롬비아의 법은 수형 기간을 최고 50년으로 제한하고 있다. 더불어 그는 자신의 범행을 자백했을 뿐만 아니라 일부 시신을 찾는 데 경찰에 협조했기 때문에 그에

극에 대한 집착이 만든 재앙 II

대한 형량은 더욱 낮아져서 그에 대한 최종 형량은 22년으로 감형되었다. 여기서 그치지 않고 앞으로 사법 기관에 더 협조하고 수형 생활에 선행을 하면 심지어 조기 석방될 자격도 가능해질 수 있었다.

이런 상황은 그 당시까지만 해도 콜롬비아에서 가라비토와 같은 연쇄살인범이 없었고, 따라서 법률적으로 관련 전례나 판례가 없었기 때문에 사건을 적절하게 다룰 수가 없었기 때문에 생긴 것이다. 그러나 2006년, 가라비토 사건을 다른 법정에서 사법적으로 검토한 결과, 그가 시인하지 않았고 따라서 아무런 처벌도 받지 않은 범죄가 있었기 때문에 그에 대한 형량이 추가될 수 있으며, 그의 석방도 따라서 지연시킬 수 있다는 것을 알게 되었다.

바로 이 점 때문에 많은 콜롬비아 국민들은 격분하게 된다. 그들은 가라비토의 조기 석방 가능성을 격렬하게 비판했던 것이다. 최근 들어, 점점 더 많은 콜롬비아 국민들은 그가 저지른 범죄에 비해 그에 대한 형벌이 충분하지 않다고 느끼게 되었다. 일부 국민들은 가라비토가 종신형이나 사형에 처해져야 마땅하다고 주장하지만 종신형도 사형도 콜롬비아에는 존재하지 않기 때문에 그 당시 콜롬비아 법으로는 불가능한 것이었다. 당시 콜롬비아 법에는 가라비토가 받은 형량 이상의 형량을 선고할 수 있는 방법이나 조항이 없었으며, 바로 이 점이 콜롬비아 사회의 연쇄살인 범죄의 가능성을 억제하지 못하고 실패하게 만드는 법의 결함으로 간주되고 있다. 그러나 다행히도 그 사건 이후에 콜롬비아 법률은 그러한 범죄에 대해 최고 60년까지 선고할 수 있도록 개정되었다고 한다.

여기서 가라비토의 삶의 흔적을 좀더 자세히 알아보자. 그는 콜롬비아의 서부 커피 경작 지역에서 일곱 형제 중 맏아들로 태어났으나 폭력의 분위기 속에서 성장해 아버지로부터는 매를 맞거나 학대를 당했고 이웃의 두 남성으로부터 반복적으로 강간을 당했다고 한다. 그렇다고 학교라도 제대로 다닐 수 있었던 것도 아니어서 고작 우리나라로 치면 초등학교 5학년까지만 다녔다.

결국 16살에 집을 떠나서 처음에는 가게 점원으로 그리고 나중에는 종교 물품과 기념품을 파는 노점상으로 일했다. 어른이 되어서도, 그는 이 직업 저 직업을 전전했으며 심하게 음주를 하고 공격적으로 행동했다. 결국 그는 적어도 한 번 이상 자살을 시도했고, 급기야는 5년 동안이나 정신과 치료를 받았던 것으로 경찰 보고서는 밝히고 있다.

연쇄살인범의 전형과는
조금 벗어난

가라비토는 다른 재소자들이 자신을 죽일지도 모른다고 두려워했기 때문에 다른 재소자들로부터 격리 수용했다고 한다. 그는 독살을 두려워해 단 몇 사람이 주는 물만 마셨다고 한다. 하지만 그의 담당 교도관들은 그와 아주 잘 지냈다고 한다. 이는 그가 긴장을 풀고 교도관들에게도 전혀 위축되지 않았다는 사실을 반영하고 있다. 그런데 가라비토는 몇 가지 점에서 지능적 연쇄살인범의 전형에서 벗어난다고 한다. 피해자 수가 많다는 것은 한 편으로는 그가 실제로 사회적으로 적응하는 영악한 방법과 지역 환경에 맞는 복장으로 변복을 했다는 사실로 설명될 수 있는데 대체로 그는 자신을 꾸미는 데에 익숙한 사람으로 보이지 않았다고 한다. 그가 결코 바꾸지 않았던 것은 붉은 플라스틱으로 만든 안경테였다.

아마도 피해자 수가 늘어난 것은 콜롬비아의 혼돈스럽고 폭력적인 구조에 기인한 것으로, 예를 들어 어떤 사람이 중고 카트를 사서 아무 곳에 가서

장사를 한다고 해도 그 주변의 과일을 파는 노점상은 상대방을 전혀 의심을 하지 않는다고 한다. 가라비토가 번잡한 시장 골목에서 사람들 속에 섞이는 것은 아주 쉬운 일이었다.

정상적인 지능에 반하는 또 다른 관점은 그가 연속적인 사고에 제약을 가지고 있다는 것이다. 그는 흥미로운 주제에서 또 다른 주제로 몇 초 또는 수 분만에 대화를 바꾸기도 했다. 어떠한 심리적 처우도 전혀 받지 않았기 때문에 그는 개인적인 문제를 이야기하는 데 익숙하지 않았는데, 이는 그가 아동으로서 제대로 취급받지 못하고 학대받았음을 보여주는 것이다. 한편, 범죄 수사학적 관점에서 보면, 가라비토는 너무나 조심스러웠기 때문에 희생자들의 신분증에서 사진을 잘라낸 것을 제외하고는 어떠한 전리품도 취하지 않았다는 점이 매우 인상적이다. 그러나 동시에 그는 사진 찍는 것을 좋아해 노점상으로서 자신을 찍은 사진을 몇 장이나 자신의 아파트에 걸어 놓았다고 한다.

성적 피해자가
성적 학대자로 바뀌기까지

어떻게 잔인한 연쇄살인범이 만들어졌을까? 먼저 그의 탄생, 즉 매우 가난한 가정의 일곱 자녀 중 맏이로 태어난 것이 가라비토에게 어떤 영향을 미쳤을까? 흔히들 출생 순서가 사람의 성격에 영향을 미친다고 한다. 실제로 동생이 태어날 때마다 왕좌에서 물러나는 기분을 가질 수 있다고 심리학자들은 말한다. 이는 곧 시기와 질투 그리고 분노를 불러일으키는데 이것은 부모의 관심을 다시 얻기 위한 엄청난 스트레스로 이어진다고 한다. 더불어 대가족의 장남에게는 막중한 책임도 따르며 부모들은 어린 동생들을 돌보는 데도 그에게 도움을 청하게 되어 큰 압박을 받는다고 한다. 급기야는 자신의 아동기마저 잃고 만다는 것이다.

한편 가정의 빈곤도 아이들에게 부정적 영향을 미친다고 한다. 확정적 결론은 아니지만 아동기에 빈곤을 경험한 젊은이일수록 법을 어기고 수형 생활을 할 확률이 더 높으며, 빈곤으로 인한 학교 중퇴도 성인이 되었을 때 기회의 상실과 실업으로 이어진다고 한다. 교육을 제대로 받지 못하면 기회가 줄어들고 이는 곧 사회적 배제와 증오감으로 이어지면서 결국 불법 행위, 약물 남용, 위험한 행동에 가담할 가능성을 높인다는 것이다.

자신의 트라우마에서
벗어나기 위해 살인을

그의 범행에서 특징적인 것은 항상 술이 취했을 때 범행을 했다는 점이다. 이는 그의 범행을 음주와 관련해서 생각해볼 수도 있다. 그리고 그가 아동기에 강간을 당했다는 사실은 차후 그의 범행에 얼마간 동기가 되었음을 유추할 수 있다. 우선 그는 항상 술에 취해 있었으며, 아이들을 유인할 때 술을 주겠노라고 약속했다. 이러한 그의 알코올의존증은 아마도 우울증과 자살 경향에 연관이 있었을 것이다. 아이러니한 것은 그가 우울하지 않기 위해서 술을 마셨지만 그의 대부분 범행은 술에 취했을 때 행해졌다는 점이다. 아마도 술이란 이미 겪고 있는 경험, 이 경우엔 우울을 더욱 과장하는 경향이 있기 때문에 그가 이 어두운 감정을 탈피하기 위해 또 다른 돌파구를 찾아야 했을 것이다. 술에 취했을 때 사람들은 일반적으로 자제력이 약해지는데 술에 취한 사람이 심리적으로 상처를 입었을 때는 극단적으로 더 위험해진다.

한편 어린 시절에 입은 강간 피해가 가라비토의 살인 행각의 주요 동기였을 것으로 추측되기도 한다. 당시의 피해 경험 때문에 더 이상 피해자나 취약한 아이가 되고 싶지 않고, 대신 힘과 권력을 가진 통제하는 입장이 되고 싶었을 것이다. 물론 아동기 성폭력, 특히 강간 피해자 모두가 강간범이 되는 것은 아니지만 가라비토의 경우 자신의 생물학적 요소와 경험이 겹쳐서 한때 자신이었던 어린 소년들을 강간하고 살인하는 것으로 트라우마가 표출되었을 것으로 간주되는 것이다. 즉, 소년들을 강간하고 살해하는 것은 곧 자신의 트라우마를 살해하기 위한 시도인 셈이다.

- 『Murderous Methods: Using Forensic Science to Solve Lethal Crimes』
  (2005), Mark Benecke and Karin Heusch
- 『Serial Killers: The Method and Madness of Monsters』(2004),
  Peter Vronsky

- 'World: Americas: Colombian child killer confesses'1999년 10월 30일
  『BBC News』
- 『Serial Killer Documentary Luis Alfredo Garavito』2016년 9월 1일 방영
  Discovery Channel

- https://healthpsychologyconsultancy.wordpress.com/2012/08/17/
  making-of-a-monster-luis-garavito-the-beast
- http://murderpedia.org/male.G/g/garavito.htm

chapter 5

사회적 불만이 낳은 재앙

무자비한 총기 난사 I

항상 분노로 가득찼던 사람의
최후의 광기

맥도날드 다중살상범, 제임스 허버티

제임스 허버티James Huberty는 캘리포니아 주의 산 이시드로San Ysidro에 있는 패스트푸드점 맥도날드에서 21명을 살해하고 19명을 부상을 입힌 41세의 다중살상범이다. 그의 총기 난사는 1991년의 루비 레스토랑 총기 난사 사건 다음으로 참혹했던 다중살상 범죄였으며, 최근 2016년 플로리다 주 올랜도 시 나이트클럽에서 일어난 총기 난사와 함께, 미국 역사에서 범인이 자살하지 않고 경찰에 의해 사살된 가장 참혹한 총기 난사 사건으로 알려져 있다.

자신의 정신분열을 감지해
도움을 요청하지만

허버티 사건에서 한 가지 특이한 것은 총기 난사에 이르기까지 몇 가지 전조가 있었다는 점이다. 총기 난사 3일 전, 그러니까 1984년 7월 15일, 그는 아내에게 아무래도 정신에 뭔가 문제가 있을지도 모르겠다고 털어놓았다. 그로부터 이틀 후인 7월 17일, 허버티는 스스로 정신 건강 클리닉에 전화를 걸어 진료 예약을 요청한다. 예약 당시, 담당자에게 자신의 연락처를 자세히 남겼기 때문에 그는 수 시간 안에 병원에서 확인 전화를 줄 것으로 믿었다. 그런데 전화기 옆에서 아무리 기다려도 확인 전화가 오지 않자, 그는 황급하게 집을 나서서 자신의 모터사이클을 타고 어딘가로 향했다. 나중에 밝혀진 바로는 병원 측의 연락이 늦어진 이유는 예약 담당자가 허버티의 이름을 '슈버티Shouberty'로 잘못 적었기 때문이었다. 게다가 허버티의 점잖은 태도로 보아 응급하지 않은 것으로 판단해, 48시간 이내에 처리해도 되는 '비응급' 환자로 분류했기 때문이기도 했다. 그래서 확인 전화가 올 수 없었던 것이다.

이튿날 가족과 함께 동물원에 간 허버티는 걸음을 옮기다가 문득 아내에게 자신의 삶이 사실상 끝났다고 말했다. 전날 정신 건강 클리닉에서 확인 전화를 하지 않았던 것에 빗대어 그는 "그래, 이 사회는 누구에게나 기회가 있어"라고 중얼거렸다. 맥도날드에서 점심을 먹고 집으로 돌아온 그는 잠시 후 침대에 누워 쉬고 있던 아내에게 기대어 "작별 키스를 하고 싶어"라고 말했다. 허버티의 아내는 어딜 가느냐고 물었고, 그는 "인간 사냥을 간다"고 답했다. 줄무늬 담요로 쌓인 짐 꾸러미를 들고 현관문을 나서며 허버티는 큰딸을 향해 "안녕, 돌아오지 않을 거야"라고 말하고는 산 이시드로 대로로 차를 몰았다.

오후 3시 56분 무렵, 허버티는 자신의 승용차를 몰고 이시드로 대로에 있는 맥도날드 주차장으로 들어갔다. 그는 세 자루의 총기와 수백 발의 탄환으로 가득 채워진 헝겊으로 된 가방을 가지고 있었으며, 당시 맥도날드에는 손님과 종업원을 포함해 총 45명이 있었다. 1분 정도의 시간이 흐른 후, 식당 안으로 들어간 허버티는 맨 먼저 지배인에게 총격을 가하고 그 다음으로 종업원에게 총격을 가한 다음, "모두 바닥에 엎드려"라고 외쳤다. 그는 식당에 있던 모든 사람들을 "더러운 탐욕자들"이라고 부르며, 자신은 이미 수천 명을 살해했으며 1,000명을 더 살해하려 한다고 소리를 질렀다. 이 광경을 지켜본 한 고객이 더 이상 총을 쏘지 말라고 그를 설득했지만 허버티는 고통 속에서 비명을 지르는 그 고객에게 무려 14번이나 총격을 가했다. 이윽고 대부분의 손님들이 테이블 밑에 숨는 등 몸을 피하자, 그는 6명의 여성과 아이들이 얽혀 있는 곳을 향해 총격을 가했다. 그렇게 총기 난사가 계속되는 동안 많은 사람들이 살해당하고 총상을 입었다.

저격수의 총에 사살된 다중사살범

오후 4시를 기점으로 첫 긴급 전화가 걸려오면서 다수의 긴급 전화가 이어지게 되지만 지령실에서 실수로 출동 중인 순찰차에게 허버티가 있는 맥도날드가 아닌 이웃한 다른 맥도날드 매장으로 갈 것을 지시하게 된다. 그로부터 10여 분이 흐른 후, 경찰이 사건 현장에 도착해 총격이 발생한 곳을 중심으로 주변 지역을 차단한다. 경찰은 약간 떨어진 곳에 현장 지휘소를 차리고 경찰특공대, 일명 SWAT팀과 함께 경찰 175명을 요소에 배치한다.

경찰은 식당에서 두 블록 떨어진 곳에 지휘소를 설치했으나 허버티가 여러 종류의 총기를 사용했고 빠른 속도로 많은 총격을 가했기 때문에 처음에는 총격범이 여러 명인 줄 알았다고 한다. 대부분의 유리창이 총격으로 깨졌기 때문에 깨진 유리 파편들이 반사되어 경찰이 맥도날드 안을 제대로 들여다보기도 어려웠다고 한다. SWAT팀의 저격수는 옆 건물인 우체국의 옥상에 자리를 잡고 허버티를 정확하게 가격할 수 있으면 살해하라는 명령을 받았다. 5시 17분 무렵, 경찰특공대 저격수의 시야에 허버티가 정확하게 들어오자 그는 조준 사격을 한다.

사건은 대략 78분가량에 걸쳐서 진행되었고, 그 사이 허버티는 약 245발의 사격을 해 20명을 살해하고 20명에게 부상을 입혔다. 부상자 중 한 명이 다음날 사망하게 되어 총 21명이 사망하고 19명이 부상을 당하는 결과가 나왔다. 사망자 중 17명은 식당 안에서 그리고 나머지 4명은 식당 주변에서 살해되었다. 사망자 중 13명은 머리, 7명은 가슴 그리고 어린이 한 명은 등에 맞은 총상으로 사망했다. 사망자의 연령층은 생후 8개월에서 74세에 이르고, 지역 특성상 다는 아니지만 대부분이 멕시코인이거나 멕시코계 미국인이었다.

사회적 불만으로
총기를 사들이기 시작하다

허버티는 미국 오하이오 주 캔턴Canton 시에서 태어났다. 특이한 것은 그가 세 살 때 소아마비에 감염되어 비록 점진적인 회복을 했음에도 영구적인 보행 장애를 갖게 되었다는 점이다. 1950년대 초기, 그의 아버지는 펜실베이니아 주의 애미쉬Amish 구역에 농장을 구입했으나, 그의 어머니가 이사하기를 거부하자 곧이어 가족을 내팽개치고 노상에서 침례교 조직을 위한 설교를 했다.

1962년 그는 말론대학교에 입학해서 사회학을 공부했으나 펜실베이니아의 피츠버그로 옮겨서 피츠버그 장의과학연구소Pittsburgh Institute of Mortuary Science에서 공부했다. 1965년에는 대학에서 만난 여성과 결혼했고 곧이어 시체 처리 면허를 취득해 오하이오의 캔턴에 있는 한 장의 회사에 취업을 한다. 그곳에서 2년여 동안을 근무한 후 허버티는 용접공으로 전직을 한다. 그로부터 얼마 후 오하이오의 마실론Massillon으로 이주해 그곳에서 1972년과

1974년에 두 딸을 낳았다. 허버티 부부 사이에는 가정 폭력이 발생하기도 했는데, 어느 날 아내가 관계 당국에 남편을 신고하기도 했다. 아내는 타로카드를 만들어 허버티의 폭력성을 진정시키기 위해 그의 미래를 읽어주는 척했고, 일시적인 진정 효과를 보기도 했다. 그러다가 허버티는 모터사이클 사고를 당해 오른팔에 입은 부상으로 더 이상 용접공으로 일할 수 없게 되었고, 결국 산 이시드로로 이주해 경비원으로 일했으나 총기 난사 2주일 전에 해고됐다.

자칭 생존주의자인 허버티는 미국 사회에서 점증하는 문제의 신호를 목격하고는 미국 정부의 규제가 근로자는 물론 기업 실패의 원인이라고 믿었다. 그는 국제 금융인들이 의도적으로 미 연방 준비 제도를 악용해 국가를 부도내고 있다고 생각했다. 또 소련의 공격이 곳곳에서 일어나고 있다고 확신한 그는 아마도 핵전쟁이나 경제 붕괴로 사회의 몰락이 가까워졌다고 믿은 듯하다. 그래서 다가오는 사회 붕괴로부터 생존하기 위한 준비에 전념했다. 캔턴에 있는 동안 다가오는 혼돈의 시기를 방어하기 위해 수천 달러어치의 부패하지 않는 식료품과 6정의 총기를 집에 비축한 것이다. 이웃에 따르면 손이 닿는 데마다 구석구석 총기를 비치할 정도였다고 한다. 그는 모든 것이 근로자들에게 이익이 되지 않는 쪽으로 돌아가고 있으며, 국가가 자신을 제대로 대우해주지 않는다고 불평했다고 한다. 실제로 그의 아내는 수사 과정에서 남편의 직장 해고와 성사되지 않은 부동산 거래 등이 남편의 범행 동기일 수도 있다고 진술한 바 있다.

물론 아직도 허버티의 정확하고 구체적인 범행 동기는 알려지지 않았지만 아내의 진술대로 직장에서의 해고와 성사되지 않은 부동산 거래 등 자신에게 유독 불공정한 사회에 대한 일반적 불만과 증오에 기인했을 수도 있

사회적 불만이 낳은 재앙

다. 그가 총을 들고 집을 나설 때 행선지를 묻는 아내에게 '인간 사냥'을 간다고 한 말에서 이런 점을 엿볼 수 있다. 또 다른 예로는, 허버티가 경비원에서 해고된 일을 두고 '멕시코인들 때문에'라고 했다는 점에서도 실마리를 찾을 수 있을 것이다.

신경질적이고 외롭고
불행했던 남자의 망상

허버티에 대한 부검 결과 역시 빼놓을 수 없다. 전직 용접공이었던 그의 체내에서는 카드뮴 수준이 비정상적으로 높은 것으로 나타났다. 그런데 이 금속 성분은 뇌의 자아 통제 능력을 방해하는 것으로 알려져 있다. 실제로 대부분의 연쇄살인범과 잔인한 다중살인범들의 몸에서는 유사한 수치의 동일한 금속 성분이 검출된다고 한다. 이런 점에서 그의 아내는 회사를 상대로 용접 작업 때문에 생긴 카드뮴 중독과 남편의 행동을 연관 지어서 소송을 제기했다가 패소하기도 했다. 이어서 아내는 범행 직전 맥도날드에서 먹은 맥너겟의 화학 성분이 통제할 수 없는 망상을 야기했다고 소송을 제기했으나 이 또한 패소했다.

과연 허버티는 어떤 사람이었을까. 일부에서는 그가 사냥견을 훈련시키고 많은 사람을 죽이는 것에 대해 쉽게 말하던 성격이 급한 외톨이었다고 기억한다. 심지어 그의 아내조차도 그가 지나치게 흥분을 잘하기 때문에 그와 사업을 벌이지 말라고 충고를 했을 정도다. 뿐만 아니라 아내는 남편이 신경질적이고, 외롭고, 불행한 사람이었다고 기술했다. 특히 그녀는 남편의 마지막 인사에 대해 크게 신경쓰지 않았는데 그 이유는 허버티가 늘 악담을 입에 올리곤 했기 때문이라고 한다. 즉, 그의 집에는 다수의 총기가 있었고, 허버티는 많은 사람을 죽이고 싶다고 종종 말해왔던 것이다. 아내는 그런 남편을 오랫동안 관찰한 결과 그가 무언가 행동을 할 것이라고 믿었는데, 문제는 '언제가 될 것인지'의 여부였던 것이고 그 '언제'가 바로 78분간 이어진 맥도날드에서의 총기 난사였던 셈이다.

허버티의 공격성은 대부분 자신을 향하기보다 다른 사람들을 목표로 했다. 과거의 직장 동료에 의하면, 한때 그는 "이제 나는 직업도 없고 다른 아무것도 없다. 더 이상 살아야 할 이유가 없다"라고 말하곤 했다고 한다. 그는 항상 누군가에게 화가 난 것 같은 조용한 사람이었으며, 항상 얼굴을 찌푸리고 위협하는 분위기였다고도 한다. 언젠가는 자신의 모터사이클을 누군가가 훔치려 하자 총을 쏘아 도둑을 쫓았고, 가끔 총으로 아내와 아이들을 위협했다고 한다. 그래서 그는 핵전쟁에 몰입했던 것일까?

- 『Mass Murderers』(1993), Time-Life Books
- 『Hunting Humans: The Rise Of The Modern Multiple Murderer』(2003),
  Elliott Leyton
- 『Killers: Contract Killers, Spree Killers, Sex Killers,
  the Ruthless Exponents of Murder, the Most Evil Crime of All』(1994),
  Nigel Cawthorne and Geoff Tibballs
- 『Delivered from Evil: True Stories of Ordinary People Who Faced
  Monstrous Mass Killers and Survived』(2011), Ron Franscell
- 『Dying on the Job: Murder and Mayhem in the American Workplace』
  (2012), Ronald D. Brown
- 『Dancing at Armageddon: Survivalism and Chaos in Modern Times』
  (2004), Richard G. Mitchell Jr.

- 'California massacre: deaths came in instant' 1984년 7월 20일자
  『Gainesville Sun』
- 'Tiny shooting survivor back home healthy' 1984년 8월 8일자
  『The Montreal Gazette』
- 'San Ysidro McDonald's Won't Reopen' 1984년 7월 25일자
  『Washington Post』
- 'San Ysidro Massacre Relief Fund Pays $350,000' 1985년 3월 24일자
  『Los Angeles Times』
- 'San Ysidro still grieves a year after massacre' 1985년 7월 17일자
  『Los Angeles Times』
- 'Life hard for family of McDonald's killer' 1985년 7월 18일자
  『Gainesville Sun』

- 'After a Long Wait, Monument Is Dedicated at Massacre Site'
  1990년 12월 14일자 「Los Angeles Times」
- 'The Chemistry of Violence' 1998년 3월 「Popular Mechanics」
- 'Carnage survivor lives his dream of being cop' 2004년 7월 18일자
  「San Diego Union Tribune」
- '20 Years later, San Ysidro McDonald's massacre remembered'
  2004년 7월 18일자 「North County Times」

- http://www.CrimeLibrary.com
- http://murderpedia.org/male.H/h/huberty-james.htm

우월해지고 싶은 욕망과
증오가 낳은 총살

컬럼바인고교의 총기난사범, 에릭 해리스 & 딜런 클리볼드

2명의 미국 고교생 에릭 해리스Eric Harris와 딜런 클리볼드Dylan Klebold는 미국 콜로라도Colorado 주의 컬럼바인Columbine 고등학교에서 학교 친구들을 포함한 13명을 살해하고 24명에게 부상을 입힌 뒤에 자살한 총기 난사 사건의 주인공들이다. 과연 그들은 누구이기에 왜 그리도 끔찍한 일을 친구와 선생님들에게 저질렀을까?

컬럼바인고등학교에서 해리스와 클리볼드는 교내 연극 연출과 비디오 제작에 적극적이고 활동적이었으며 학교의 컴퓨터 서버를 유지하고 관리하는 컴퓨터 보조자 역할을 하기도 했다. 사건이 발생한 초기에는 언론에서 그들이 매우 인기가 없는 학생들이었고, 괴롭힘과 집단 따돌림의 표적이었다고 보도했지만 살짝 엇나간 측면도 있다. 물론 그들에 대한 따돌림은 어느 정도 사실인 것으로 밝혀졌지만 그들이 부랑자나 버림받은 학생들이라는 보도는 사실이 아닌 것으로 판명되었다.

그들은 학교의 국외 조직인 트렌치코트 마피아Trench Coat Mafia라고 하는 특정 집단과 아무런 연계도 없었지만 스스로를 "트렌치코트 마피아"로 불

렀던 집단의 구성원이라고 보도되었다. 그해 졸업 앨범에도 트렌치코트 마피아의 단체 사진에 나오지 않았는데도 말이다. 해리스와 클리볼드는 자신들의 컴퓨터를 네트워크에 연결해 인터넷상에서 많은 게임을 했다. 해리스는 컬럼바인고등학교의 애칭이기도 한 레벨Rebel의 단축어인 '레브REB', 클리볼드는 '보드카Vodka'라는 이름의 웹사이트를 가지고 있었다.

이들 웹사이트는 공개적으로 이웃 주민은 물론이고 세계 일반에 대한 증오를 옹호하고 지지했다. 그들이 파이프 폭탄을 실험하기 시작했을 때는 폭발의 결과를 웹사이트에 게재하기도 했다. 결국 웹사이트는 충격 사건이 일어나고 FBI가 증거를 보존한 이후 곧바로 포털에 의해 폐쇄되었다.

히틀러를 추앙한 두 소년의 이유 없는 분노

고등학교에 다니던 동안 해리스는 또 다른 사회적 패배자인 클리볼드와 가까운 친구가 되었다. 해리스가 수다쟁이이고 의지가 강한 데 반해, 클리볼드는 수줍어하고 내성적이었다. 그러나 둘 다 자신들을 싫어한다고 믿었던 사람과 학교를 증오했으며, 바로 이것이 그들 사이에 치명적인 유대감을 형성했던 것으로 보인다. 그들은 컴퓨터에 능숙했으며, 비디오 게임을 매우 즐겼다.

2학년이 되면서 해리스는 트렌치코트 마피아처럼 옷을 입고 다니는 등 눈에 띄게 달라졌다. 물론 그가 그 집단의 진정한 구성원이 되지는 않았지만 그의 이상한 행동과 차림새로 인해 학생들로부터 놀림을 당하기도 했다. 두 소년은 독일어를 공부해 히틀러와 나치를 추앙하게 되었으며, 심지어 때로는 나치식 경례를 하기도 했다. 클리볼드와는 달리 해리스의 분노는 자주 눈에 띄었고 분명해 보였다고 한다. 그는 친구에게 화가 나서 친구의 자동차에 얼음을 던져 창문을 깨기도 하고, 자신의 웹사이트에서 그 친구를 죽이겠다고 협박도 했다. 그 웹사이트는 자신이 싫어하거나 자신에게 잘못을 했다고 믿는 모든 사람에 대한 폭력적인 언사로 가득했다.

이들의 일탈은 1998년 3월로 거슬러 올라간다. 보안관이었던 구에라 Guerra가 해리스와 클리볼드의 급우였던 브라운Brown이라는 학생의 부모에게 아들이 이들과 갈라선 후 협박을 당하고 있다는 얘기를 들은 것이다. 구에라는 해리스의 웹사이트를 보고 나서 수색 영장을 발부했지만 신청되지는 않았다고 한다. 그러던 그들이 처음으로 법률적 문제와 부닥친 것은 문이 잠긴 밴 차량에서 컴퓨터를 절취한 사건 때문이었다.

1998년 1월 두 소년은 무단 침입과 절도 등의 혐의로 기소되었으나 그들을 조사한 수사관이 사회봉사 명령을 포함한 전환 프로그램에 참여하기로 동의한다면 범죄 기록을 남기지 않겠다는 제안을 받아들였다. 해리스는 분노 조절 강의도 들어야 했는데 강의 기간 내내 주변사람들에게 긍정적인 인상을 남겼다고 한다. 그들은 둘 다 행동거지가 좋았기 때문에 보호관찰관이 만기일보다 몇 달 먼저 그들의 보호관찰을 해제해주었다.

특히 그는 해리스에 대해서 '장래 성공할 가능성이 높은 매우 똑똑한 사람'으로, 클리볼드에 대해서 '지능적이지만 열심히 노력하면 꿈을 성취할 수 있다는 것을 이해할 필요가 있는 사람'으로 기술하고 있다. 물론 보호관찰의 일환으로 해리스는 피해자에게 사과의 편지도 썼지만 자신의 기록장에는 '자유의 나라 미국에서 아무렇게나 주차된 차량에 아무렇게나 남겨진 별것도 아닌 물건을 뺏는 것이 뭐가 잘못이고 뭐가 그리 나쁜 건가'라는 비난 글을 남겼다.

급기야 학교 폭파 계획을 세우다

그들의 일탈은 여기서 끝나지 않는다. 1998년 12월, 그들은 학교 과제로 '저격수 고용Hitman for Hire'이라는 영상을 제작하기도 했다. 그 내용 안에는 고용된 저격수로서 그들이 학교 복도에서 학생들에게 총격을 가해 살해하는 연기를 하고, 폭력적인 언사를 구사하고, 카메라에 소리를 지르는 행동을 담은 것이다. 글짓기 과제로는 폭력을 주제로 삼기도 했다.

이 사건이 있은 지 얼마 후 두 소년은 그들이 말하는 '심판의 날Judgement Day'을 거의 일 년 동안 준비했다. 그들은 자신들이 증오했던 사람들에게 복수하면서 느끼는 환희나 영광이 오래 지속되기 바라는 마음으로 학교에서 수백 명의 사람을 살해하고자 했다. 이를 위해 그들은 폭발물을 제조하는 방법을 배우고, 총기를 구입했으며, 심지어 자신들의 계획을 담고 있는 비디오를 제작하기도 했다.

결국 1999년 4월 20일이 찾아왔다. 점심시간이 시작될 때쯤 브라운이 해리스가 학교에 도착하는 것을 보았다. 브라운은 일 년 전 해리스가 자신의 차 유리에 얼음 조각을 던져서 그와 헤어졌으나 총격이 발생하기 직전 둘의 관계를 복원하던 중이었다. 평소 학교 수업을 중시하던 해리스였기 때문에 그날 점심시간이 되어서야 늦게 학교에 나타난 해리스에게 브라운은 잔소리를 했다. 그러자 해리스는 "더 이상 소용이 없어. 지금 나는 너를 좋아해. 여기서 나가. 집으로 가"라고 반복적으로 외쳤고, 브라운은 급히 학교 운동장을 떠났다. 11시 19분쯤 브라운은 학교로부터 약간 멀리 떨어진 후 첫 총성을 들었고, 이웃의 휴대전화로 경찰에 알렸다. 그 시각, 클리볼드는 이미 다른 차로 학교에 도착해 해리스와 만나 20파운드의 프로판 폭탄이 들어

사회적 불만이 낳은 재앙

있는 2개의 운동 가방을 학교 식당에 내려놓았다. 이 도구들이 폭발에 실패하자 그들은 자신들의 급우들에게 총격을 가하기 시작했다. 해리스가 8명 그리고 클리볼드가 나머지 5명을 사살한 것으로 알려진 이 사건은 미국의 고등학교에서 일어난 최악의 총기 난사라고 할 수 있다.

물론 사망자 외에도 24명이 심각한 중상을 입었다. 12명의 동료 학생과 한 명의 선생님을 숨지게 하고 24명을 부상당하게 한 치명적인 총격이 그친 지 20분쯤 후인 12시 2분 무렵, 해리스와 클리볼드는 도서관으로 되돌아왔다. 사망자 중 10명이 그곳에서 목숨을 잃었으며 그들의 시신이 바닥에 흩어져 있던 도서관의 서쪽 창가로 가서 바깥의 경찰에게 총격을 가했고, 6분 후 그들은 하나, 둘, 셋이라는 구호와 함께 자신들의 총으로 자살을 했다.

해리스와 클리볼드는 어떻게 다중살상을 수행할 것인가에 대해서는 많은 기록을 남겼지만 그들이 왜 다중살상을 저지르고 싶었고 또 저질렀는지에 대해서는 알려진 바가 별로 없다. 해리스의 침실에서 발견된 그의 기록장에서는 1999년 4월 20일 새벽 5시 이후 계획에 대한 기술이 담겨져 있는데, 기록의 첫머리부터 두 사람은 오클라호마Oklahoma 시 연방 건물 폭파, 텍사스 웨이코Waco 시 대치와 총격 사건, 베트남Viet Nam 전쟁이나 유사한 사건들에 대해 기록하고 있다. 또한 특히 오클라호마 시 연방 건물 폭파에 초점을 맞추어 이것 이상의 폭파 사건을 저지르고 싶다는 노트도 발견되었다. 그 속에는 두 소년이 이러한 유형의 폭력을 통해 이 세상에 어떻게 마지막 인상을 남기고 싶은지를 언급하고 있다. 이들은 단순히 학생들에게 총격을 가하는 데 그치지 않고 학교를 폭파해버리겠다고 계획한 것으로 보아, 4~5년 전에 발생한 유사 사건을 능가하고 싶어했다는 표시라고 할 수 있다.

이들이 다중살상을 감행하기로 선택한 날짜에 관한 논란도 적지 않았다. 원래 그들이 거사를 계획했던 날은 4월 19일로 알려져 있는데, 하루가 늦어진 이유는 총탄 배달이 19일 밤늦게야 이루어졌기 때문이라고 한다. 한편 두 소년이 4월 20일에 사건을 벌인 까닭은 그들이 좋아했던 독일의 음악 그룹인 KMFDM이 새 앨범 「아디오스Adios」를 발표한 날과 그들이 추앙했던 아돌프 히틀러Adolf Hitler의 생일이 20일이었기 때문이라는 말도 있다. 이를 두고 언론에서는 잽싸게 본 다중살상이 폭력을 부추기는 음악 그리고 나치즘과 분명한 관련성이 있다고 주장하고 나섰다.

그러나 KMFDM은 즉시 이를 부인하고 나섰으며, 그들은 정치 집단이 아니라 음악 집단이며, 처음부터 폭력과 억압 그리고 전쟁 등에 반대해왔으며, 그룹의 일부 멤버가 독일인이지만 누구도 나치의 신념을 숭배하는 추종자가 아니라고 주장했다. 두 소년을 아는 일부 사람들은 비록 사건이 히틀러의 생일에 거행되었지만 결코 그들이 나치에 매몰되거나 히틀러를 숭배하고 존경하지 않았다고 진술했다. 반면 다른 일부에서는 그들이 나치를 숭배했고 자주 나치식 경례를 해 짜증이 났다는 친구들과의 면담 결과를 발표하기도 했다.

나라 전체를 공포로 몰아넣는 것이 그들의 목적

이 밖에도 그들의 거사와 관련이 있거나 동기의 하나일 수도 있는 것으로 그들에 대한 집단 따돌림이나 괴롭힘을 들기도 한다. 해리스의 낙서장 중에는 '너희들이 재미있는 일에서 나를 제외해서 나는 너희들을 증오한다. 그래, 그건 너희들의 실수야. 나도 휴대전화가 있고 너희 모두에게 부탁했지만 아무도 나랑 같이 놀아주지 않았어'라는 글이 나왔으며, 클리볼드도 자신의 녹음테이프에서 "너희들은 지난 수년 동안 나에게 엿 먹였어. 너희들은 그 대가를 치를 거야! 우리는 치사하게 욕하지 않아. 왜냐하면 우리도 죽을 거니까"라고 말했기 때문이다. 사실 주변 사람들과 학부모 그리고 학교 관계자들에 의하면 따돌림은 거의 모든 학교에 만연한 것이며, 실제로 그들의 친구들도 그들에게 지속적으로 괴롭힘을 당하고 놀림을 받았다고 증언했다. 뿐만 아니라 또 다른 한편에서는 그들이 혁명군으로 행동하고 있었다는 주장을 한다. 그들은 "가장 강력한 영향을 미치는 바로 그 장소, 즉 고등학교에서 미국이라는 기계American machine에 테러를 가하는 것이 바로 진정으로 혁명적 과업이지 않는가"라고 주장했다고 한다.

이러한 주장과 같은 맥락에서 일부에서는 그들의 다중살상이 결코 학교에서 일어난 단순한 총격 사건이 아니라 오히려 실패한 폭파라는 것이다. 그들은 학교에 다니는 동안 줄곧 폭발물을 계획하고 만들어왔으며, 그들의 계획은 특별한 사람이나 집단을 염두에 두기보다는 가능한 최대한의 학생과 선생님을 살상하는 것이었고, 그들이 준비한 무기 또한 총기에 그치지 않고 프로판 폭탄을 준비했기 때문이다. 즉, 특별한 표적이 있었던 것이 아니라 마치 테러범들이 다중을 살상하고 고통을 주기 위해 공격을 감행하는 것처럼 그들의 목표도 모든 사람을 살해하고 전 국민과 나라 전체를 공포로 몰아넣는 것이었다.

해리스는 미 해병대에 지원했으나 법원의 명령으로 분노 조절 장애 치료를 위해 항우울증 약을 복용했다는 이유로 총격 사건 직전에 거절당했다. 그의 몇몇 친구들에 의하면 비록 그가 약물 복용을 그 전에 이미 중단했지만 그의 부검 결과는 항우울증 약물 수준이 정상이거나 매우 낮았다고 한다. 일부에서는 처방되었던 정신의학적 약물이 그의 공격성을 과장했다는 주장도 한다. 낙서장 등을 기초로 한 인격 프로파일링에서 그의 행동 유형이 경계선과 반사회적 특징을 가진 병리적 자기중심적 인격 장애와 약간의 편집증적 기질 및 제재되지 않은 공격성과 유사하다고 주장되기도 했다. 물론 두 소년 모두 자신들의 분노를 조절하는 데 어려움을 겪었지만 클리볼드의 분노가 해리스보다 심각하고 취약했던 것으로 분석되었다. 그가 선생님에게 대들고, 아르바이트 중에 직장 상사와 싸우기도 했기 때문이다. 그들이 형사처벌을 받고 지난 1월 체포되었을 때 해리스는 자신들이 얼마나 분노했는지 그래서 경찰을 살해하고 복수를 하는 것이 얼마나 재미있겠는지에 대한 편지를 클리볼드에게 보내기도 했다. 참사 당일에도 클리볼드는 붉은 글씨로 'WRATH분노'라고 인쇄된 T셔츠를 입고 있었다.

이런 관점에서 체포에 대한 분노와 보복이 총기 난사를 가능케 한 동기였을 수도 있다는 말들이 있었고, 실제 참사 당일 그들은 경찰과 총격전을 벌일 계획을 가지고 있기도 했다. 또한 클리볼드는 약간의 죽음도 없는 세상은 아무런 재미가 없으며, 생의 마지막 순간을 피 말리는 살상의 현장에서 보내고 싶다고 적었으며, 그가 증오했던 세상을 떠나 더 좋은 곳으로 가기 위해 스스로 목숨을 끊을 것이라고 결론을 지었다.

결국 우월해지고 싶은 욕구에 무릎 꿇은 두 소년

종합해보면 과연 그들의 심리 상태는 어떠했을지 궁금하지 않을 수 없다. 공식 보고서 중 하나는 해리스가 사이코패스psychopath였고, 클리볼드는 울병 환자depressive였다고 한다. 결과적으로 해리스는 가학주의sadism 때문에, 반면 클리볼드는 복수 때문에 다중살상을 하게 되었을 것이라고 기록하고 있다. 이 보고서는 두 소년이 총기 난사의 모든 이유는 자신들을 원인이 있는 살인범으로 보이기 위한 정당화였다고 주장한다. 물론 초기 언론에서는 해리스와 클리볼드의 총기 난사가 그들이 겪었던 따돌림에 대한 복수 욕망에서 기인한 것으로 여겼지만 이어진 심리 분석의 결과는 그들이 심각한 심리적 문제로 고통 받고 있었음을 지적했다. 그들을 검사한 한 심리학자는 공격을 주도한 해리스가 냉혈한에 약탈적인 사이코패스이며, 지나친 우월감 콤플렉스, 권위에 대한 극도의 혐오감 그리고 상당한 통제 욕구를 가진 지능적이고 매력적인 거짓말쟁이였다고 분석했다. 그에 따르면 해리스는 타인에 대한 동정심이나 공감이 부족하고, 인지된 열등성에 빌미로 그들을 처벌하고자 했던 것이다. 또 다른 심리학자는 해리스가 어른들 앞에서는 어른들이 듣고 싶어하는 말을 할 줄 아는 유형의 아이였다고도 했다.

그리고 FBI의 요청으로 자문에 응했던 심리학자에 의하면, 일반 정신질환자와는 달리 사이코패스는 합리적이며 자신이 무엇을 하고 있으며 왜 하는지를 알고 있다고 한다. 그들의 행위는 그들의 자유 의지에 대한 선택의 결과라는 것이다. 그는 계속해서 해리스의 낙서를 검토한 결과 그의 글이 따돌림에서 생겨난 분노의 표현이 아니라 열등한 전 인종을 처벌하고자 하는 깊은 우월감 콤플렉스의 표시라고 결론을 내렸다.

결국 해리스는 그가 숨겼던 사이코패스의 특징적 기질인 과장과 경멸 그리고 공감 부족의 형태를 보인 것이었다고 한다. 해리스는 자신을 보호하기 위해서, 자신의 낙서장에 합리화했던 것처럼 쾌락을 위해서 허위 또는 과장을 했던 것이다. 결국 거의 모든 심리학자들이 해리스가 사이코패스였다는데 동의했다.

- 「No Easy Answers: The Truth Behind Death at Columbine High School」
  (2002), Brooks Brown, Rob Merritt
- 「Comprehending Columbine」(2007), Ralph W Larkin
- 「Columbine: A True Crime Story, a Victim, the Killers and the Nation's
  Search for Answers」(2009), Jeff Kass
- 「Columbine」(2010), Dave Cullen
- 「A Mother's Reckoning: Living in the Aftermath of the Columbine」
  (2017), Sue Klebold and Andrew Solomon

- 'Who are the Trenchcoat Mafia?' 1999년 4월 21일자 「BBC News」
- 'A Boy With Many Sides' 1999년 5월 2일자 「Denver Post」
- 'Fatal Friendship' 1999년 8월 22일자 「Denver Rocky Mountain News」
- 'Columbine killer envisioned crashing plane in NYC'
  2001년 12월 6일자 「CNN」
- 'The Columbine Killers' 2004년 4월 24일자 「The New York Times」
- 'Columbine High School' 2008년 4월 17일자 「The New York Times」
- 'Columbine Shootings 10 Years Later: Students, Teacher Still Haunted
  by Post-Traumatic Stress' 2009년 4월 13일자 「ABC News」
- '10 years later, the real story behind Columbine' 2009년 4월 14일자
  「USA Today」
- 'Columbine Documents' (PDF), 「Rocky Mountain News」(2008)
- 'Archived copy' (PDF), (2014)
- 'The 11,000 Page Report' (PDF), 「The Boulder Daily Camera」

연방 정부에 보복하고자
연방 건물을 폭파한 전 군인

걸프전 참전 용사, 티모시 맥베이

"나는 내 운명의 지배자다. 나는 내 영혼의 선장이다."

1995년에 오클라호마 시 연방 건물을 폭파해 19명의 어린이를 포함해 168명을 살해하고, 500명 이상을 부상케 한 티모시 맥베이Timothy McVeigh가 사형 집행 전에 육필로 남긴 글이다. 맥베이가 벌인 테러 공격은 9·11 테러가 있기 전까지는 미국 역사에서 가장 규모가 컸으며, 아직도 미국 역사에서 가장 큰 자생적 테러Homegrown Terror로 남아 있는 사건이다.

1995년 4월 19일, 폭탄을 실은 자동차가 연방 건물을 폭파하자 초기에는 이 사건이 중동 테러범들의 소행일 것이란 보도가 나왔으나, 며칠도 지나지 않아서 연방 당국자들은 테러 공격을 악마의 전형이라기보다는 옆집 소년 같아 보이는 평범한 미국 젊은이와 연계시켰다. 그가 바로 페르시아만 전투에서 공적을 쌓은 미 육군 참전 용사이며 미국 정부에 대항해 자신의 개인적 전쟁을 감행했던 맥베이다.

페르시아만 전쟁 참전 용사인 그는 폭탄 테러를 일으키기 2년 전, 76명의 목숨을 앗아간 미국 텍사스 주 웨이코 시 종교 집단에 대한 총격 진압과 1992년에 있었던 루비 리지Ruby Ridge에서의 일가족 사살에 대해 정부에 보복하고자 했다. 그는 폭군적인 연방 정부에 대항한 혁명을 고무하고 자극하고 싶어했던 것이다.

따돌림을 피하려 만든
자신만의 판타지월드

맥베이, 그는 누구인가. 미국 역사상 최악의 외부적 테러로 유죄가 확정되고 사형이 집행된 그는 미국 중산층의 생활상을 친근하게 그려서 유명해진 노먼 록웰Norman Rockwell의 그림에서 바로 뛰쳐나온 것 같은 주변 환경에서 어린 시절을 보냈다. 그는 뉴욕의 버팔로Buffalo 외곽 시골 지역에서 주요 소일거리가 교회에서의 빙고게임, 볼링, 미식축구와 같은 활동으로 이루어진, 여러 가지 면에서 전형적인 미국 중산층의 양육을 받고 자랐다. 그의 부모 빌Bill과 믹키Mickey는 1965년에 결혼했으며, 그의 아버지는 라디에이터 공장의 근로자였다. 맥베이는 1968년 4월에 세 자녀 중 외동아들로 태어났다. 부모의 결혼생활은 기복이 심해서 몇 번의 별거를 거쳐 맥베이가 사춘기가 되었을 때 영원히 갈라섰다. 그 후 맥베이는 이혼한 아버지와 살게 되고 두 딸은 어머니와 살게 된다.

부모의 이혼 외에도 그의 아동기는 또 하나의 금이 생기는데, 그 이유는 바로 따돌림 때문이었다. 학생들은 키만 크고 얼치기 같은 그를 '국수 맥베이'라고 조롱했고, 심지어는 나이가 좀 많은 고등학생들은 그의 머리를 변기에 밀어넣으려고도 했다. 그러자 그는 놀림과 따돌림을 피하기 위해 자신을 놀리는 친구들에게 보복하는 상상을 할 수 있는 판타지월드를 자신의 안식처로 삼았다. 맥베이를 아는 대부분의 사람들은 그를 매우 수줍어하고 소외된 아이로 기억하고 있으며, 실제로 그는 단 한 명의 여자친구만 있었다. 훗날 언론과의 인터뷰에서 그는 여자들에게 어떻게 하면 좋은 인상을 주는지 알지 못했다고 진술한 것으로 알려져 있다.

맥베이의 자서전에 의하면, 그는 만족되지 않는 성 충동을 해소하기 위한 해방구는 오로지 보다 더 강력한 죽음의 욕구였다고 기술하고 있다. 고등학교 시절, 맥베이는 컴퓨터에 큰 관심을 가지게 되었고, 정부 전산 시스템을 해킹한 적도 있었다고 한다. 그래서인지 그는 자신의 학교에서 '가장 촉망받는 컴퓨터 프로그래머'로 지명되기도 했으나 학업 성적은 신통치 않았다고 한다.

1986년 고등학교를 졸업한 맥베이는 부분 장학금을 받고 아버지의 집에서 가까운 전문대학 경영학과에 다니기로 결정하지만 얼마 되지 않아 학교를 그만둔다. 그러고 나서 처음에는 버거킹, 나중에는 무장경비원 등 일련의 불안정한 직업을 전전하기 시작한다. 그가 유난히 총기를 좋아하는 것은 할아버지와 함께 표적 맞히기 연습을 했던 오래전으로 거슬러 올라가는데, 그때의 기억이 그의 삶의 큰 부분이 되었다. 어느 날 그는 연방 건물을 폭파함으로써 민간 총기에 대한 정부 규제의 강화에 대항하는 총기 광신자의 이야기인 『터너 일기The Turner Diaries』를 구입해 읽었다.

총기를 좋아해서였을까. 그는 1988년 육군에 입대한다. 군에 복무하는 동안 여가 시간에는 대부분을 총기, 저격 전술, 폭발물 등에 관해서 읽었다. 그는 곧장 군 생활에 푹 빠지게 되어 '최고의 군인'으로 평가받게 된다. 결국 그는 1991년 걸프전에 참전하고, 소대의 가장 뛰어난 사격수로 능력을 발휘한다. 그의 자서전에 따르면, 전쟁에 참전한 첫날 그는 이라크 군인을 총격으로 사살했으며 그것을 축하했다는 것이다. 하지만 그는 생포된 군인들을 사살하라는 명령을 받고, 미군이 이라크 군대를 섬멸하고 떠나는 도로 위에서 대량 학살을 하는 장면을 목격해 충격을 받았다는 진술도 했다. 그 후 그는 동성훈장을 수여받고 그린베레Green Beret로 알려진 미 육군 특수부대에 지원하도록 초청을 받지만 시간이 부족해 특수부대의 엄격한 평가 프로그램에 맞는 몸을 만들지 못해 3일 만에 포기하고 만다. 그 후 얼마 되지 않아 그는 전역을 한다.

점점 더 정부에 대한 불신은 쌓여만 가고

전역 후, 그는 여러 곳을 떠돌아다니게 된다. 처음에는 고향 근방에서 경비원으로 일했으며, 그 시절 그는 동료와 정부를 힐난하는 이야기를 자주 했다고 한다. 버팔로 지역이 너무 자유주의적이라고 생각한 그는 그 지역을 떠나기로 결정하고 옛 전우를 찾기 위해 미 전역을 돌아다닌다. 그 즈음 그는 지역신문에 '세금은 우스갯소리다. 정치가의 약속은 단지 정부의 관리 부실에 대해 더 많은 세금을 내라는 것이다. 정부가 일을 망치고 우리가 고통을 받는다. 세금은 보이지 않는 침체 속으로 들어가는 것과 같다. 시민전쟁이 필요한가? 현 체제를 개혁하기 위해 우리가 피를 흘려야 하는가? 나는 그런 일이 일어나지 않기를 바란다'라는 논조의 글들을 기고했다.

그리고 갈고리 달린 철퇴를 가지고 다닌 혐의로 체포된 여성과 관련해 하원의원에게 보낸 편지에는 '경찰이 우리 모두를 언제 어디서나 보호할 수 있다고 말하는 것은 거짓이다. 총기 규제는 정말 나쁜 것이다'라는 내용을 담았다. 그는 긴 시간 노동을 해도 집 한 채 가지지 못했고, 로맨스를 꿈꾸었지만 이루어지지 않았다. 그는 여자친구를 찾는 데 어려움을 겪는 자신에 대해서 점점 분노하고 좌절해 도박에 빠지게 되었다. 결국 그는 돈을 당겨쓰고 갚지 못해 파산을 선고받게 되고, 강력한 정부 규제나 높은 세금이 없는 주를 찾게 된다.

더구나 군대 시절 정부가 약간의 돈을 필요 이상으로 지불했기 때문에 되갚아야 한다고 통보하자 이런 편지를 정부에 보내기도 했다.

'그래 알아서 해봐라. 내가 가진 것 다 가져가라. 내 존엄성도 가져가라. 나의 희생으로 당신들이 살찌고 부자가 되어서 기분이 좋은가.'

그러면서 그는 총기를 사고팔면서, 정부가 악마라는 메시지를 설파하며 여러 주를 떠돌아다니는 생활을 하게 된다. 이 시절에 그는 군대의 오랜 동료인 미시간Michigan 주의 테리 니콜라스Terry Nichols와 애리조나Arizona 주의 마이클 포티어Michael Fortier와 시간을 보내게 되는데, 이들 세 사람 모두가 총기를 뺏으려고 하는 정부에 대한 분노를 가지고 있었다. 그러던 중 1992년 여름 어느 날, FBI는 불법 기관단총을 판매한 혐의로 백인우월주의자 랜디 위버Randy Weaver를 뒤쫓게 되고, 아이다호Idaho 주의 루비 리지Ruby Ridge에 있는 위버의 별장에서 위버의 아들과 부인이 사살되고 만다. 그 사건이 군사 운동에 빠져 있던 맥베이와 같은 사람들에게 결집점이 되고 말았다.

이듬해, '다윗교Branch Davidians'로 알려진 종교 집단의 집단 거주지를 에워싼 FBI는 지도자인 데이비드 코레시David Koresh에게 불법 무기 판매 혐의에 대해 승복할 것을 명령한다. 대치 상황이 길어지고, 맥베이는 정부의 장기화된 포위와 대치에 항의하기 위해 텍사스 주의 웨이코로 향한다. 며칠 후, 그는 그곳을 떠나지만 1993년 4월 19일 총격이 가해지고 아이들을 포함한 다수의 집단 구성원들이 살해되는 모습을 텔레비전으로 지켜보게 된다.

특히 그는 아이들과 여성들에게까지 가스를 분사하는 모습을 보고 자신이 전쟁에서 경험했던 가스의 고통을 잘 알기에 더욱 분노하게 된다. 그로 인해 그는 반정부 명분을 더욱 확신하게 되고, "미국 정부가 미국 국민들을 향해 공개적인 전쟁을 시작했다"라고 주장하는 비디오를 제작하고, 자신의 전화 응답기에도 "나에게 자유를 주거나 죽음을 달라"라는 녹음을 남기기도 했다.

이즈음 그는 처음으로 파이프 폭탄과 기타 소형 폭발 장치를 실험하기 시작했고, 정부에서는 더욱 총기 규제를 강화했다. 이렇게 수년간의 분노를 키운 뒤, 맥베이는 연방 시설물 폭파 계획을 아주 신중하게 세우는데, 건물의 위치상 언론의 취재를 위해 카메라 각도가 가장 좋다고 판단했던 뮤러 빌딩을 선택하게 된다. 맥베이는 오로지 혼자서 폭파를 했는데, 그 이유는 반정부 메시지를 위한 플랫폼을 제공하기 위해 붙잡히기를 원했기 때문이라고 주장했다. 그에게 있어서 그러한 행동은 범죄가 아니라 군인으로서의 임무였다.

미군과 테러리스트는
같은 것이라고 주장하는 맥베이

맥베이는 그의 친구 니콜라스와 무려 2,300kg이나 되는 폭발물을 만들어서 렌트카인 라이더 트럭의 뒷좌석에 쌓아놓았다. 1995년 4월 19일, 그는 사무실이 문을 열자마자 알프레드 뮤러Alfred P. Murrah 연방 건물 앞으로 트럭을 몰고 간다. 도착 직전에 그는 멈춰서 2분간 도화선에 불을 붙였고, 9시 2분에 대규모 폭발이 일어나 건물의 북쪽을 파괴해 2층의 보육원에 있던 어린이 19명을 포함한 168명이 숨지고 684명에게 부상을 입히게 된다.

그를 면담한 전기 작가에 따르면, 그는 피해자들에 대해, "미안하지만 이런 일은 거의 매일 벌어진다. 당신들이 아이를 잃은 첫 어머니, 손주를 잃은 첫 조부모가 아니다. 이런 일은 세상 어디에선가 매일 일어난다"고도 했다는 것이다. 그는 교도소에서도 "많은 사람들의 생명을 해치게 되어 미안하지만 그것이 바로 야수들의 본성이다"라거나 "만약에 지옥이 있다면 아마도 나는 전쟁에 이기기 위해서 무고한 사람들에게 폭탄을 투하한 수많은 조종사들과 함께 가게 될 것이다"라고도 했다.

이런 모든 정황들을 종합해 우리는 그의 범행 동기를 들여다볼 수 있을 것이다. 맥베이는 자신이 연방 건물을 폭파한 이유에 대해 웨이코와 루비 리지를 포위하고 총격으로 진압한 정부에 대한 보복이라고 했다. 그는 웨이코를 방문해 그곳에서 만난 대학생 기자와의 인터뷰에서 정부에 대해 분명한 반대 의사를 표명했다. 1998년 3월 연방 중구금교도소에 수감되어서도 테러리스트들의 폭파는 이라크나 다른 나라에 대한 미군의 군사 행동과 유사한 것이라고 주장했다. 또 자신의 수기에서 그는 다음과 같이 밝힌다.

'정부는 이라크가 화학적 또는 생물학적 무기대량 살상무기들을 비축해서는 안 된다고 주장하지만 미국은 이러한 무기를 더 많이 사용하고 비축하고 있다. 물론 미국은 전쟁을 억제하기 위한 것이라고 하지만 이라크도 마찬가지 이유로 그런 무기를 가지고 있는 것이다. 과거의 이라크가 대량 살상 무기들을 사용해서 위험하다고 하지만 미군은 쿠르드족 여성과 아이에게도 그것을 사용했다. 더 거슬러 올라가면 히로시마와 나가

사키에 원폭을 투하하지 않았는가. 미군의 폭격기나 순항 미사일이 외국을 폭파할 때 이 나라는 폭격기 조종사에게 박수와 칭찬으로 보상하지 않았는가? 이는 살인범들의 파괴 행위에 대한 책임을 면해주고 용서해주는 얼마나 편리한 방법인가. 불행하게도 살상의 도덕성은 그리 피상적이지 않다. 진실은 미군이 누군가를 죽이기 위해 대량 살상 무기를 운반하며 그런 행동의 본성을 바꾸지 않는다는 것이다. 여러분이 인정하거나 말거나 미군이 외국 폭격을 도덕적으로 용인한다면 오클라호마 시 폭파와 유사한 행동도 도덕적으로 인정하는 것이다.'

이러한 주장들이 바로 맥베이가 연방 건물을 폭파한 동기라면 동기일 것이다.

- 『All-American Monster』(1996), Brandon M. Stickney
- 『Others Unknown: Timothy McVeigh and the Oklahoma City Bombing
  Conspiracy』(2001), Peter Israel and Stephen Jones
- 『Terrorist Attacks on American Soil: From the Civil War Era to the Present』
  (2001), J. Michael Martinez
- 『Perpetual War for Perpetual Peace: How We Got to Be So Hated』(2002),
  Gore Vidal
- 『A Mind for Murder: The Education of the Unabomber and the Origins of
  Modern Terrorism』(2004), Alston Chase
- 『Patriots, Politics, and the Oklahoma City Bombing』(2007),
  Stuart A. Wright
- 『Killing McVeigh: The Death Penalty and the Myth of Closure』(2012),
  Jody Lyneé Madeira
- 『A Short History of Ireland』(2012), John O'Beirne Ranelagh
- 『American Terrorist: Timothy McVeigh and the Oklahoma City Bombing』
  (2015), Lou Michel and Dan Herbeck

- 'An Ordinary Boy's Extraordinary Rage' 1995년 7월 2일자
  『The Washington Post』
- 'Jury Hears of McVeigh Remarks About Nichols and Bomb Making'
  1997년 11월 14일자 『The New York Times』
- 'Prying Open the Case of the Missing Door' 2000년 8월 18일자
  『The Austin Chronicle』
- 'Timothy McVeigh: Convicted Oklahoma City Bomber' 2001년 3월 29일자
  『CNN News』

- 'McVeigh Considered Assassinating Reno, Other Officials'
  2001년 4월 27일자 「Kuwait News Agency」
- 'McVeigh Says He Considered Killing Reno' 2001년 4월 27일자
  「The New York Times」
- 'McVeigh 'wanted to kill US attorney general' 2001년 4월 28일자
  「The Daily Telegraph」
- 'Profile: Timothy McVeigh' 2001년 5월 11일자 「BBC News」
- 'McVeigh author Dan Herbeck quizzed' 2001년 6월 11일자 「BBC News」
- 'Inside McVeigh's mind' 2001년 6월 11일자 「BBC News」
- 'McVeigh 1st letter' 2008년 1월 19일자, 「CNN」
- 'The Timothy McVeigh Story: The Oklahoma Bomber' 「Crime Library」

- 「Timothy McVeigh dead」 2015년 7월 30일 방영, CNN

사회 혁명을 꿈꾸던
수학 천재의 테러

전 명문대학 교수, 테드 카진스키

연쇄 소포 폭탄 테러범Unabomber으로 알려진 테드 카진스키Ted Kaczynski는 1942년 5월 22일 태어났다. 그는 단순한 연쇄살인범에 그치지 않고 수학 천재로서 미국의 명문대학 교수임과 동시에 폭력주의자이자 무정부주의자였기에 세간의 관심을 더 많이 샀던 인물이다. 그는 1978년에서 1995년 사이 현대 과학 기술과 관련된 사람들에게 대항한 전국적인 폭탄 운동Bombing campaign에 가담하였으며, 다량의 사제 폭탄을 우편으로 발송하거나 설치하였으며, 궁극적으로 3명을 살해하고 23명에게 부상을 입혔다. 뿐만 아니라 그는 산업화와 현대 기술에 반대하고 자연 중심 형태의 무정부주의를 찬양하는 등 광범위한 사회 비판으로도 잘 알려진 인물이었다.

16살에 하버드대에 입학한
천재 소년

카진스키는 자라면서도 아주 어린 나이 때부터 학업 성적이 월등한 어린 천재였다고 한다. 그는 월반을 통해 불과 16살이라는 어린 나이에 하버드대학교에 입학하여 학사 학위를 받았다. 이어서 그는 미시간대학교에서 수학 석사와 박사 학위를 받았다. 그의 나이 겨우 24세가 되던 1967년에는 캘리포니아대학교 버클리 캠퍼스 교수가 되었으나 단 2년 만에 사직하고 만다. 흥미로운 점은 그가 하버드대 재학 중에 다른 21명의 학부생들과 함께 심리학과 교수가 수행한 윤리적으로 의문의 여지가 많았던 실험에 참가한 적이 있다고 한다.

1971년 그는 전기와 수도가 공급되지 않는 몬태나Montana 주의 외진 오두막으로 이주를 하였고, 자급자족하기 위한 시도로 생존 기술을 습득하면서 속세를 떠난 은둔자의 삶을 살았다. 그가 우편 폭탄 보내기 캠페인을 시작한 지 17년이 되던 해인 1995년 4월 24일, 그는 「뉴욕타임스The New York Times」로 한 통의 편지를 보낸다. 그 편지에서 그는 자신의 폭탄 공격이 극단적이지만 대규모 조직을 요하는 현대 기술에 의하여 수반된 인간 자유의 침식에 관심을 끌기 위하여 「뉴욕타임스」나 「워싱턴포스트The Washington Post」에서 「유나바머Unabomber 선언문 : 산업사회와 그 미래」를 실어주면 테러를 그만두겠노라고 약속하였다. 그 이후, 유나바머는 FBI의 표적이 되었다. 카진스키의 정체와 신원이 알려지기 전에는 FBI나 언론에서 유나바머University & Airline Bomber, 즉 대학교와 항공기 폭탄의 머리글자를 딴 이름으로 불렀다. 그 이후 쭉 그는 유나바머라는 이름을 갖게 되었다.

그러자 FBI와 법무장관이 그의 선언문을 신문에 실리도록 밀어붙였고, 그 결과 신문에 실린 선언문을 본 그의 동생과 그 부인이 카진스키의 신념과 그의 필체를 알아보고 FBI에 제보하기에 이르렀다. 그는 체포되었고, 변호인단은 그가 사형을 피할 수 있도록 하기 위하여 정신이상에 의한 면책 협상을 원했다. 하지만 카진스키가 자신의 정신은 온전하다고 믿고 있었기 때문에 변호인단을 해촉하려고 하였으나 실패하였다. 법정에서는 그와 유죄 협상에 들어갔고, 스스로 유죄를 인정하였으므로 가석방이 없는 종신형을 선고한다. 그런 그를 FBI에서는 '내부 테러' 흔히 요사이 말하는 '자생적 테러'로 분류하였다.

자연이 파괴하면서까지
발전하는 산업화에 대한 증오

여기서 그의 아동기에서부터 체포되기까지의 삶의 궤적을 들여다보자. 그는 폴란드계 미국인 2세로 태어났으며, 그가 생후 9개월쯤 심각한 두드러기가 그의 몸에서 발견되어 병문안이 허용되지 않는 격리 병동에 수용되었다. 의사들은 그 병의 원인에 대해 잘 알지 못했지만 8개월에 걸쳐 여러 차례 치료를 받았다. 그는 어릴 때부터 머리가 뛰어나고 학업 성적이 아주 우수하여 5학년 때 치러진 지능 검사에서 무려 167이라는 점수가 나왔다. 그 결과 5학년에서 7학년으로 월반했다.

그러나 카진스키는 자기보다 나이가 많은 급우들과 잘 어울리지 못해서 괴롭힘이나 집단 따돌림을 당했다. 그래서인지 어린 시절 그는 건물과 사람에 대한 두려움을 가졌으며, 다른 아이들과 함께 상호작용하기보다 그 옆에서 혼자 놀곤 했다. 그의 어머니는 그의 발달이 늦은 사회성을 매우 걱정하여 그를 자폐아동 학급에 넣으려고도 했다. 그는 고등학교에 진학해서도 학업 성적이 우수했는데, 특히 고등학교 2학년이 되자 수학이 너무나 단순하다는 것을 발견하게 되어, 가끔 학교 수업을 빼먹기도 했다.

이 시기, 그는 수학에 사로잡혀 자신의 방에 갇힌 채 상이한 방정식들을 풀면서 오랜 시간을 보냈다. 중고등학교 전반에 걸쳐 그는 동급생들을 제쳐

우등반에 편성되었지만 그마저도 그의 지적 능력을 펼치기에는 제한적이라고 느꼈다고 한다. 결국 그는 11학년도 건너뛰면서 겨우 15살에 고등학교를 마치고, 1958년 16살 때 하버드대학교에 입학하게 된다. 대학 2학년 때 그는 인성평가연구 실험에 참가하게 되는데, 이 실험이 후에 CIA의 최고 비밀 프로그램의 한 부분이라는 논란을 낳게 된다. 카진스키의 변호사는 그가 '의도적으로 참가자들을 잔인하게 하는 심리적 실험'에 참가한 후로 불안정한 마음을 통제하기를 싫어하는 성격으로 변했다고 주장했다. 실제로 일부에서는 이 실험이 그의 미래 행동에 기반이 되는 영향을 미쳤다고 주장했다.

하버드대학교를 졸업하고 미시간대학교에서 수학 박사 학위를 취득한 그는, 24세에 캘리포니아대학교 버클리 캠퍼스 교수로 임용되지만 2년 만인 26세에 사직한다. 그리고 1969년 중반 일리노이 주에 있는 부모의 주거지로 이사한다. 다시 2년 후, 그는 부모의 집을 나와 몬태나 주의 링컨Lincoln 시 외곽에 작은 움막을 스스로 지어 이사를 하고, 전기도 수도도 없이 아주 적은 돈으로 단순한 삶을 영위한다. 그의 원래 계획과 목표는 자신이 자율적으로 살 수 있기 위하여 격리된 곳으로 가서 자급자족하는 것이었다. 그는 트래킹tracking, 식용 식물 확인, 원시 기술 등 생존 기술을 스스로 학습하였으나 오래지 않아서 그러한 방식으로는 살 수가 없다는 것을 깨닫게 된다.

그러던 중, 그가 좋아하던 야생의 한 장소로 산책을 갔을 때 그곳이 이미 파괴되고 도로가 나 있는 것을 보고 폭파 캠페인을 시작하기로 마음먹었다고 한다. 그로부터, 그는 사회학이나 정치철학에 관한 책들을 읽기 시작하고, 사보타주sabotage 캠페인을 벌인다. 하지만 곧 자신의 눈에 비친 산업적 문명화의 문제에 대한 유일한 해결책은 보다 폭력적인 방법이라는 결론에

도달하게 된다. 그는 개혁 사상에 대한 신뢰를 잃었으며, 폭력적인 붕괴만이 산업기술 체제를 무너뜨릴 수 있는 유일한 방법이라고 생각하게 된다. 카진스키의 활동이 처음 미 연방수사국의 관심을 끌었던 것은 1978년 그가 최초로 스스로 제조한 원시적인 폭발물이 폭발하고서이다. 그후 17년에 걸쳐 그는 점증적으로 정교해진 일련의 폭발 도구를 직접 배달하거나 우편으로 보내는 방법으로 3명을 살해하고 23명 이상에게 부상을 입혔다.

폭발 사건을 계속 일어나지만 용의자는 오리무중

그의 첫 번째 폭발물은 1978년 5월 미국 노스웨스턴대학교의 재료공학과 버클리 크라이스트Buckley Crist 교수에게 보낸 것이다. 일리노이 대학교 시카고 캠퍼스 주차장에서 발견된 소포에는 크라이스트 교수의 집이 반송 주소로 되어 있었기 때문에 크라이스트 교수에게로 반송되었으나 반송 주소가 자신의 손 글씨로 쓰이지 않았다는 점에서 자신이 보낸 우편물이 아니라는 의심이 들어 학교 경찰에 신고하였고, 경찰관이 소포를 열자마자 즉시 폭발하였다. 이를 시작으로 1979년에는 시카고에서 워싱턴 D.C.로 가는 아메리칸 항공사 보잉 727기의 수하물에 폭발물을 적재하였고, 도중에 연기를 내뿜기 시작하여 조종사가 강제로 비상착륙을 하였는데, 잘못된 시한장치 덕분에 폭발을 막을 수 있었다고 한다. 비행기 폭발은 당연히 연방 범죄이다. 따라서 FBI가 이 사건에 개입하게 되면서 코드명을 대학교와 항공기 폭파범을 결합한 유나바머가 되었다.

한편 처음 이 사건을 맡았던 미 우정국에서는 폭발물의 재료가 어디서나 쉽게 구할 수 있는 조악한 것이라는 데서 사건을 정크야드 바머Junkyard

Bomber라고 하였다. 하지만 용의자를 확인할 수 있는 아무런 단서를 찾지 못했다. 처음 보고된 그에 대한 프로파일은 물리학이나 공학 교육을 받은 18세에서 22세 사이의 남자 대학생으로 추정했다. 이후 프로파일링에서는 중상류층의 생활 유형을 사는 사람일 가능성이 매우 높다고 했으며, 또 다른 경우에는 어머니와 시카고에서 사는 20대 화이트칼라 근로자로 보살핌을 잘 받는 그런 사람일 것으로 추정되었으나 사실은 수학을 배운 재정 파탄이 난 홀로 사는 40대 남자로서 평균 이상의 우수한 지능을 가진 사람이었다. 그러나 FBI의 행동과학국Behavioral Science Unit에서는 학계와 연계된 평균 이상의 지능을 가진 남자로 범인을 기술하였던 심리적 프로파일을 내놓기도 하였다.

결국 동생의 신고로 카진스키가 체포되다

그의 범행에서 흥미로운 점은 모든 폭발에서 허위 단서를 남긴다는 것이다. 이는 바로 그가 경찰 등 수사기관들로 하여금 수사 방향을 호도하기 위한 목적이었다. 그 첫 번째 허위 단서가 바로 폭발물의 어딘가에 숨겨서 새겨진 FC라는 글자인데 그가 말하기론 'Freedom Club'의 머리글자라고 한다. 이는 곧 폭발이 단독 범행이 아니라는 방향을 유도하기 위한 목적이었다. 즉, 잘못된 수사 방향을 주기 위함이었던 것이다.

또 다른 특징은 카진스키가 피해자와 언론에 범행 목표를 기술하고, FBI에서 유나바머 선언문이라고 이름 붙인 50쪽 이상의 '산업사회와 그 미래'를 주요 신문 등 언론에 발표할 것을 요구하는 다수의 편지를 보냈다는 사실이다. 선언문에는 현대 사회의 산업기술 체계의 영향에 대항한 세계적인

사회적 불만이 낳은 재앙

혁명을 주문하고 있다. 당시 세간에서는 선언문을 언론에 발표할 것인지에 대한 여부로 논란이 있었지만 자신의 요구가 관철되면 폭발을 중단하겠다는 뜻에 따라 공공의 안전을 우려하고 독자 중에서 용의자를 확인할 수 있을지도 모른다는 희망에서 법무부가 발표할 것을 권함으로써 「뉴욕타임스」와 「워싱턴포스트」 양대 일간지에까지 실리게 되었다. 또한 그에 대한 초기 수사 과정은 진범과 최종 용의자가 전혀 다를 수 있다는 점을 여실히 보여준 사건이기도 하다. 그의 선언문에는 일관되게 '나'가 아니라 '우리'가 사용되어, 단독 범행이 아니라 공범이 있거나 단체나 조직의 범행으로 오인하게 하였다는 것이다.

카진스키의 선언문이 언론에 실리기 전부터 그의 동생 데이비드는 아내 린다의 권유로 형 테드가 유나바머라는 의심을 갖기 시작했다. 데이비드는 처음에는 거부 반응을 보였으나, 1995년 9월 언론에 선언문이 실리고 일주일 후 그것을 읽고 난 이후부터 점점 더 심각하게 형을 의심하기 시작했다. 선언문이 언론에 발표되자 수많은 제보가 쏟아졌으며, 이에 대응하여 FBI에서는 1백만 달러의 현상금을 내걸었고 이에 자극된 동생 데이비드가 민간 조사원을 고용하여 추적하기 시작했다.

처음부터 데이비드의 신원이 밝혀진 것은 아니었으나 금방 신원이 확인되어 FBI가 그를 면담했고, 그 자리에서 그는 형의 편지들을 건네주었으며 편지 봉투의 소인에서 그의 활동 상황을 유추할 수 있었다. 이를 토대로 FBI 수사관들은 1996년 4월 3일, 몬태나 주의 링컨에 있는 그의 오두막에서 지저분한 상태의 카진스키를 체포하게 된다. 재판이 시작되자 그의 변호인 측에서는 그의 목숨을 지키고자 그의 범행이 제 정신이 아닌 상태에서 이루어졌기 때문에 처벌해서는 안 되고 면책되어야 한다는 소위 정신이상 면책변론Insanity defense을 시도하였으나, 오히려 그 자신은 이 협상을 거부하였다.

　법원이 임명한 정신의학자들은 카진스키가 망상적 강박증으로 고통 받고 있는 것으로 진단하였으나 재판을 받을 수 있는 충분한 능력을 가졌다고 보고하였다. 그의 가족들은 카진스키가 압박을 받으면 심리적으로 정지 상태Shut down된다고 말하기도 하였다. 그러나 그를 4년 동안 거의 매일 면담한 2명의 교도소 심리학자들은 그가 그러한 심각한 정신질환을 앓고 있다는 어떠한 징표도 없으며, 그가 망상적 강박증으로 고통을 받고 있다는 진단도 지극히 '정치적 진단'이라고 주장하였다.

　그 결과 그는 연방 대배심에서 유죄가 인정되었다. 그리고 검찰이 사형을 구형하려고 하였으나 형을 검거되게 한 동생의 공포와 두려움을 고려해달라는 변호인 측의 요구와 카진스키가 자신의 모든 혐의를 인정한다는 유죄 협상을 받아들임으로써 사형은 면하게 되었다.

사회적 불만이 낳은 재앙

- 『Harvard and the Unabomber: The Education of an American Terrorist』 (2003), Alston Chase
- 『Technological Slavery: The Collected Writings of Theodore J. Kaczynski, a.k.a. The Unabomber』(2010), Theodore J. Kaczynski and David Skrbina
- 『Anti-Tech Revolution: Why and How』(2016), Theodore John Kaczynski
- 『Every Last Tie: The Story of the Unabomber and His Family』(2016), David Kaczynski and James Knoll IV M.D.

- 'The Unabomber Manifesto: Industrial Society and Its Future'(1995), Freedom Club

- https://www.biography.com/people/ted-kaczynski-578450#arrest
- http://murderpedia.org/male.K/k/kaczynski.htm

종교적 편견이 부른
군부대 대량 학살

현 육군 소령, 니달 하산

2009년 11월 5일, 미국 텍사스의 군부대 포트 후드Fort Hood에서 대량 학살 사건이 발생한다. 범인은 현역 육군 소령이자 정신의학자인 니달 하산 Nidal Hasan이었다. 13명을 참혹하게 살해하고 30명 이상에게 중상을 입힌 이 사건은 미국 역사상 군부대에서 발생한 어떠한 사건보다 많은 사상자를 냈다. 엄청난 사상자를 냈다는 점과 학살범의 특정 인종적 그리고 종교적 성향 등으로 한때 의회 지도자와 군 장성 및 일부 전문가들은 이 사건을 테러 공격으로 보기도 했으나, 국방부와 연방 법집행기관에서는 직장 폭력workplace violence 행동으로 분류했다.

그러나 2015년 회계연도에 외국의 테러 조직에 의해 동기가 부여되거나 고무된 공격이라면 외국 테러 조직에 의한 공격에 포함시키도록 한 연방 법률의 변경으로, 하산의 총기 난사를 일종의 테러 공격으로 확대 해석할 수 있게 되었다. 그 결과 사건의 민간인 희생자들에게도 퍼플 하트Purple Heart 훈장을 수여할 수 있게 되었다.

하산은 현장에서 총격을 당해 허리 아래가 마비되었고 군 사법당국에

사회적 불만이 낳은 재앙

의해 13건의 계획 살인과 32건의 살인미수 혐의로 기소되었다. 단일 사건임에도 1건 이상의 계획적 살인 혹은 1급 살인이라는 혐의로 인해, 유죄 확정 시 가석방이 없는 종신형이나 사형 선고를 받게 된다. 결국 그는 13건의 계획 살인과 32건의 살인미수 혐의 모두가 인정되어 사형을 선고받았다.

현 육군 소령이
군인에게만 총구를 겨누다

사건이 발생하고 며칠 후, 언론 보도에 의하면 합동테러리즘TF에서 미국 국가안보위원회가 하산과 이슬람 지도자 간에 일련의 전자우편을 주고받은 것을 인지하고 있었다고 한다. 하산의 동료들도 그가 수년 동안 점점 더 급진적으로 변했음을 알고 있었다는 것이다. 그럼에도 사건을 미연에 막지 못하자 국방부와 연방수사국이 수사에 들어가고, 의회에서도 청문회를 개최했다. 미국 정부는 사건을 테러 행위나 군사적 이슬람 종교 신념에 의해 고무된 것으로 분류하고 규정해달라는 피해자들 유가족과 생존자들의 요청을 거부했다. 2011년 11월, 피해자들 유가족과 생존자들이 미국 정부를 상대로 공격을 막지 못한 데 대해, 그리고 테러리즘으로 사건을 분류하도록 강제하는 소송을 제기했다. 국방부는 군 사법제도 안에서 하산에게 테러 혐의를 적용하는 것이 불가능하며, 그렇게 할 경우 군 검찰이 하산에게 유죄 평결을 받아내기가 어렵게 된다고 주장했다.

재판 전 조사서에 따르면, 하산 소령은 총격에 사용할 반자동 권총을 미리 구입했다. 그는 총기상에 들어가 시중에 나와 있는 것 중 기술적으로 가장 진전된 총기와 가장 많은 탄알이 들어가는 총기를 물었고, 총기상은 총기를 어디에 사용할 것인지에 대해 의도적인 질문을 던졌다. 하지만 그는 가장 많은 탄알이 들어가는 탄창이 있는 가장 진전된 소총을 원한다고만 반복적으로 말했다. 그러고는 좀더 알아보겠다는 말을 남기고 가게를 떠난 다음 날 다시 총기상을 방문해 총기와 탄창 그리고 총탄을 구매했다고 한다.

총기를 구입한 다음 학살 공격을 하기 몇 주 전 그는 야외 사격장을 찾아 사격 연습을 했다. 그리고 2009년 11월 5일 대략 오후 1시 34분 무렵 그는 군인들이 파병을 나가기 직전이나 파견에서 돌아온 직후에 필요한 의료 처우를 받는 자신의 근무처로 간다. 목격자들에 따르면, 그는 개별 사병들을 표적으로 사격을 가하기 전 처음에는 총을 돌아가며 난사했으며, 현장에 있던 장교와 사병 그리고 민간인들이 총기 난사를 중단시키려고 뛰어들었으나 오히려 총격을 당해 실패했다고 한다. 공판에서 한 증인에 따르면, 하산은 민간인들에게 총격을 가할 기회가 있었음에도 그들을 지나쳐서 군복을 입은 군인들만을 표적으로 총격을 가했다고 한다. 그는 실내에서의 총격에 그치지 않고 밖으로 나가서까지 도주하는 군인들을 향해 총격을 계속했으나 출동한 경찰관과 벌어진 총격전 끝에 쓰러졌고, 경찰관에 의해 수갑이 채워지게 된다. 그의 총기 난사는 약 10분간 계속되었으며, 그 결과 12명의 군인과 한 명의 민간인 등 총 13명이 사살되었는데 그중 11명은 현장에서 그리고 나머지 한 명은 병원에서 숨졌으며, 30명은 부상을 당한 것으로 집계되었다. 처음 관계자들은 총격 사건에 3명의 군인들이 가담한 것으로 생각해 다른 2명의 군인도 신병을 확보했으나 곧 석방되었다.

사회적으로 고립된
한 청년이 추앙한 종교

군사 재판 과정에서 하산은 자신이 총격범임을 분명히 했다고 한다. 당시

사회적 불만이 낳은 재앙

하산은 미혼이었으며, 사회적으로는 고립되었던 것으로 밝혀졌다. 미국에서 태어난 하산은 무슬림을 신봉했다. 그의 사촌 중 한 명에 의하면 하산은 부모가 사망한 이후에 무슬림에 더욱 독실해졌는데 결코 반미나 혁신적 견해를 피력한 적은 없다고 했다. 반면 변호사인 또 다른 사촌은 하산이 그의 부모에게 아프가니스탄과 이라크Iraq의 전장에서 있었던 이야기를 들은 후부터 미국에 반대되는 의견을 갖게 되었다고 진술했다. 그가 부모에게서 들었던 이야기들은 차별에 관한 것이어서 일부 가족들에게 군을 그만두고 싶다는 말을 했다고 한다. 그럼에도 그는 2003년부터 2009년까지 6년 동안 월터 리드Walter Reed의료원에서 인턴과 레지던트 과정을 밟았는데 그곳에서 지내는 6년 동안 관계자들은 하산의 행동에 우려를 표했다고 한다. 결과적으로 그의 감독관들은 그에게 성적을 나쁘게 주었고, 그가 업무를 기준 이하 수준으로 수행했다고 경고했다는 것이다.

2008년 초에는 급기야 정신의학 과장을 비롯한 주요 관계자들이 회합을 해 하산에 대해 어떻게 할 것인지를 논의했다고 한다. 뿐만 아니라 당시 동료와 교수들은 정신분열적이고 호전적이며, 편집증적이고 냉담하며 초연한 그리고 사람들과 거리감을 두었던 하산의 행동으로 상당한 어려움을 겪었다고 한다. 한번은 그가 의학적 강연 발표 시간에 『코란』의 예를 들면서 이슬람을 믿지 않는 사람들은 지옥으로 보내져서 참수되고 화형이 되며, 목에 기름을 부어 불태워질 것이라고 말했다고 한다. 뿐만 아니라 그는 자살폭탄suicide bombing도 정당화했다는 것이다. 아마도 그가 군인에게 총구를 겨눈 것은 이슬람에 대한 무분별적인 추앙보다는 무슬림이 무슬림에게 총구를 겨눈다는 사실이 못내 견디기 힘들어서 그랬던 것은 아니었을까 싶다.

- 『2009 Fort Hood Tragedy』(2010), U.S. Government
- 『United States of Jihad: Who Are America's Homegrown Terrorists, and How Do We Stop Them?』(2017), Peter Bergen

- 'Soldier Opens Fire at Ft. Hood; 13 Dead' 2009년 11월 5일자 「CBS News」
- 'Alleged Fort Hood Shooter Nidal Malik Hasan Was Calm, Methodical During Massacre' 2009년 11월 6일 「ABC News」
- 'Fort Hood shootings: the meaning of Allahu Akbar' 2009년 11월 6일자 「The Daily Telegraph」
- 'Fort Hood suspect charged with murder' 2009년 11월 7일자 「Texas: CNN」
- 'President, at Service, Hails Fort Hood's Fallen' 2009년 11월 10일자 「The New York Times」
- 'Prosecution to Rest in Ft. Hood Massacre Trial' 2010년 10월 21일자 「CBS News」
- 'Most Popular E-mail Newsletter' 2011년 3월 11일자 「USA Today」
- 'Fort Hood victims see similarities to Benghazi' 2012년 10월 18일자 「The Washington Times」
- 'I am the shooter, Nidal Hasan tells Fort Hood court-martial' 2013년 8월 7일자 「CNN」

자칭 '가장 위대한 괴물'이라고
부른 자의 테러

노르웨이의 살인마, 아네르스 베링 브레이비크

1979년 2월 13일생인 아네르스 베링 브레이비크Anders Behring Breivik는 2011년 수십 명을 무작위로 살해한 노르웨이Norway의 극우 테러리스트요, 묻지마 살인마이다. 2011년 7월 22일, 오슬로Oslo에 위치한 정부 청사에 폭탄을 장치한 밴 자동차를 폭파시킴으로써 8명을 살해한 다음, 다시 우퇴위아Utøya 섬에서 열리고 있던 근로자 청소년 연맹Workers' Youth League 여름 캠프에 참가 중이던 청소년 69명을 살해했다. 범행 당일, 그는 극우 군사 이념을 기술하고 있는 '2083 : 유럽독립선언European Declaration of Independence'이라고 이름 붙여진 문서를 전파했다. 그 문서에서 그는 여성 해방과 이슬람에 반대하는 세계관을 열거하고 있다. 문서에는 이슬람과 문화적 마르크스주의Cultural Marxism를 적으로 칭하고 있으며, 유럽에서 모든 무슬림을 추방할 것을 옹호하고 있다. 그는 자신의 흉악하고 잔인한 살인에 대한 주요 동기는 자신의 선언문을 널리 알리기 위한 것이라고 밝히고 있다.

브레이비크는 후에 과거 민속-국수주의자들을 보호하기 위해 반 지하드 명분을 악용했다고 진술하면서, 자신이 국가사회주의자이자 파시스트라고 밝혔다. 또한 그는 루터교에서 세례를 받았으나 결코 자신이 기독교인이 아니며, 자신의 종교는 북유럽 신을 섬기는 오디니즘Odinism이라고 주장했다.

영웅이 되고 싶었던
한 청년의 소외감

그는 왜 그렇게 끔찍하고 잔인한 범행을 저질렀을까. 일부에서는 그의 정신세계를 의심한다. 재판 전, 법원이 임명한 두 팀의 임상 정신병리학자들이 브레이비크를 검사했다. 그 첫 번째 보고서에서는 그가 편집적 정신분열증을 가지고 있다고 진단했다. 그러나 첫 번째 평가에 대한 광범위한 비판에 따라 구성된 두 번째 팀에서 재판 2주 전 내린 평가에서는 그가 범행 중이나 범행 후 검사 중에도 정신질환자가 아니었다고 결론 내렸다. 그 대신 그는 자기도취적 인격 장애를 가진 것으로 진단되었다. 그에 대한 재판이 시작되고, 2012년 8월 24일 오슬로 지방법원은 브레이비크가 제정신이고, 77명을 살해한 것에 대해 유죄라는 판단을 내렸다. 그러나 브레이비크는 법원의 정당성을 인정하지 않았고, 따라서 법원의 결정조차 받아들이지 않았다. 그리고 만약 자신이 항소를 한다면 그 자체가 법원의 정당성을 인정하는 것이기 때문에 항소조차 할 수 없다고 주장했다.

전문가들의 검사 결과, 그는 정신질환자가 아닌 정상적인 성인이었다고 한다. 그렇다면 비교적 정상적인, 제대로 기능하는 사람을 그처럼 무시무시한 짓을 하도록 부추긴 것은 무엇이었을까? 정상적이고, 질서정연하며, 번성하는 나라의 한복판에서 일어난 그러한 참사를 도대체 어떻게 이해해야 할까. 그의 정치적 신념이나 자기 이해 그리고 선택한 표적을 고려할 때 1995년 티모시 맥베이가 오클라호마 연방 정부 청사에 폭탄 테러를 가해 168명을 살해한 사건과 비교하는 경우가 많다.

실제로 그도 자신의 첫 번째 공격을 오클라호마 시 폭파를 모델로 삼았다고 하지만 모든 것을 유추해보면 정치적이나 이념적이라기보다 개인적인 요인에서 기인한다. 사건 직전에 찍은 사진처럼 그는 스스로 군 사령관 제복을 입고 실제 존재하지도 않은 거대 조직의 유명한 구성원인 것처럼 행동했으며, 자신의 선언문에서도 마치 자신이 영웅인 것처럼 묘사하고 있다.

그가 범행을 수행하고 사고하는 방식은 정치적 테러라기보다는 역할놀이에 더 가깝다고 한다. 모든 것을 종합해보면 그의 행동은 미국에서 일어나고 있는 학교 총기 난사의 유사 행위라고 보는 것이 더 타당하다는 것이다. 즉, 불행하고 집단으로부터 완전히 또는 부분적으로 소외된 젊은이가 우리들에게 보여주기 위해 자신과 함께 수많은 사람을 죽음으로 몰고 갔다는 것이다. 이런 면은 그가 범행 수개월 전, 자신의 계모를 찾아가서 조만간 아버지를 자랑스럽게 할 무언가를 할 것이라고 말했다는 점에서도 엿볼 수 있다. 그는 누군가에게 보이기를 원했으며 누군가가 그를 봐주기를 원했다. 다른 이유가 있는 것이 아니라 바로 이 점이 그로 하여금 참혹한 범행을 하도록 했다.

어머니의 원초적 공격성이
아들에게 투사되다

브레이비크는 과연 어떤 사람이었을까. 그는 1979년 2월 13일 오슬로에서 런던과 파리에서 외교관으로 일했던 민간경제학자인 어머니와 간호사였던 아버지 사이에서 태어났다. 그리고 그가 한 살 때 부모가 이혼한다. 그 뒤 다른 외교관과 재혼한 그의 아버지는 아들의 친권을 갖고자 소송을 제기했지만 실패했다. 오슬로에 살던 그가 4살이던 때, 2개의 보고서가 제출되었다. 그 내용은 브레이비크의 정신 건강에 대한 우려와 그가 부모의 보호로부터 격리되어야 한다는 내용을 담고 있었다. 그중 한 보고서에서 심리학자는 브레이비크의 특이한 웃음에 대해서 그의 웃음이 감정에 안주한 것이 아니라 오히려 자신의 환경에 대한 의도적인 반응이라고 제안했다. 노르웨이의 아동과 청소년 정신병리센터의 심리학자들에 의한 또 다른 보고서에서는 그의 어머니가 그를 어떻게 처우하고 있는지에 대한 우려를 제기했다. 보고서에 따르면 그의 어머니는 어린 그에게 성감을 주고, 때리고, 빈번하게 그가 죽기를 바란다는 말을 했다는 것이다. 그 보고서는 그의 어머니를 양육에 어려움을 겪고, 경계성 인격 장애가 있으며, 자신의 원초적인 공격성과 성적인 환상을 아들에게 투사하는 우울증에 에워 쌓인 여성으로 기술하고 있다.

브레이비크는 오슬로에서 그의 어머니와 이복 여동생과 함께 살았으며 그가 12살이 되던 해 아버지가 이혼할 때까지 파리에 살던 아버지와 계모를 정기적으로 방문했다. 그의 어머니는 노르웨이 군인과 재혼했는데 그들이 노동당을 지지하자 브레이비크는 부모를 비난했다. 특히 그의 어머니가 온건한 여성해방주의자라고 비판했다. 그는 자신이 초자유주의적이고 물질주의적인 양육과 교육을 전혀 받지 못했다고 기술한 적이 있다.

그에 대한 보고서에는 그가 청소년기에 들어서자 그의 행동이 혁명적으로 변했다고 기술되어 있다. 10대 초기, 그는 오슬로 서쪽 지역에서 다작을 하는 그래피티 예술가로 활동했고, 힙합 공동체의 일원이기도 했다. 그는 자신의 그래피티를 동지들보다 더 소중하게 생각했다. 그것 때문에 몇 번씩이나 경찰에 붙잡혔는데 그중 한 번은 아동복지서비스 기구에 통보되고 두 번은 벌금에 처해지기도 했다. 그의 어머니에 따르면, 그가 16살 때 그래피티로 인해 경찰에 붙잡혀서 벌금형에 처해진 후에 그의 아버지가 연락을 끊었으며, 그 이후로는 그와 그의 아버지가 전혀 만나지 않았다고 한다. 이와는 반대로 그의 아버지에 따르면, 관계를 끊었던 쪽은 자신이 아니라 아들 브레이비크였으며, 아들이 파괴적인 행동을 했지만 자신은 항상 아들을 환영했다고 주장했다. 이때쯤 그는 자신의 가장 친한 친구뿐만 아니라 힙합 공동체와도 결별했다.

강한 자아를 가진 청년이
사업가로 성공하지만

그의 학교생활은 어땠을까. 과거 그의 학교 친구 중 한 사람은 그가 따돌림을 당하는 학생들을 보살폈던 지적인 학생이었고, 같은 나이 또래 아이들보다 신체적으로 더 강했다고 회상했다. 청소년기 이래, 그는 근력 운동에 많은 시간을 소비했으며, 근육 강화제를 사용하기 시작했다. 그는 자신의 외모에 신경을 많이 썼으며, 크고 강하게 보이려는 데 관심이 많았다. 그렇다면 그의 20대는 어떠했을까. 친구들에 의하면 그는 턱, 코, 이마 등에 성형수술을 했으며, 결과에 매우 만족해했다고 한다.

하지만 그는 노르웨이 육군에서의 군대 근무를 위한 징병에서 면제되어 군사 훈련을 받지 못했다. 노르웨이 국방 안보부에서는 그가 군 복무에 적합하지 않다는 결과가 나왔기 때문이라고 설명하고 있다. 브레이비크가 18살이 되던 1997년, 그는 주식시장에서 큰돈을 잃었고 21살 이후에는 이름이 알려지지 않은 회사의 고객상담 팀에서 여러 나라에서 온 사람들에게 서비스를 하는 업무를 하게 된다. 그때의 동료 근로자는 그를 '뛰어난 동료'라고 기술했으며, 그와 친한 친구는 그가 대체로 강한 자아를 가졌고, 중동이나 남아시아 사람들에게 쉽게 화를 냈다고 진술했다.

브레이비크가 23살이 되던 2002년, 고객상담 팀에서 일하면서 자신의 컴퓨터 프로그래밍 회사를 설립해 2011년의 공격에 필요한 재정을 확보하기 위한 9년 계획을 시작한다. 그의 회사는 계속 성장해 6명의 직원을 고용하고, 몇몇 조세 회피용 은행 계좌를 개설한다. 24살에 처음으로 그는 백만 크로네Kroner를 모으게 된다. 그러나 회사는 수년 후에 부도가 나고, 그가 몇몇 법률을 위반한 것이 드러난다. 브레이비크는 돈을 아끼기 위해 어쩔 수 없이 그의 어머니 집으로 되돌아가게 된다. 그를 평가했던 정신의학자들은 바로 이 시점에서 그의 정신 건강이 악화되었으며, 소외와 은둔의 길로 접어들었다고 보고했다.

이상한 점이 발견되지 않았던 그, 드디어 총구를 겨누다

2009년 브레이비크는 채소와 멜론 등을 재배하기 위해 만든 소농인 '브레이비크 지오팜'이라는 이름의 농업 기업을 설립했다. 그러는 도중에도 같은 해 2009년 그는 불법 무기를 구매하기 위해 프라하를 방문하게 되지만 구입할 수가 없게 되자 그 대신 노르웨이에서 합법적인 절차를 통해 무기를 구입하기로 결정한다. 총기 면허 신청 시 경찰에 권총 클럽의 회원증을 제시함으로써 9mm 글락Glock 17 반자동 권총 한 정, 사냥 면허를 소지함으로써 반자동 루거 미니Ruger Mini-14 소총 한 정을 합법적으로 구입하게 된다. 그의 선언문에는 휴식과 훈련 시뮬레이션을 위해 어떻게 비디오게임을 했는지 잘 기록되어 있다. 후에 있었던 재판 과정에서도 그가 사격 훈련을 위해 게임을 활용했으며, 표적 확보에 도움이 되었다고 진술했다.

2011년 그는 소득이 변변치 않자 시골로 이사를 가서 농업 기업을 이용해 폭발물을 제조하는 데 필요한 다량의 화학 비료와 기타 화학물질들을 합법적으로 구입했다. 한 농업 자재 공급회사가 브레이비크의 회사에 5월에만 6통의 화학 비료를 판매했으며, 신문 기사에 따르면 브레이비크가 폴란드의 온라인 가게에서 소량의 폭발 뇌관을 구매하자 노르웨이 세관은 경찰 보안 당국에 통보했다고 한다. 그러나 당시 경찰에 주어진 정보에 의하면 특별하게 이상한 점은 찾을 수 없었다고 한다. 당시 그와 같은 동네에 살았던 이웃 농민들은 그를 비싼 옷을 입고 농촌 생활 방식에 대해서는 전혀 알지 못하는 도시 거주자로 기술했다. 브레이비크 자신도 집의 창문들을 가렸다고 한다. 한때 오슬로 공항에서 탑승객들의 신체 언어를 분석하는 프로파일러였던 그 지역 술집 주인은 가끔 술집을 찾았던 브레이비크에서 특별히 이상한 점은 찾을 수 없었다고 진술했다.

이런 준비 끝에, 브레이비크는 2011년 7월 22일 오슬로에 위치한 정부 청사를 폭파해 8명을 살해했다. 정부 청사를 폭파한 뒤 바로 그는 섬으로 가는 여객선을 타기 위해 경찰관으로 가장하고 노르웨이 노동당 청년 캠프의 장소였던 우퇴위아 섬에 도착해 현장에 있던 비무장한 청년들을 향해 총기를 난사했고, 69명이 목숨을 잃게 된다. 브레이비크는 자신이 공격한 이유와 목적은 노르웨이와 서유럽을 무슬림의 탈취와 지배로부터 구하기 위한 것이었으며, 노동당이 노르웨이와 노르웨이 국민을 실망시킨 대가를 지불해야 한다고 진술했다. 무장 경찰특공대인 SWAT 팀이 섬에 도착해 그와 마주치자 그는 저항 없이 경찰에 투항했다. 그가 체포된 후, 그는 스스로를 "가장 위대한 괴물"이라고 불렀다.

위대한 괴물이 아니라
정신분열 환자였을 뿐

그는 정말 자신의 말대로 괴물이었을까. 법원에서 임명한 임상 정신의학자들은 2011년 그를 망상적 정신분열을 가진 것으로 진단했으며, 오랜 시간에 걸쳐 병이 진행되었으며, 공격을 위해 관망할 때나 행동할 때 모두 정신질환에 의한 것이었다고 결론 내렸다. 뿐만 아니라 비의존성 약물 남용의 전례가 있는 것으로 진단되기도 했다. 결과적으로 학자들은 그가 범죄적으로 정상이 아니라고 판단했다. 보고서에 의하면, 그는 부적절하고 둔감한 감정과 동정심의 심각한 결여를 보였으며, 환상과 허무맹랑한 사고의 세계에 기초해 충동적으로 행동했고, 스스로를 2차 세계대전 이래 유럽의 가장 완벽한 기사이자, 생과 사의 지배자인 노르웨이의 미래 통치자로 미화했다. 또한 자신이 시민전쟁의 전사요, 국민들을 구하도록 선택된 사람으로 확신했다.

그는 제2의, 제3의 의거와 선별적 인종 개량을 목적으로 하는 보호구역에서 노르웨이 사람들을 조직하려는 계획을 세웠다고 진술하기도 했다. 정신의학자들은 그를 자살과 살인의 운명을 가졌다고 평가했다. 그의 변호인단에 의하면, 그는 이러한 보고서에 대해서 처음에는 놀라움을 표하고 경멸당한 느낌을 가졌지만 후에는 오히려 그러한 보고서가 새로운 기회를 만들어주었다고 말했다고 한다.

물론 그에 대한 첫 번째 평가는 국가의 형사 면책에 대한 정의와 법원이 임명한 정신의학자들의 의견을 놓고 정신 건강 전문가들 사이에서 치열한 논쟁을 불러일으켰다. 노르웨이 임상의료위원회의 확대 전문가 패널은 보고서에 대해서 별다른 언급 없이 승인했으나 그가 수용되었던 교정 시설의

사회적 불만이 낳은 재앙

정신의학 의료진들은 그가 우울증이 있거나 자살 우려가 있고 정신이상을 겪고 있다는 것을 암시하는 어떠한 것도 관찰하지 못했다는 증언이 나오기도 했다. 브레이비크를 검사하도록 교도소에서 위촉한 선임 정신의학자는 오히려 브레이비크가 인격 장애를 가진 것으로 보인다는 결론을 내렸다.

검찰과 브레이비크 측에서는 새로운 전문가들에 의한 재검을 원치 않았지만 피해자들과 가족들을 대리하는 변호인단에서는 법원이 제2의 전문가 패널을 명령할 것을 요청했다. 대중들의 압박을 받은 끝에 법원은 2012년 1월 브레이비크의 정신 상태를 감정하기 위한 제2의 전문가 패널을 명했다. 브레이비크는 처음에 새로운 정신의학자들에게 협조하기를 거절했으나 마음을 돌려서 첫 검사와는 다른 방식으로 관찰이 시작되었다.

두 번째 관찰의 결과는 브레이비크가 공격 과정에서 정신질환을 앓고 있지 않으며, 온전한 정신이었고, 관찰 중에도 정신질환을 보이지 않았다고 결론 내리는 대신에 그가 자기애적 인격 장애와 반사회적 인격 장애를 가지고 있는 것으로 진단했다. 정신과 교수인 울리크 프레드릭 몰트Ulrik Fredrik Malt도 법정에서 전문가 증인으로 나서서 브레이비크에게서 정신분열증을 찾기 어려웠으며, 오히려 뚜렛 증후군, 자기애적 인격 장애, 망상적 정신이상으로 고통을 받았을 것으로 진술했다. 자신의 판단 근거로 그는 브레이비크가 보인 아동기 비행 행위, 무기와 폭탄에 대한 극단적인 관심과 집중, 이상한 얼굴 표정, 뛰어난 언변과 화술 그리고 숫자에 대한 강박 등의 요소를 들었다. 반면 에릭 요한센Erik Johannesen은 그러한 주장에 반대해 브레이비크는 단지 거짓말을 할 뿐 그가 환상을 가지거나 정신질환을 앓고 있지 않았다고 반박했다. 결론적으로 법원은 그가 정신이 온전한 것으로 판단해 실형을 선고했다.

- 『A Norwegian Tragedy: Anders Behring Breivik and the Massacre on Utøya』 (2013), Aage Borchgrevink and Guy Puzey
- 『Anders Breivik and the Rise of Islamophobia』(2014), Sindre Bangstad
- 『The Dynamics of a Terrorist Targeting Process: Anders B. Breivik and the 22 July Attacks in Norway』(2015), Cato Hemmingby and Tore Bjørgo
- 『The Mystery of the Lone Wolf Killer: Anders Behring Breivik and the Threat of Terror in Plain Sight』(2015), Unni Turrettini and Pete Cross
- 『One of Us: The Story of Anders Breivik and the Massacre in Norway』 (2015), Sarah Death and Seierstad, Åsne
- 『Anders Behring Breivik: My Walk Through the Mind of a Christian Terrorist』(2016), Kali Gwegwe

- 'Karl Ove Knausgaard, The Inexplicable: Inside the Mind of a Mass Killer' 2015년 5월 25일자 『The New Yorker』

자생적인 폭력적 극단주의자의
잘못된 선택

부부 테러리스트, 사이드 파룩과 타시핀 말릭

2015년 12월 2일, 샌버너디노San Bernardino에서 14명의 무고한 시민이 살해되고, 또 다른 22명의 시민이 테러 공격으로 심각한 부상을 입었다. 테러리스트, 그것도 부부 테러리스트인 사이드 파룩Syed Rizwan Farook과 타시핀 말릭Tashfeen Malik 의 소행이었다. 이들의 공격이 특별히 더 관심을 끄는 것은 이 사건이 미수에 그친 폭탄과 총기 난사가 함께 감행된 범행이라는 점이다.

또한 범인들이 그 지역에 거주하는 부부라는 점도 특이하다면 특이한 부분이다. 그들은 군 보건 관련 부서의 직원들 약 80여 명이 파티를 하던 연회장을 표적으로 범행을 감행했다. 남편인 사이드 파룩은 연회를 하고 있던 군 보건당국의 직원으로 파키스탄계 미국인이었으며, 부인인 말릭은 미국 시민권자와 결혼한 합법적인 미국 영주권자였다. 부부는 총기 난사 후, SUV 렌트카를 이용해 도주했으나 4시간 후 경찰이 해당 차량을 추격해 총격전 끝에 사살되었다.

사건이 일어나고 3일 후, 미국 연방수사국은 테러 수사를 개시했으며, 오바마 전 대통령은 백악관의 오벌 오피스Oval office에서 한 연설을 통해 이번 총기 난사를 테러 행위로 규정했다. 일련의 수사를 통해 FBI는 범인들이 외국의 테러 집단에 영감과 자극을 받은 '자생적인 폭력적 극단주의자'라고 밝혔다. 하지만 그들은 외국의 테러 집단으로부터 지시를 받지 않았으며, 어떤 테러리스트 지하 조직의 일부도 아니었다고 설명했다. 수사관들은 그들이 인터넷에 중독되어 메시지를 통해 지하드Jihad에 전념하며 순교를 표하는 등 공격하기 수 년 전부터 급진화radicalized되었다고 설명했다. 사건을 감행하기 수 년 전, 그들은 사우디 아라비아를 방문했고, 자신들의 집에 다량의 총기와 탄약 그리고 폭발물 제조 장비를 쌓아두고 있었다. 이 사건은 2012년 샌디훅초등학교 총기 난사 이후 최악의 총기 난사였으며, 2016년 6월의 플로리다 올란도 시 나이트클럽 총기 난사가 일어나기 전까지는 9·11 테러 이후 미국에서 발생한 최악의 테러 공격으로 기록되었다.

테러 조직에 영감과 자극을 받고
급진화된 부부

사건의 개요를 좀더 자세히 살펴보자. 파룩과 말릭은 사건 당일 아침 병원 진료 약속이 있다고 6개월 된 딸을 친할머니에게 맡긴다. 군 보건당국의 직원이었던 파룩은 연 2회 열리는 직장 연회 행사에 참가했고, 그곳에서 총기를 난사했다. 그 행사에는 모두 91명이 초대되었고, 그중 75~80여 명이 참석했던 것으로 파악되었다. 파룩은 8시 반에 행사장에 도착해 10시 반쯤 메고 온 배낭을 테이블 위에 두고 행사장을 떠난다. 동료 직원들에 의하면 그는 행사 내내 조용했으며, 동료들과 사진을 찍기 위해 자세를 취하기도 했다고 한다. 10시 59분쯤 반자동 권총과 소총으로 무장한 파룩과 말릭은 행사장으로 들어와 참석자들을 향해 총기를 난사한다. 그들은 전투 복장과 스키 마스크를 착용했으나 방탄복이나 방탄조끼 등은 입지 않고 있었다. 모든 총격은 4분도 넘기지 않고 끝났으며, 그 짧은 시간에 그들은 무려 65에서 75발의 총탄을 발사하고 경찰이 도착하기 전에 현장을 떠났다. 그들은 파룩이 행사 중 테이블에 놓고 나온 가방 안에 서로 연결된 3개의 폭발물을 두고 왔는데, 이 폭발물은 나중에 원격조정이 가능하며 크리스마스 조명과 함께 묶여진 파이프 폭탄이었다. 그러나 엉터리로 구성되어 폭발물은 폭발하지 않았다. 후에 당국자들은 그 파이프 폭탄은 현장에 출동하는 응급구조원들을 표적으로 했다고 주장했다.

이 사건이 흥미를 더하는 이유 중의 하나가 파룩과 말린이 '자생적인 폭력적 극단주의자'라는 점이었다. FBI 국장도 상원청문회 보고에서 범인들이 '외국의 테러 조직에 의해 자극받고 고무된 것'을 확인했다. 또한 범인들이 약혼 전, 빠르게는 2013년 초부터 지하드와 순교에 대해 대화를 주고받았다고도 설명했다. 알려진 바로는 그들은 딸과 어머니를 보살피는 계획에서부터 표적 사격 연습을 포함해 적어도 1년 이상 사건을 준비했다고 한다. FBI 국장에 의하면, 이들 부부가 급진화되었고, 외국 테러 조직에 의해 영감과 자극을 받았을 가능성은 있지만 파룩과 말린이 그들로부터 지시를 받았거나 지하조직의 일원이라는 어떠한 징표도 없었다고 덧붙였다. 수사 결과에 따르면 2013년 말 두 사람은 약혼해서 미국으로 들어오기 전부터 그리고 이슬람국가^{IS}가 탄생하기 전부터 이미 온라인으로 소통하며 지하드에 전념하고 순교하자는 내용의 신호들을 보였다고 한다. 그 결과, 그들이 어떤 특정 테러리스트의 선전과 선동으로부터 어떤 동기를 어떻게 부여받았는지를 이해하는 것이 필요하다고 결론을 내린 바 있다.

한 가지 더 재미있는 사실은 아랍권 방송인 한 온라인 라디오 방송에서 이슬람국가는 파룩과 말린을 "지지자supporters"라고 주장했고, 또 다른 라디오 방송은 이슬람국가가 이들 부부를 테러 조직의 구성원들을 칭할 때 사용하는 용어인 '후계자의 장병들'이라는 이름을 붙였다고 보도했다. 이 점을 두고 「뉴욕타임스」는 총기난사범들과 테러 집단 사이의 직접적인 연계는 그다지 크지 않다는 것을 의미하며 두 방송의 시각이 다른 이유는 분명하지 않다고 보도했다.

지금까지 알려진 바대로, 이들 부부는 범행을 사전에 철저히 계획했으며, 그 실천을 위해 사격장에서 표적 사격 연습까지 했을 정도로 급진화되어 있었다는 데 대해서는 크게 이견이 없었다. 설명이 필요한 것은 그들이 어디에서, 누구로부터, 왜 그리고 어떻게 급진화되었는가이다. 그리고 덧붙인다면, 그러한 계획을 막을 수는 없었는지를 자문해보는 것이다.

범죄학적 상식으로는 보면 이와 같은 총기 난사 사건은 없다. 모든 다중살상은 희생자의 수, 사용된 총기, 총격자의 정신 상태, 살상 현장 등을 포함하는 일련의 변수들을 가진 특정한 면모가 있으나 샌버너디노의 총기 난사는 다른 어떤 사건보다 더 특이하다는 것이다. 우선, 이번 사건은 복수의 총격범이 가담했다는 것이다. 부부로서 남편은 28살이고 아내는 27살인데 6개월 된 딸을 두고 있다는 점이 매우 이례적일 정도로 이번 사건이 전형적인 총기 난사와 얼마나 다른가를 보여주는 좋은 예라고 할 수 있다.

보편적으로 총기 난사는 총기가 무차별적으로 난사되기 때문에 혼자서는 무리라고 생각해 복수의 총격범이 가담하는 것으로 파악하지만 실제로 이와는 반대다. 다중살상은 복수의 총격범이 가담된 경우가 드물다고 한다. 이번 사건이 일어나기 전까지만 해도 지금까지 미국에서 발생한 28건의 최악의 총기 난사 중에서 1999년의 컬럼바인고등학교 총기 난사를 포함한

2건만 2명 이상 복수의 총격범의 손에 의해 감행되었다고 한다. 뿐만 아니라 2000년부터 2013년까지 미국 내의 160건의 총격 사건 가운데서 단 2건만이 두 사람 이상, 즉 복수의 총격범에 행해진 것으로 FBI는 밝히고 있다.

더욱 독특한 것은 공범이 남성이 아니라 여성이라는 점이다. 연인이나 부부가 다중살상이나 총기 난사를 벌이는 것은 극히 비정상적이고 드문 일이라고 한다. 위에서 언급된 160건의 총격 사건 중에서 단 6건만이 여성 총격범이 가담했다. 마지막으로 이 사건의 또다른 특이점은 바로 경찰이 현장에 도착도 하기 전에 이미 범인들이 현장을 떠나 도주했다는 점이다. 위에서 인용된 160건 중에서 전체의 약 18%에 불과한 29명만이 경찰이 도착하기 전에 현장을 떠난 것으로 기록되고 있다.

연결되어 있지 않지만
연결되어 있는

이 사건의 또 다른 관심은 아직도 그들의 범행 동기를 밝히지 못했다는 점이다. 파룩은 연회에 참석했다가 총격 직전 급하게 떠났으며, 동료들에 의하면 그는 매우 화가 난 것처럼 보였으나 다시 연회장에 되돌아와서는 말릭과 함께 건물 안으로 들어가서 총격을 시작했다고 한다. 경찰에 따르면, 그가 직장에서 어렵거나 위기에 처해 있다는 징표는 없었으며, 둘 다 전과도 전혀 없었다고 한다. 그래서 주위 친지와 가족들은 왜 그들이 그런 끔찍한 일을 벌였는지 도무지 이해할 수 없다고 했다는 것이다.

단 한 가지 동기가 있다면 그들이 둘 다 급진화되어 있었다는 점이다. 파룩은 전화와 소셜 미디어를 통해 FBI에서 국제 테러와 관련이 있다고 여기는 한 사람과 접촉하고 있었다는 것이다. 물론 직장에서의 고충이나 불만과 같은 다른 요인들도 어느 정도 역할을 했을 수는 있지만 그가 급진화되었다는 점이 그의 범행 동기에 가장 크게 기여했을 것으로 추측된다. 그렇다고 파룩과 말릭이 잠재적으로 급진화된 사람들의 명단에 등록된 것은 아니다. 테러가 일어난 당시, 그들은 해외의 테러리스트 집단 어디에도 연결되어 있지 않았으며, 더구나 친인척들에 따르면 파룩은 보수적인 사람이며 극단적이지 않다고 주장했다.

그러나 한 가지 분명한 것은 말릭이 페이스북 포스트에 IS 지도자에 대한 충성을 표한 것으로 알려져 있다. 따라서 IS가 이번 공격을 자극한 것으로는 보이지만 어떤 테러 집단도 공격을 지시하거나 명령한 것 같지는 않아 보인다. 종합하면, 이 사건은 자기-급진화self-radicalization로 보인다.

미국 내 중산층 무슬림의 자생적 테러가 주는 의미

또 한 가지 흥미로운 사실은 대부분의 사람들이 테러리스트들을 범죄 경력이 있고, 사회의 언저리에 놓인 미혼의 젊은이들로 인식하고 있지만 미국의 지하드 민병들의 프로파일은 이와는 사뭇 다르다는 점이다. 물론 파리의 테러범들을 비롯한 대부분의 테러리스트들은 위와 같은 특이점이 대체로 사실로 받아들여지고 있다. 그러나 지금까지 지하드 민병들의 특징을 기록한 자료에 의하면 9·11 테러 이후 미국에서 발생한 테러 범죄 중에서 테러범의 평균 연령은 29세이고, 3분의 2 이상이 기혼자이며, 3분의 1 이상이 자녀가 있고, 전형적인 미국인 못지않게 평균 이상의 학력을 가졌다는 것이다. 문제는 이런 사실들을 감안할 때 무엇이 왜 미국 민병대원들을 급진화의 길로 내몰고 있느냐는 것이다. 파룩과 말릭은 어떻게 해서 이 경로로 접어들게 되었을까? 급진화 과정에 관한 뉴욕 경찰의 보고서인 「서구에서의 급진화 : 자생적 위협Radicalization in the West: Homegrown threat」에서는 서구의 성전 테러리스트jihadist terrorists 유형의 경우 15세에서 35세 사이의 특이한 것이 없는 남성 무슬림으로서 일반적으로 교육 수준이 높고 중산층이며, 대부분은 무슬림으로 개종한 사람이라고 보도했다. 이런 주장들을 통해 파룩과 말릭의 범행이나 범행 동기를 이해하는 데 조금은 더 쉽게 접근할 수 있을 것이다.

- 'Authorities identify couple who they believe killed 14 at San Bernardino Christmas party' 2015년 12월 2일자 「Los Angeles Times」
- 'Active shooter reported in San Bernardino, Calif.: authorities say multiple suspects, victims' 2015년 12월 2일자 「The Washington Post」
- 'Two Suspects Dead, Including a Woman' 2015년 12월 2일자 「The New York Times」
- 'San Bernardino Shooters Used Four Guns, Explosive Device: ATF' 2015년 12월 3일자 「NBC News」
- 'San Bernardino shooting investigated as act of terrorism' 2015년 12월 4일자 「CNN」
- 'San Bernardino Suspects Left Behind Failed Remote-Controlled Bomb' 2015년 12월 4일 「Time」
- 'F.B.I. Treating San Bernardino Attack as Terrorism Case' 2015년 12월 4일자 「New York Times」
- 'San Bernardino shootings investigated as terrorism - FBI' 2015년 12월 28일자 「Los Angeles Times」
- 'Justice Department Withdraws Request in Apple iPhone Encryption Case After FBI Accesses San Bernardino Shooter's Phone' 2016년 3월 28일자 「ABC News」
- 'Bringing Calm to Chaos' 2016년 9월 9일 「Police Foundation」
- 'USA TODAY, others sue FBI for info on phone hack of San Bernardino shooter' 2016년 9월 16일자 「USA Today」

- http://edition.cnn.com/2015/12/03/us/syed-farook-tashfeen-malik-mass-shooting-profile/index.html

chapter 6

정신분열이
부른 재앙

무자비한 총기 난사 II

삶의 모범생이 되고자 했던
한 남자의 광기

전망대의 미치광이, 찰스 휘트먼

찰스 휘트먼Charles Joseph Whitman은 미국 텍사스대학교 오스틴 캠퍼스의 공학도로서 자신이 다니는 학교의 전망대에서 총기를 난사해 16명을 살해하고 33명에게 부상을 가한 다중살인범이다. 이것이 끝이 아니다. 그는 총기 난사로 다수의 목숨을 앗아간 1966년 8월 1일 오전, 자신의 친어머니와 아내도 각자의 집에서 잔인하게 살해했다. 전망대의 28층에서 미친 듯이 무작위로 총기를 난사하던 그가 결국 현장에 출동한 경찰관의 총에 맞아 사망하고서야 광기의 살인극은 끝이 났다. 그는 지독한 화병과 정신질환으로 고통을 받다가 아내와 어머니를 살해하고 무작위로 무고한 시민 다수를 살상했던 것이다.

휘트먼은 1941년 6월 24일, 고아원에서 자라고 자수성가한 아버지와 18세이던 어머니 사이에서 태어난 3형제 중 큰아들이었다. 그런데 아버지가 가정과 가족을 책임지기는 하지만 모든 가족에게 거의 완벽에 가까운 요구를 했던 권위주의자였기 때문에, 아내와 자녀들을 신체적 그리고 감정적으로 학대해 결혼 생활은 물론이고 가정생활도 폭력으로 얼룩졌다. 그렇지만 소년으로서 휘트먼은 성질을 부리는 일이 거의 없을 만큼 예의바르고 행동이 발랐던 것으로 알려졌다. 뿐만 아니라 6세 때 한 지능 검사에서 IQ가 139점으로 나오는 등 지능도 매우 높았다. 그만큼 학업 성적도 좋아서 부모님을 기쁘게 했지만 어떠한 실패나 둔감한 태도의 징표라도 보이면 아버지로부터 종종 신체적인 것을 포함해 혹독한 훈육을 받곤 했다. 반면에 그의 어머니는 천주교도로서 자녀들도 천주교도로 인도했기에 어머니와 함께 규칙적으로 성당의 예배에 참여했다. 그래서 세 자녀 모두 성당의 제단에서 사제의 심부름을 하는 복사로 봉사했다.

반대로 그의 아버지는 총기 수집가이자 애호가로서 총기의 유지, 관리, 청소하는 방법과 사격하는 방법을 아이들에게 가르치고 정기적으로 사냥에도 데리고 다녔다. 그 결과 휘트먼은 사냥꾼이요 저격수가 될 수 있었다고 한다.

훌륭할 정도로 모범적인 생활을 했던 휘트먼

휘트먼의 유년 시절은 지극히 모범적이었으며, 오히려 매우 훌륭했다고까지 할 수 있었다. 그는 11세에 보이스카우트에 가입해 15개월 만에 무려 21개의 공적 휘장을 받았으며, 이듬해인 12세 때는 이글 스카우트로 승진해 당시 최연소 이글 스카우트가 되었다고 한다. 뿐만 아니라 그는 피아노에도 재능을 보여 12세에 이미 숙련된 피아노 연주가가 될 정도였다고 한다. 그즈음에 그는 「마이애미 헤럴드The Miami Herald」 신문을 배달하기도 했는데 워낙 넓은 지역에 많은 신문을 배달해야 했기 때문에 날씨가 좋지 않은 날 등 가끔은 부모가 자동차로 도와주기도 했다는 것이다. 그의 청소년기도 무난한 편이어서 고등학교의 교사와 친구들은 그의 지능을 칭찬했으며 학생들 사이에서도 비교적 인기가 있는 편이었다고 한다. 고교 시절에도 꾸준하게 신문 배달을 했는데 그는 그렇게 모은 돈으로 할리 데이비슨 모터사이클을 구입했다.

16살에는 맹장 수술을 받았고, 모터사이클 사고로 인해 병원에 입원하기도 했다. 1958년 2월에는 왼쪽 고환 주변에 생긴 혈전제거 수술을 받기 위해 입원을 해 16일 동안 학교에 결석도 했다. 이듬해 6월, 그는 72명의 동급생 중에서 7등으로 고등학교를 졸업하게 된다.

고등학교를 졸업하고 한 달 후, 휘트먼은 아버지에게 사전에 말도 하지 않고 해병대에 자원입대하게 된다. 주변 사람들에게는 자신이 해병대에 입대하게 된 주된 계기가 한 달 전에 있었던 사건 때문이라는 말만을 남겼다. 그 사건은 바로 친구들과의 저녁 사교 모임을 마치고 술이 취해 돌아왔다는 이유로 아버지가 그를 때리고 가족 수영장에 던져서 거의 익사당할 뻔한 일이었다. 그가 18개월의 근무를 위해 집을 떠날 때까지도 그의 아버지는 그 사실을 알지 못했다가 뒤늦게 알고서는 연방 기관에 연락해 그의 입대를 취소하려 했지만 실패하고 만다. 그는 해병대 군 복무 기간에도 각종 훈장과 메달을 수상하기도 했다. 특히 저격 훈련에서는 거의 만점에 가까운 점수를 받았을 정도로 군 생활도 잘했다고 한다.

의무 복무를 마치자 그는 대학에 진학해 군 장교가 되고자 해병 장학 프로그램에 지원했고 시험에서 우수한 성적을 받는다. 예비학교 등록을 승인받은 그는 성공적으로 수학과 물리학을 이수해 오스틴의 텍사스대학교 기계공학과로 전학을 하게 된다. 그러나 그의 대학 생활은 순탄치 못했고, 성적은 좋지 않았다. 특히 대학 친구 2명이랑 사슴을 사냥해 기숙사에서 도살한 것이 경찰에 신고가 되어 벌금을 내기도 했다.

그 이후로 학교 성적이 조금은 좋아지긴 했지만 해병대에서는 그의 성적이 장학금을 지원할 정도에는 미치지 못한다고 판단해 1963년 2월 그는 다시 해병대 복무를 명령받게 된다. 그는 군에 재입대하여 자동으로 상병으로 진급했지만 대학을 마치지 못한 것을 후회했다. 군에서 그는 모범 해병으로 명성을 날렸지만 도박과 영내營內 개인 화기火器 소지 그리고 동료 해병 협박 등으로 90일의 노역에 처해지고 이등병으로 강등되고 만다. 그러다가 만기 전역을 하고 다시 텍사스대학교로 돌아가서 이번에는 건축공학 프로그램에 등록을 한다. 그러던 중 그의 어머니는 아버지의 신체적 학대로 인해 이혼을 결정하게 된다. 그는 어머니를 자신이 거주하는 오스틴으로 모시는데 그의 아버지는 엄청난 전화 요금을 지불하면서까지 어머니에게 돌아와달라고 매달렸다고 한다. 더불어 휘트먼에게도 어머니를 돌아오게 해달라고 간청했다고 한다. 이런 스트레스를 받게 되자 휘트먼은 암페타민을 남용했고 심한 두통에 시달리기 시작했다.

비정상적이고, 비합리적인 사고의
피해자가 되다

총기 난사가 벌어지기 하루 전, 휘트먼은 공구상에서 한쌍의 망원경과 칼을 구입한다. 그리고 그날 저녁 다음과 같은 내용의 자살 유서를 쓰기 시작한다.

'무엇이 나로 하여금 이 쪽지를 쓰도록 강요하는지 이해하지 못하겠다. 아마도 그것은 내가 최근에 했던 몇 가지 행동에 대한 모호한 이유가 될 것이다. 나는 요즘의 나 자신을 진정으로 이해할 수가 없다. 나는 보통의 합리적이고 지능적인 사람이어야 마땅하다. 그러나 언제 시작되었는지 기억은 못하지만 최근 나는 매우 비정상적이고 비합리적인 사고의 피해자가 되곤 한다…….'

그는 또한 유서에 두통이 심해진 것과 더불어 자신의 행동에 대한 생물학적 이유가 있는지 결정할 수 있도록 자신의 시신을 부검해줄 것도 요청한다. 뿐만 아니라 그는 아내와 어머니를 살해하기로 결심했다고도 적었다. 그는 자신의 행동에 대한 이유의 모호함과 불확실성을 표현함으로써 이 세상의 고통으로부터 아내와 어머니를 구하고 싶어했고, 자기 행동의 황당함을 그들에게 남기고자 했다. 그러나 놀랍게도 그 많은 사람들을 살상한 대학교 전망대 다중살상에 대해서는 언급하지 않았다.

그날 자정이 막 지나자 휘트먼은 어머니의 아파트로 가서는 어머니를 살해해 시신을 침대에 눕히고 침대보로 덮어놓는다. 어머니를 살해한 수법에 대해서는 논란이 있었지만 그가 어머니의 가슴을 난자하기 전에 이미 의식 불명으로 만든 것으로 알려져 있다. 그는 어머니 시신 곁에 손수 쓴 쪽지를 남기는데, 쪽지에는 '나는 지금 막 어머니의 목숨을 앗았다. 그렇게 한 것에 대해 나는 몹시 화가 난다. 그러나 만약에 천국이 있다면 그녀는 반드시 그곳에 있을 것이다. 대단히 미안하다. 나는 내 모든 것을 다해 이 여인을 사랑했다. 그것을 믿어주기 바란다'라고 적혀 있었다. 그러고는 집으로 돌아와 자고 있던 아내도 가슴을 난자해 살해하고 시신을 덮고는 다시 전날 밤 시작했던 쪽지를 쓰기 시작한다.

'내가 생각하기에 내가 2명의 사랑하는 사람을 잔인하게 살해한 것 같다. 나는 오로지 빨리 일을 해치우고 싶었을 뿐이었다. 만약 내 생명보험이 정상적으로 기능할 수 있다면 내 빚을 갚고 남는 돈은 무기명으로 정신 건강 재단에 기부해주기 바란다. 혹시 연구를 통해 더 이상 이런 유형의 비극이 일어나지 않도록 예방할 수 있을지 모른다. ……그리고 나를 부검한 후에 화장해주기 바란다.'

자살 쪽지에 적힌 유언대로 그의 시신을 부검한 결과, 부검의가 성상세포라고 부르는 땅콩만 한 종양에서 작은 양의 괴사가 관찰되었으나, 그것들이 그 전날 있었던 그의 행동에는 아무런 영향을 미치지 않았을 것이라는 결론이 나왔다. 그러나 총기 난사 이틀 후, 텍사스 주지사는 각계 전문가들로 특별조사위원회를 구성해 조사할 것을 명령했다. 위원회의 조사 결과는 그의 뇌종양과 그의 행동이 분명하게 연관되었다고 할 수는 없지만 그것이 그가 행동과 감정을 통제하지 못하는 데 기여했을 가능성은 있다고 결론을 내렸다.

반면에 신경과학자와 신경병리학자들은 생체적 뇌기능에 대한 기존의 지식을 적용한다고 해서 그의 행동을 설명할 수 있는 것은 아니라는 결론을 내렸다. 그럼에도 포렌식 수사관들은 뇌종양이 사람들에게 싸울 것인가 도주할 것인가에 대한 반응Fight-or-Flight response에 영향을 미치는 뇌의 편도 구역 주변을 억눌렀을 수 있다고 주장한다. 그래서 그 이후 일부 신경과학자들은 그의 의학적 조건이 그의 공격성에 영향을 미칠 수 있다는 언급을 한다.

끝이 보이지 않는
정신적 혼란과의 싸움

수사관들은 휘트먼이 총기 난사 전년도에 대학병원의 여러 의사들을 방문해 다양한 약을 처방받았던 것을 알게 되었다. 그가 정신과 전문의를 찾아가기 전에 이미 적어도 5명의 의사를 찾았던 것으로 알려졌으며, 의사 중한 사람이 그에게 정신과 전문의를 찾아갈 것을 권고했다. 이 부분에 대해서는 그의 자살 쪽지에도 '나는 그에게 지나친 폭력적 충동을 느끼는 것에 대한 두려움을 설명하려고 했으나 다시 만나지 못했다. 그 이후로 나 홀로 내 정신적 혼란과 싸우고 있지만 끝이 보이지 않는 것 같다'라고 적고 있다.

그의 일기장에는 1966년의 어느 날 자신에게 정신과의사를 찾아서 상담하라는 권고와 함께 벨리움이라는 약품을 처방해준 대학병원 의사와 자신의 우울증에 관해 상담한 이야기가 기록되어 있다. 1969년 3월 29일, 정신과의사와의 상담에서 그는 부모의 결별에 대한 자신의 좌절과 학교와 직장에서 받는 긴장에 대한 설명에 많은 시간을 할애한다. 상담을 하는 동안 그는 대학교 전망대에서 사슴을 사냥할 때 쓰는 소총으로 사람들을 쏘고 싶은 충동을 느낀다고도 말한다. 의사는 휘트먼이 그 당시 적개심을 흘리고 있었다고 언급했다. 휘트먼은 다시 의사를 찾지 않았지만 각성제 성분인 덱세드린Dexedrine을 처방받았다고 한다. 그의 시신에 대한 부검 결과에서는 그가 총기를 난사하기 전에 어떤 약물을 복용했는지에 대해서는 밝혀지지 않았지만 편도체 부근을 억누르는 종양이 발견되었으며, 이것이 다시 그의 감정적 격정에 영향을 미쳤을 수도 있다는 주장도 나왔다. 결국 그의 악화된 건강이 그의 범행에 어떤 면에서는 책임이 있다는 주장이 나온 이유이다.

한편 그의 범행 이면에는 또 다른 고민도 숨겨져 있었다. 사건 두 달 전 그는 신부를 만나서 신앙에 대한 믿음을 잃었으며 더 이상 종교생활을 하지 않는다고 고백했다. 사건 후에 밝혀진 그의 낙서장에도 자신이 아내에게 폭력적으로 행동한 것을 슬퍼하고 후회하며 아버지의 학대 성향과 습관을 따르지 않으려고 노력했고, 좋은 남편이 되려고 노력했지만 제대로 되지 않았음을 적고 있다. 실제로 가까운 친구에게 자신이 아내를 세 번이나 때렸다고 고백한 적이 있다고 밝혔다.

여기서 한 가지 더 사건과 관련지을 수 있는 것이 있다면 휘트먼 가족의 총기에 대한 환상과 권위적이고 가부장적인 가족 분위기라고 할 수 있다. 그의 아버지는 물질적으로 가족에게 관대했으나 아이들에게 매우 권위적이고 엄격했다. 뿐만 아니라 그의 아버지는 급한 성격 때문에 자신의 아내를 때리고 넘어뜨리기도 했다는 것이다. 휘트먼은 가정 폭력과 아동 학대를 직간접적으로 경험한 피해자였던 것이다. 그리고 그의 아버지는 스스로 자백할 만큼 총기 광신자여서 집 안의 거의 모든 방에 총기가 걸려 있었다. 휘트먼이 겨우 총을 잡을 수 있을 정도로 성장하자마자 곧바로 총기 사용을 가르치고 훈련시켰다. 그의 범행은 결국 아버지에게 받은 무언가가 한몫했던 것일까?

- 「They Shoot to Kill – A Psycho–Survey of Criminal Sniping」(1981),
  Ronald Tobias
- 「Mass Murder: America's Growing Menace」(1991),
  James Alan Fox and Jack Levin
- 「A Sniper in the Tower: The Charles Whitman Murders」(1997),
  Gary M. Lavergne
- 「The Anatomy of Motive」(1999), John E. Douglas and Mark Olshaker
- 「Complete Guide to United States Marine Corps Medals, Badges, and
  Insignia: World War II to Present」(2003), James G. Thompson
- 「The Copycat Effect: How the Media and Popular Culture Trigger the
  Mayhem in Tomorrow's Headlines」(2004), Loren Coleman
- 「Mass Murder: The Scourge of the 21st Century」(2004), David Lester
- 「Inside the Minds of Mass Murderers: Why They Kill」(2005),
  Katherine Ramsland
- 「They Call Me Ranger Ray: From the UT Tower Sniper to Corruption in
  South Texas」(2005), Ramiro Martinez
- 「Serial Killers And Mass Murderers: Profiles of the World's Most
  Barbaric Criminals」(2007), Nigel Cawthorne
- 「American Murder: Criminals, Crimes and the Media」(2008), Mike Mayo
- 「Deadly Force: Firearms and American Law Enforcement, from the Wild
  West to the Streets of Today」(2009), Chris McNab
- 「The Time of My Life: Remembrances of the 20th Century」(2009),
  Jr. Ray Morris

- 『Discovering Biological Psychology』(2009), Laura Freberg
- 『Delivered from Evil: True Stories of Ordinary People Who
  Faced Monstrous Mass Killers and Survived』(2011), Ron Franscell
- 『Crime Classification Manual: A Standard System for Investigating and
  Classifying Violent Crimes』(2013), John Douglas and Ann W. Burgess

- https://www.biography.com/people/charles-whitman-11495598
- http://murderpedia.org/male.W/w/whitman-charles.htm

IQ 66의 지능을 가진
젊은 청년의 관심 끌기

호주 최악의 다중살상범, 마틴 브라이언트

마틴 브라이언트Martin Bryant는 호주 최악의 다중살상범이라고 알려져 있는 인물이다. 그는 1996년 호주 태즈메이니아Tasmania의 아더Arthur 항구에서 연속 총기 난사로 35명을 살해하고 또 다른 23명에게 부상을 입힌 혐의로, 현재 35개의 종신형과 이와는 별도로 가석방이 불가능한 1035년의 자유형을 받고 교도소의 정신의학동에 수감되어 있다.

정서적으로 교감이
부족했던 아이의 괴팍함

그는 비교적 화목한 가정에서 태어났지만 유아기부터 괴팍한 기질을 보였고, 청소년기에는 점점 더 변덕스럽고 별난 행동을 일삼았다. 성인이 되어서는 나이가 많은 여성과 이상한 관계를 갖기도 했다.

브라이언트는 단순히 인격 장애와 지적장애 그리고 자기중심적 기질을 가지고 태어난 젊은 청년만은 아니었다. 그가 가지고 태어난 유전적 특성은 스스로가 짊어지고 가야 할 짐이었다. 헌신적으로 그를 관리했던 아버지와 성인이 되어 만난 복권 당첨금 상속녀가 브라이언트를 현실로부터 보호함으로써 일종의 완충 역할을 했다. 그러나 아버지와 상속녀가 세상을 떠나자 브라이언트는 점점 쌓여만 가는 사회에 대한 좌절과 분노에 직면하게 되었다.

마틴 브라이언트는 호주의 태즈메이니아에서 첫째 아들로 태어났다. 그의 어머니는 아들의 장난감이 아주 어린 시절부터 파손된 것을 종종 발견하곤 했다. 브라이언트는 뭔가 성가시고 특이한 아이였다. 지역 주민들이 기억하는 바로는 다이빙을 하는 동안 그가 다른 아이의 스노클을 당기거나 이웃 소유의 나무를 자른 적이 있다고 한다. 그의 학교 선생님은 그를 현실과 동떨어진, 정서적인 교감이 부족한 아이로 기술했다. 학교에서의 그는 다른 학생들로부터 심각한 따돌림을 당했던 파괴적이고 때로는 폭력적인 아이였다. 1977년 초등학교로부터 정학을 당한 뒤 행해진 그에 대한 심리 평가 결과 동물 학대와 고문 등이 사실로 드러났다. 이듬해 그는 향상된 행동으로 학교로 되돌아갔지만 더 어린 아이들을 지속적으로 괴롭히고 귀찮게 하였다. 1980년 고교 시절에는 결국 특수교육 반으로 옮겨지게 된다.

청소년으로서 브라이언트는 지적장애의 가능성을 보여주었다. 그의 지능은 11살 정도에 해당되는 66의 극단적으로 낮은 지능을 보였다고 한다. 그가 체포되고 실시된 추가 검사에서도 언어적 지능 지수 64, 비언어적 지능 지수 68, 종합 66으로 이것은 11살에 해당되는 지능으로, 11살 중에서도 하위 10%에 해당되는 것으로 나타났다. 한 정신의학자는 그가 장애연금을 받을 수 있을 것으로 평가하였다. 그 정신의학자는 그가 글을 읽거나 쓸 수 없으며 텔레비전 시청이 가능하고 약간의 정원 일을 할 수 있다고 했다. 또 그가 정신분열증일 수도 있으니 오로지 그의 부모만이 더 이상의 악화를 방지할 수 있다고 기록했다.

결국 브라이언트는 잡역부와 정원사로 일하기는 했지만 장애연금을 받게 되었다. 그가 구금 중일 때 법원이 지명한 정신의학자는 그를 아스퍼거Asperger증후군을 가진 것으로 진단하였다. 이 증후군은 사회관계가 어렵고 제한적이거나 전문적인 분야에만 관심을 보이는 증상을 말한다.

한편 브라이언트의 변호인이 요청한 정신의학자도 그를 진단하였는데, 브라이언트가 사회적 그리고 지적으로 장애가 있지만 정신분열증이나 기분장애의 신호를 보이지는 않았다는 검사 결과를 내놓았다. 그러나 그는 법원 지명 정신의학자와는 달리, 브라이언트가 행동장애와 주의력결핍 과잉행동장애 그리고 아스퍼거 증후군을 결합한 증상을 보였다고 주장하며, 비록 브라이언트가 괴로움을 갖고 불안해하지만 정신분열은 아니라고 결론을 지었다.

복권 당첨금 상속녀와의 운명적 만남

브라이언트의 성인기도 평범하지는 않았다. 그가 19세이던 1987년 초, 그는 잔디 깎는 일의 새로운 고객을 찾고 있던 중 복권 당첨금을 상속받게 된 54세의 여성을 만나게 된다. 어머니와 함께 살던 그녀는 주기적으로 방문하는 브라이언트와 친구가 되었고, 그는 그녀가 기르는 애완동물의 먹이를 주는 등 그녀를 도왔다고 한다. 1990년 6월, 어머니가 세상을 떠나자 그녀는 브라이언트를 자신의 집으로 데려와 같이 살게 되는데, 그들은 3년도 안 되는 기간 동안 30대 이상의 신차를 구입하는 등 엄청난 돈을 쓰기 시작한다.

1991년 더 이상 그들이 살던 맨션에 애완동물을 키울 수 없게 되자 둘은 넓은 농장으로 이사를 가게 된다. 농장의 이웃들은 브라이언트가 항상 공기총을 소지하였다고 진술했다. 그는 종종 고속도로의 노점에서 사과를 사려고 정차하는 관광객들을 향하여 공기총을 쏘기도 하였으며, 늦은 밤에는 자신을 향하여 짖는 개들에게 총을 쏘며 농장 주변을 배회하였다고 기억했다. 그래서 그는 이웃들과 친해지기 위해 노력했지만 이웃들은 그와 친구가 되는 것을 피했다고 한다.

그러나 1992년 자신을 돌보던 복권 당첨금 상속녀가 교통사고로 사망하고, 그의 아버지도 자살하게 되자, 그는 점점 더 외로워졌다. 그 후 세계 여러 곳을 여행했지만 1995년 그는 스스로 '이만하면 충분하다'고 결정한 다음부터 자살을 시도한다. 그는 나중에 이렇게 진술하였다.

> "나는 많은 사람들이 나에게 등을 지고 나의 존재를 부정하는 것처럼 느
> 낀다. 사람들에게 다정하게 대하고 친구가 되고자 노력하지만 그들은
> 그냥 멀어져만 갔다."

그때까지 그는 많은 술을 마시지 않았지만 점점 음주량이나 빈도가 늘어났다. 비록 다중살상 당일에는 음주를 하지 않았지만 사건 6개월 전부터 술을 많이 마셨다.

브라이언트는 왜 35명을 숨지게 하고 수십 명을 다치게 한 것일까? 이것에 대한 단서는 아마도 이웃 주민들이 전하는 소문처럼 "나는 모든 사람이 나를 기억하도록 만들 큰일을 할 것이다"라고 말했다는 것에서 알 수 있다. 그는 관심을 받고 싶었던 것은 아닐까? 그에겐 사회적 고립이 참을 수 없을 정도로 화나게 했던 좌절일 수도 있다.

예를 들어, 그의 첫 번째 희생자는 브라이언트의 아버지가 사고 싶었던

아침이 제공되는 게스트하우스인 '시스케이프Seascape'를 구매했던 사람이었다. 이때 그의 아버지는 이 게스트하우스를 구매한 사람인 마틴을 비난했고, 이를 들은 브라이언트는 그가 일부러 자신의 가족을 힘들게 하려고 그것을 매입했다고 믿었다. 그리고 이 사건 때문에 아버지가 우울증을 갖게 되었다고 그를 비난했다. 브라이언트는 이런 이유로 아더 항구로 가기 전에 그 게스트 하우스에서 마틴 가족을 살해하였다.

파란색의 커다란 더플백을 짊어지고 아더 항의 '브로드 애로우 카페Broad Arrow Cafe'에 들어가서는 아침식사를 마친 다음 카페의 뒤쪽으로 가서 빈 테이블에 비디오카메라를 설치하고 콜트 반자동 소총을 손님과 직원들에게 난사를 한다. 단 15초 만에 그는 17발을 발사하여 12명을 살해하고 10명을 다치게 한다. 그러고는 반대 방향으로 가서 12발을 더 발사하여 8명을 살해하고 2명을 다치게 한다. 도주하기 전 탄창을 바꾸고 자신의 볼보 승용차에서 주차장에 있던 사람들을 향하여 총격을 가해 4명을 살해하고 6명을 다치게 한 후 차를 운전하여 도주하였다. 300미터를 운전하여 두 아이를 데리고 걸어가던 한 여성을 만나자 차를 세우고 두 발을 발사하여 한 아이와 여성을 살해하였으나 나머지 큰 아이가 도주하자 그 여자아이를 따라가서는 총격을 가하여 살해하고 만다. 또 황금색의 BMW 승용차에 타고 있던 네 사람을 모두 살해하고 차를 뺏어 조금 움직인 다음 흰색 토요타 자동차에 타고 있던 남녀 한 쌍에게 다가가서 총격을 가하여 여성 운전자를 살해한다. 다시 게스트하우스로 되돌아가 인질들을 안으로 데리고 들어가서는 마틴 가족의 시체와 함께 있게 한다.

곧장 경찰이 도착하여 그와 오랜 시간 협상을 하지만 휴대전화의 배터리가 방전되어 더 이상의 소통을 못하게 된다. 협상 과정에서 브라이언트가 오로지 원했던 것은 군 헬리콥터로 공항에 보내달라는 것이었다. 협상 중 어느 순간 브라이언트는 자신의 인질을 살해한다. 다음 날 아침 18시간 후, 브라이언트는 게스트하우스에 방화를 하고 그 혼란스러운 와중에 도주를 시도하지만 등과 엉덩이에 화상을 입고 붙잡혀서 삼엄한 경비 아래 치료를 위하여 병원으로 이송된다.

브라이언트는 재판을 감당할 수 있는 정상인으로 판단되어 1996년 11월 7일 그의 재판이 시작되었는데, 그는 처음에는 자신의 유죄를 인정하지 않았지만 국선변호인과 검찰의 설득으로 모든 혐의를 인정하였다. 재판 결과 그는 35개의 종신형35명의 살인 혐의에 대한 별건 선고과 부상 등 다른 혐의에 대한 합계 1035년형을 선고받고 가석방 없이 일생을 교도소에서 보낼 것을 명령 받는다. 처음 7개월 동안 그는 자신의 안전을 위한 보호 구금으로 특별한 용도로 지어진 거의 완전한 독실인 특수 자살예방실에 수용되었다가, 형을 선고받은 지 10년이 지나서는 신설된 교도소로 이감된다. 2006년 11월 13일 그는 다시 정신 건강 문제가 있는 재소자를 위한 의사, 간호사, 기타 지원 인력으로 구성된 교도소의 정신의학동으로 이감된다. 브라이언트는 2007년 3월 25일 면도날로 자신의 손목을 그어서 자살을 시도하고, 27일에는 다시 또 다른 면도날로 자신의 목을 그어서 잠시나마 병원에 입원하기도 했다.

총기 규제가
강화되는 계기가 된 사건

사건이 일어나고 호주 국민들은 큰 충격과 공포에 휩싸이게 되며, 정치적 영향은 지대하고 오래 지속되었다. 무기 통제에 반대하였던 연방과 일부 지방정부는 즉각 무기 획득을 제한하는 행동을 취하였다. 특히 사건이 발생한 태즈메이니아 주 정부는 처음에는 이 지시를 거부하려고 하였으나, 결국 연방 정부로부터 다수의 처벌을 받을 수 있다는 위협을 받게 된다. 비록 논란을 일으키는 결과를 초래했지만 새로운 법률에 대한 반대는 총기 난사의 결과로써 점증하는 대중의 의견과 언론의 반복적인 보도로 극복될 수 있었다.

결국 연방정부의 조정과 협조로 모든 주 정부에서는 총기의 합법적 소유와 이용을 금지하거나 엄격하게 제한하였으며, 기타 총기 관련 법률도 상당히 강화하였다. 뿐만 아니라 브라이언트의 정신 건강의 수준에 대해서도 상당한 논의가 있었다. IQ 66 정도의 또래 집단에서 하위 2%에 속하는 정상 수준 이하의 지능을 가졌으며, 범행 당시 지적장애로 장애연금의 수혜자였던 것으로 밝혀졌다. 하지만 그는 강박증이나 기타 어떠한 중요 우울장애도 진단을 받은 바가 없었다고 한다. 그가 강박증이 있다는 보도는 정신의학적 자문에 대한 그의 어머니의 잘못된 해석에 기인한 것이었다. 또한 그의 이상한 행동에 대한 언론의 보도가 있었지만 그는 자동차도 운전할 수 있었고 총기도 소지할 수 있었다. 바로 이 부분이 대중적 논쟁을 불러일으켰던 총기 관련 법의 부적절함을 잘 보여주는 것으로 간주되었다.

외롭고 조용했던 남자의 일탈적 행동

그렇다면 왜 이런 다중살상 사건이 빈번하게 일어나는 것일까. 일부 학자들은 아더 항의 다중살상과 일부 앞서 발생한 다중살상이 모방 효과copycat effect에 기인한 것이라고 주장한다. 이들의 주장에 의하면, 집중적인 언론보도가 역기능적 개인들에게 이전의 범죄를 모방하게 하는 잘못된 동기와 가르침을 제공한다는 것이다. 한편 다수의 심리학자나 정신의학자들은 그의 범행 당일의 행동은 충동적 행동에서 나온 것이라고 하였지만 범행 몇 주 전부터 범행 장소를 여러 번이나 방문하고 스포츠 가방을 사전에 구입하는 등의 행동은 그가 범행을 사전에 미리 계획하였으며, 냉정하고 정확한 계산 끝에 수행했음을 보여주는 것이라는 주장도 제기되고 있다

또 다른 한편에서는 몇 가지 음모론이 제기되기도 하였다. 우선 대규모 다중살상 사건만이 정치인들의 대대적인 총기 규제 입법에 불을 지필 수 있다는 정치인들의 예측과 병원에서 사건 수일 전부터 비상헬기를 준비하는 등 비상에 돌입했고 다수의 언론 기자들이 이미 집결해 있었으며, 브라이언트의 정신장애 상태로는 그렇게 짧은 시간에 그 많은 총격을 가하여 수많은 인명을 살상할 수 없다는 것이다. 그 예로 짧은 시간에 탄창을 새로 갈아 끼우기 힘들며, 왼손잡이가 오른손으로 사격하기 힘들다는 점 등을 음모론의 근거로 들고 있다.

다른 한편에서는 브라이언트의 성장 과정에서 그의 다중살상의 원인을 찾기도 한다. 그는 어린 시절부터 보통의 아이는 아니었다. 그의 어머니조차도 가족과 친지들에게 어린 아들의 성질을 우려하곤 하였다. 아버지 또한 아들을 돌보기 위하여 조기에 직장을 은퇴할 정도였다. 그가 학교에 가게 되자 그의 이상행동으로 인하여 다른 아이들이 멀리 했고, 초등학교에 가서는 그의 지능이 평균 이하로 밝혀졌고 결국 특수교육 학급으로 보내지게 된다. 고교 시절 그의 교사 중 한 명은 '자신의 세계에서 완전히 격리되었던' 것으로 그를 기억하였다. 더 흥미로운 것은 브라이언트가 소외되는 것을 선호하였으며 누구와도 상호작용하지 않아도 될 때 가장 행복해했다는 것이다.

브라이언트가 성장함에 따라, 심지어 트라우마나 때로는 위험한 상황에 직면했을 때도 그의 '이상한 행동'은 더욱 분명해졌다고 한다. 여자친구와 함

께 바다낚시를 하다 어부들에게 구조되었을 때도 '완전한 감정의 결여'를 보였고, 그의 아버지가 자살을 했을 때도 아무런 관심이나 걱정의 신호도 보이지 않았다고 한다. 오히려 즐기려고 했다고 한다. 그러한 이상행동으로 인하여 그는 따돌림을 당하였고, 점점 행동은 더 잔인하고 기이해졌다. 이웃들이나 아이들에게 돌을 던지고, 정원수를 꺾고, 보트를 매단 줄을 끊고, 과일나무나 채소밭을 파괴하는 등 이웃을 지속적으로 괴롭혔다고 한다.

브라이언트를 알고 있었던 이들은 그를 '조금 외롭고 조용한 녀석'으로 기억하였다. 연상의 여자친구와 작은 시골마을로 이사를 간 후부터 그의 행동은 점점 더 변덕스러워졌다. 어느 날 버스에서 어린 여학생을 희롱하다 강제로 하차를 당하자, 버스기사를 학대하기 위하여 택시를 잡아타고 버스를 추격하기도 했다. 이웃주민들은 그가 밤늦은 시간에 주변을 어슬렁거린다고 불평과 불만을 제기했을 뿐만 아니라 그는 이웃주민들을 총기로 위협하기도 하였다. 브라이언트는 점점 총기에 매몰되어 관광객들에게 총기를 겨누기도 했다.

- 『On murder: true crime writing in Australia』(2004), Kerry Greenwood
- 『On Display: New Essays in Cultural Studies』(2005), Lydia Wevers and Anna Smith
- 『Martin Bryant: The Port Arthur Massacre: Historical Serial Killers and Murderers』(2015), Jack Rosewood

- 'Psychiatric Report Martin Bryant'「Victorian Forensic Psychiatry Services」(1996), Paul E Mullen
- 'Managing Martin: The Jailing of Martin Bryant' 1997년 3월 16일자 「ABC News」
- 'A dangerous mind: what turned Martin Bryant into a mass murderer?' 2009년 4월 27일자 「The Sydney Morning Herald」
- 'Bryant's mother defends her son' 2011년 5월 4일자 「The Sydney Morning Herald」
- 'Mass murderer Martin Bryant is a danger to front line jail workers, says police officer instrumental in arresting him' 2015년 9월 14일자, 「news.com」

- http://kildall.apana.org.au/autism/articles/bryant.html
- http://murderpedia.org/male.K/k/kaczynski.htm
- https://www.biography.com/people/martin-bryant-235987
- http://criminalminds.wikia.com/wiki/Martin_Bryant

화목한 가정의
보통 아이가 가진 분노

서스턴고교의 총기난사범, 키플랜드 킨켈

1998년 5월 21일, 미국 오리건 주Oregon의 스프링필드Springfield에 위치한 서스턴고등학교에서 끔직한 총기 난사가 발생했다. 이날은 바로 잔인한 다중살상의 주인공인 키플랜드 킨켈Kipland Philip Kinkel이 다니던 학교에서 강제로 퇴학을 당한 그 다음 날이었다. 킨켈은 2명의 동료 학생을 살해하고 35명의 학생들을 심각하게 다치게 했던 사건 전에, 먼저 자신의 부모부터 살해했다. 이 사건으로 그는 현재 111년에 달하는, 가석방의 가능성이 전혀 없는 종신형에 가까운 형을 살고 있다.

킨켈이 이런 엄청난 비극의 주인공이 되었던 직접적인 계기는 이렇다. 사건이 일어나기 하루 전, 그는 총탄이 장전된 분실된 총기를 소지한 혐의로 심리와 청문을 거쳐 퇴학까지 당할 수 있는 정학 처분을 받게 된다. 그가 소총을 갖게 된 경로는 킨켈의 친구 중 한 명이 자신의 친구 아버지의 권총을 훔쳐서, 사건 전날 밤 킨켈에게 되팔려고 한 데서 비롯됐다. 킨켈은 9개의 탄창이 장전된 32구경 권총을 110달러를 주고 사서는 종이 가방에 넣어 학교 사물함에 넣어둔다. 한편 총이 없어진 것을 발견한 친구 아버지는 경찰에 신고를 했고, 자신이 생각하기에 총을 훔쳤을 것으로 의심이 되는 학생들의 이름을 경찰 측에 알렸다. 그 명단 중에는 킨켈의 이름이 없었으나 학교에서는 그의 가담 가능성을 알게 되어 그를 심문하게 된다. 킨켈이 무기 소지에 대해 추궁을 받게 되자, 그는 "그래. 나는 당신들과 한판 벌이겠다. 총은 내 사물함에 있다"라고 진술한다. 그로 인해 킨켈은 학교에서 퇴학으로 이어질 수 있는 정학 처분을 받게 되고, 급기야 그와 그의 친구는 경찰에 체포까지 되지만 그의 아버지에 의해서 경찰의 구금에서 풀려나 집으로 돌아가게 된다.

사람을 죽여야 한다는
망상을 가진 고등학생

문제의 그날, 1998년 5월 21일의 사건을 복기해보면 이렇다. 그날 오후, 킨켈은 만약 행동을 바꾸지 않으면 군사학교로 전학시키겠다는 아버지의 통첩을 받는다. 킨켈의 자백에 의하면 새벽 3시 정도에 그의 아버지는 커피를 마시며 주방 카운터에 앉아 있었다. 그는 자신의 침실에서 22구경 소총을, 부모의 침실에서 탄약을 가져와서는 부엌으로 가서 아버지의 뒤통수에 총을 한 방 발사한 다음, 아버지의 시신을 목욕탕으로 끌고 가서 침대보로 덮는다. 킨켈의 어머니가 6시 30분 무렵에 집에 돌아오자 그는 어머니를 차고에서 만나 어머니에게 사랑한다는 말을 하고는 그녀의 머리 뒷부분에 2방, 얼굴에 3방 그리고 가슴에 1방 총격을 가한다. 그러고는 어머니의 시신을 마루로 끌고 가서 침대보로 덮어둔다.

날이 밝고, 아침 내내 킨켈은 음향기기에 들어 있던 바그너의 오페라 중 마지막 극적인 장면을 반복적으로 틀었다. 킨켈은 거실의 커피 테이블에 자신이 부모를 살해한 동기를 적은 쪽지를 남겼다.

'나는 지금 막 2건의 강력사건 전과를 갖게 되었다. 내 부모님들은 그것을 받아들일 수 없다. 그것은 그들을 파괴할 수 있기 때문이다. 그 당혹스러움과 창피함은 부모님들에게 견디기 어려운 것이다. 부모님들은 그렇게는 살 수가 없었다.'

그리고 그는 자신의 정신 상태도 기록했다.

'내 머리가 제대로 작동하지 않는다. 신이 이 빌어먹을 소리들을 내 머릿속에 주입시켰다……. 나는 사람을 죽여야만 한다. 나도 모르겠다 그 이유를……. 나는 다른 선택의 여지가 없다.'

총 50발을 발사해
37발을 명중시켜 2명을 죽이다

드디어 킨켈은 어머니의 차를 운전해 자신의 고등학교로 간다. 사냥용 칼 두 자루, 9mm 권총 한 자루, 22구경 반자동소총 한 정 그리고 22구경 권총 한 정 등 가지고 있는 5점의 무기를 숨기기 위해 트렌치코트를 입었다. 물론 그는 무려 1,127발에 달하는 총탄도 가지고 있었다. 킨켈은 학교에서 두 블록 떨어진 곳에 주차를 하고, 교내의 앞뜰로 들어가 2발의 총격을 가한다. 그러고는 카페테리아로 들어가 그곳을 가로지르면서 소총에 남아 있던 나머지 48발을 발사해 24명에게 총상을 가한다. 그는 총 50발을 발사해 그중 37발을 명중시켜 2명을 죽음에 이르게 한다. 자신의 총탄이 다 소모되자 그는 다시 장전하기 시작했고 그때 총상을 입었던 학생이 다른 학생들의 도움을 받아 그를 넘어뜨리자 킨켈은 권총 한 발을 더 발사해 한 명에게 더 총상을 가하고는 무장해제를 당했고 얼마 후 도착한 경찰에 의해 체포되었다.

이렇게 끔찍한 비극을 일으킨 킨켈은 과연 어떤 학생이었을까? 킨켈은 1982년 8월 30일, 서반아어를 가르치는 부모님의 둘째 아들로 태어났으며, 모든 정황이나 기록에 의하면 그의 가족은 서로를 사랑하고 지지했다고 한다. 그가 6살이 되던 해, 그의 가족은 직장에서 1년간의 유급 휴가를 받아 스페인으로 가게 되었고, 그곳에서 유치원을 다녔다. 가족들에 따르면 킨켈은 그곳에서 매우 비정상적인 행동을 보였다고 하는데 아마도 교과 과정이 힘들었기 때문으로 보인다. 그가 미국으로 돌아와서 초등학교에 들어갔을 때 교사들은 그가 미성숙하고 신체적이나 감정적으로 성장 발달 속도가 느리다는 판단을 내렸다고 한다. 결국 그는 교사들의 권고로 1학년을 재수하게 된다. 다시 1학년 생활을 하는 동안 그는 난독증 진단을 받게 되고, 증세가 악화되어 2학년이 시작되면서 집중적인 특수교육반에 배치된다. 그밖에 특이한 것은 그가 어릴 적부터 총기와 폭발물에 관심을 가졌다는 점이다. 킨켈의 아버지는 처음에 총기 소지에 대해 거부감을 드러냈지만 후에 그를 총기 안전 교육 과정에 등록시켰고, 그가 15살이 되자 22구경 장총을 사주더니 급기야 9mm 권총까지 사주게 된다.

킨켈의 학급 친구들은 그를 이상하고 음침하고 건전하지 못했다고 기술했으며, 다른 사람들은 그를 정신질환이나 정신분열적이고, 쇼크락Shock rock이나 펑크 메탈funk metal 듣기를 즐겼던 사람으로 기억했다. 그는 지속적으로 폭력 행위를 범하는 것에 대해 이야기하고, 사람을 죽이는 것이 어떤 느낌인지 알기 위해서 군에 입대하고 싶다고 했다고 한다. 심지어 가족끼리 갔던 디즈니랜드 여행에 대해서 묻자, 미키마우스의 코를 때리고 싶었다고 답했다고 한다.

또한 학교의 말하기 교실에서는 폭탄을 어떻게 만들며 친구들의 사물함을 어떻게 날려버리는지에 대한 연설을 한 적도 있다고 한다. 결국 그의 부모는 그가 분노 조절을 배울 수 있도록 심리학자에게 상담을 받도록 했다. 킨켈의 아버지는 살해되기 직전, 아들 킨켈을 도울 수 있는 방법이 없으며 그것에 대해 너무나 겁이 난다고 친구들에게 토로했다고 한다. 킨켈은 편집증적 강박증의 신호를 보이기도 했는데, 재판 후에서야 분명하게 되었다.

그는 지적장애나 비정상으로 낙인찍히는 것이 두려워서 그러한 질환과 관련된 증상을 숨기려고 장기간 노력했다. 그의 의사들은 그가 12살부터 머리에서 무슨 소리가 들린다는 말을 했다고 진술했다. 또한 정부가 자신의 뇌에 컴퓨터 칩을 심었다고 믿는 등 환각과 편집증적 망상으로 고통을 받은 것이 드러났다.

따뜻한 가족의 품에서
태어난 살인자

킨켈은 중학생이 되면서부터 법적인 문제를 일으키기 시작했다. 7학년이 되자 그는 친구 몇몇과 함께 폭발물 제조 교본을 구입했으며, 8학년 때는 백화점에서 CD를 훔치다 붙잡히기도 했다. 그뿐만 아니라 친구로부터 소총을 구입해 침실에 숨기기도 했다. 1997년 1월 4일, 친구와 함께 스노우 보딩 클리닉에 참가해 고속도로를 달리던 자동차에 돌멩이를 던진 혐의로 체포되기도 했으나, 청소년 봉사국Department of Youth Service으로 위탁되어 부모가 집으로 데려갈 수 있었다. 이 사건으로 킨켈의 어머니는 그를 심리학자에게 데리고 가지만 아무런 사고 장애나 정신질환의 징후는 발견하지 못하고 단지 주요 우울장애로 진단되었다. 그는 궁극적으로 32시간의 지역사회 봉사 명령을 받게 된다. 그의 어려움은 여기서 그치지 않았다. 같은 해 4월 23일 킨켈은 동료 학생을 폭행해 2일의 정학을 받고, 29일에는 다른 학생에게 연필을 던져서 3일의 정학을 받는다. 결국 의사는 그에게 항우울제를 처방하게 된다. 6월 27일 그는 총기 구입을 허가받고 9mm 반자동 권총을 구입한 뒤에 상태가 호전되어 항우울제를 중단해도 좋다는 의사의 진단을 받고 복용을 중단한다. 그 후 킨켈은 친구로부터 반자동 권총을 한 정 더 구입해 부모 몰래 숨기게 된다.

그는 서스턴고등학교에 진학한 뒤 우수한 학업 성적으로 두각을 나타냈다. 심지어 신입생 축구 팀에 초청을 받기도 했다. 9월 30일 그의 아버지는 킨켈을 위해 22구경 반자동 소총과 사냥용 칼을 구입해준다. 이때쯤, 그는 거친 친구들과 돌아다니며 폭발물을 다루기 시작했고 이러한 행동을 자신의 분노를 배출하는 수단이라고 변명했다.

되돌아보면, 킨켈은 이제 막 싹트기 시작하는 사이코패스였다고밖에 할 수 없다. 심지어 참사 하루 전에는 학급 친구들이 농담으로 '3차 세계대전을 일으킬 가능성이 가장 많은 사람'으로 킨켈을 선정하기도 했다. 그는 늘 누군가를 살해하는 것이 너무나 재미있을 것 같으며, 그런 짓을 하고 싶다고 말하곤 했다. 킨켈의 한 친구는 사건이 있기 전날 그가 몇몇 친구들에게 오늘 뭔가 바보 같은 짓을 할 것 같으며, 자신에게 어리석은 짓을 한 사람들에게 응징하리라는 말을 했다고 전했다. 이뿐만이 아니라 그는 수업 시간에 폭발물을 만드는 법과 동물을 고문하는 방법 등에 대해서 발표하면서 실제로 고양이 입에 불꽃놀이용 화약을 물리기도 했다고 한다. 킨켈은 분명서서히 모습을 갖추어가는 연쇄살인범이었다. 그는 젖소를 폭파하고 싶다고도 말했으며, 또 다른 수업 시간에는 '모든 사람'을 다 죽이고 싶다는 낙서를 하기도 했다. 반면에 그가 폭발물 제조, 복수의 환상, 동물 살상 등을 하지 않을 때는 록 음악을 즐기고 기타와 축구를 좋아하는 지극히 보통의 아이였다. 약 1년 전, 가족들은 킨켈이 인터넷에서 폭발물 제조 방법을 내려받아 폭발물을 만드는 것을 알게 되자 그가 더 이상의 폭발물을 만들지 못하도록 훈육하고 노력했으나 어느 순간 가족들은 그를 통제하는 것을 포기했다고 한다.

킨켈은 서로 사랑하고 보살피는 따뜻한 가족들로 구성된 가정에서 자랐다. 킨켈이 저지른 사건만큼이나 무서운 것은 그의 가족이 그를 위해 부단한 노력을 했다는 것이다. 학업에 어려움을 겪는 킨켈을 위해 난독증과 주의력 결핍 검사를 의뢰한 부모는, 부정적인 결과가 나오자 학교 공부를 돕기 위해 킨켈과 더 많은 시간을 보냈다. 캠핑, 등산, 산악자전거 타기, 항해 등을 함께 하면서 킨켈이 관심을 가지는 것이라면 무엇이라도 참여시키려고 했으며, 그의 자신감을 높이기 위해 각종 스포츠도 배울 수 있도록 등록시켜주었다. 하지만 불행히도 어떠한 노력도 효과를 보지 못했다.

그럼에도 불구하고 가족들은 계속 노력한다면 그가 반드시 나아질 것으로 믿었다. 그러한 부모들의 믿음과 노력에도 그는 오히려 폭력과 총기 그리고 폭발물 등에 많은 관심을 기울였다. 그의 관심은 아마도 텔레비전으로부터 시작된 것으로 여겨진다. 그의 부모는 그가 지나치게 폭력적인 영화에 몰입하는 데 대해 우려를 했다고 한다. 그의 가족은 가족들의 노력으로 킨켈의 문제를 해결하지 못하자 전문가를 비롯한 외부 사람들에게 의논했지만 비극적이게도 학교에서 다중살상이 일어나고야 만 것이다.

- 『Risk and Sociocultural Theory: New Directions and Perspectives』(2000),
  Deborah Lupton
- 『The Mouse that Roared: Disney and the End of Innocence』(2010),
- Henry A. Giroux and Grace Pollock
- 『School Shootings: International Research, Case Studies, and Concepts
  for Prevention』(2012), Nils Boeckler and Thorsten Seeger

- 'Accused Oregon school shooter shows no emotion in court'
  1998년 5월 22일 「CNN News」
- 'How 'schizoid' kid from good home turned to murder at Oregon school'
  1998년 5월 23일자 「The Guardian」
- 'A Springfield tribute: Kinkels remembered with joy' 1998년 5월 30일자
  「The Oregonian」
- 'Hero Scout gets award 8/11/98' 1998년 8월 11일자
  「Amarillo Globe News」
- 'Teenager To Spend Life in Prison For Shootings' 1999년 11월 11일자
  「The New York Times」
- 'Thurston Memorial Dedication on May 21'(2003) 「The Register-Guard」
- '8 years later: Thurston and Kinkel revisited' 2006년 10월 2일자
  「Oregon Daily Emerald」
- 'Thurston Shooter Kip Kinkel Transferred to Oregon State Prison'
  2007년 6월 11일자 「Salem News」
- 'The Killer at Thurston High: Who is Kip Kinkel?' 2007년 6월 24일 방영,
  「Frontline」 PBS

– 'Kip Kinkel uses landmark U.S. Supreme Court ruling to challenge
   sentence' 2013년 4월 26일자 「Oregonlive.com」
– 'Kipland Kinkel – School Killers' 「Crime Library」, Katherine Ramsland

– 「Dr. Hicks' Treatment Notes on Kip Kinkel」 2017년 4월 20일, PBS

– http://murderpedia.org/male.K/k/kinkel-kipland.htm
– http://criminalminds.wikia.com/wiki/Kipland_Kinkel

정신 분열이 부른 재앙

미국에서 동화하지 못한 이방인의 우울

버지니아공대 총기난사범, 조승희

조승희는 한국계 미국 영주권자로서 버지니아 폴리테크닉주립대학교 4학년 재학 중에, 오전 일찍 수업을 하던 강의실에 총기를 난사해 32명을 살해하고 16명에게 부상을 입힌 후 자살을 한 희대의 총기난사범이다. 이 사건이 예사롭지 않은 것은 피해 규모가 커질 위험이 높은 '학교'라는 장소 때문만이 아니라 조승희가 한국에서 태어나고 자라다가 어린 시절 미국으로 이민을 간 이민 1.5세대라는 점 때문이다.

8살에 이민을 간 그는 미국의 학교생활에 적응하는 데 어려움을 겪었던 것으로 알려지기도 했다. 결국 그가 중학생일 때, 선별적 함묵증Selective-mutism, 말을 안 하는 증세을 동반한 심각한 불안장애는 물론이고, 주요 우울 장애도 가진 것으로 진단되었다.

그 후 조승희는 고등학교 2학년까지 꾸준하게 치료와 특수교육 지원을 받았다고 한다. 그의 이상 징후는 여기서 그치지 않고 버지니아공대에서도 관찰되었는데, 비정상적인 이상행동과 폭력에 관련된 글이나 대사로 교수나 강사 그리고 동료 학생들의 우려를 낳기도 했다.

실제로 사건 직후 주지사가 임명한 조사위원회의 2007년 보고서에서도 무려 30페이지 이상을 할애해 그의 말썽 많은 인생사를 상세하게 기록하고 있다. 위원회에서는 대학 시절 조승희와 접촉했던 교육 당국과 정신 건강 전문가들이 그의 건강이 악화되고 있음을 알지 못한 채 도움을 주지 못한 것을 비판했다. 그럼에도 불구하고, 보고서에는 조승희 본인이 직접 도움을 청하지 않은 것을 포함해, 그로 인해 다중살상의 참극을 벌인 데 대해서 온전히 그에게 책임이 있는 것으로 기술되어 있다.

어릴 적 말을
거의 하지 않았던 아이

조승희는 1984년 1월 18일 충남 아산에서 태어났으며, 미국으로 이민을 가기 전 몇 년간 서울의 허름한 아파트에서 살았다. 그의 아버지는 서점을 운영했지만 벌이가 거의 최저임금 수준에 지나지 않았기에, 자녀들에게 더 나은 교육과 기회를 찾아주기 위해 1992년 9월 조승희가 8살이었던 해에 전 가족이 미국으로 이민을 가게 된다. 이민 후 가족들은 세탁소를 운영하며 영주권자가 되고, 지방 교회의 교인이 되었다. 조승희도 기독교인으로 자라지만 부모님들의 지나친 기독교 신앙을 증오했다. 어느 보고서에 따르면, 그는 기독교에 관한 폭언과 '부자 아이들'을 모욕하는 내용을 담고 있는 노트를 기숙사에 남기기도 했다고 한다. NBC에 보낸 비디오 영상에서도 이렇게 말하기도 했다.

> "약한 사람과 무방비한 사람들에게 영감을 주기 위해 예수처럼 죽게 되어 감사하다."

정신 분열이 부른 재앙

그의 이런저런 문제점들이 비단 미국 이민 후에 나타난 것만은 아닌 것으로 보인다. 한국에 남아 있던 몇몇 친척들은 이미 어린 시절에 보인 조승희의 행동을 우려하곤 했다. 그들은 조승희가 거의 말을 하지 않았으며, 다른 아이들과 어울리지도 않아서 그가 선별적으로 함묵을 하거나 정신적으로 질병을 가졌다고 생각했다. 그 때문에 가족들은 조승희가 8살 때부터 그를 걱정했다는 것이다. 하지만 조승희는 바르게 행동을 하고, 어른들의 지시나 지침을 잘 따랐다고 한다. 한국의 친척들은 이민을 간 후 조승희의 누이에 관한 소식은 자주 들었으나 그의 소식은 거의 듣지 못해 무언가 잘못되었다는 생각을 하기도 했다고 한다. 그의 할아버지는 조승희가 한국에서도 자신을 공경하지 않았고, 할아버지라 부르지도 않았으며, 전혀 껴안으려고도 하지 않았다고 회상했다.

물론 조승희가 이런 문제와 어려움만 가졌던 것은 아니다. 그의 학교 친구들은 그의 학업 성적이 우수했던 것으로 기억했다. 3년 과정을 1년 반 만에 마치기도 하고, 수학과 영어를 특히 잘했으며, 선생님들은 그가 다른 학생들에게 모범이라고도 했다. 그 당시만 해도 그를 싫어하는 학생은 아무도 없었으며, 그는 '지식의 소년'으로 알려지기도 하고, 여학생들에게 인기가 많아 베스트 드레서로 인정을 받기도 했다. 조승희의 학교 친구나 교사들은 그에 대한 좋은 기억만 있다고 회상했다.

그러나 가까운 친지에 의하면, 그가 처음 미국으로 건너가서 2학년에 되었을 때는 "학교에서 집으로 돌아오기만 하면 매번 다시는 학교에 가고 싶지 않다며 울분을 터뜨리고 울었다"라고 진술했다. 그러던 중 그가 8학년이던 해에 국제적인 뉴스가 되었던 1999년 미국 컬럼바인고등학교 총기 난사 사건은 그에게 하나의 획기적인 사건이 되었다. '너희 모두 지옥에서 불타기 바란다'라는 낙서를 하거나 숙제장에 '컬럼바인을 재현하고 싶다'는 내용을 적기도 해, 그의 선생님이 누이와 접촉해 이를 알렸고 누이가 부모에게도 알려서 그의 부모들이 그를 정신의학자에게 보내게 된다.

조승희가 8학년이었을 때, 그는 자신을 말하지 못하게 하는 일종의 불안장애인 '선별적 함묵증' 진단을 받게 된다. 그래서인지 고등학교 시절 그는 부끄러움이 많고 비정상적인 말투로 놀림을 받았다. 그래서 그로 인해 항상 땅을 내려다보고 누가 불러도 말하기를 거부했다. 한번은 선생님이 수업 시간에 조승희가 전혀 참여하지 않는다며 그에게 학점을 주지 않겠다고 위협하자, 마치 입에 무언가를 물고 있는 것처럼 이상한 소리로 책을 읽기 시작했다고 한다. 몇몇 학생들이 그때 조승희가 놀림과 조롱을 당했다고 기억했지만 혼자 행동하기를 원했기에 그의 분노를 알지 못했다고 한다.

감정 장애 진단을 받고
치료를 계속 받았지만

여기서 눈여겨볼 것은 조승희의 한국 친척들이 우려했던 그의 선별적 함묵증이다. 물론 그가 병원에서 선별적 함묵증으로 진단되었다는 정확한 기록은 없을 뿐만 아니라 그의 자폐증 진단도 그의 부모로부터 확인되지 않았다. 버지니아공대 조사위원회 보고서 역시 그의 자폐증 진단을 기각했으며, 후에 전문가들도 자폐증 주장을 의심했다. 그러나 몇 달 후, 「월스트리트저널The Wall Street Journal」은 그가 선별적 함묵증 진단을 받았다고 보도했으며, 버지니아공대 조사위 보고서에서도 조승희가 8학년 때 그런 진단을 받았으며, 부모가 약물과 치유를 통해 치료하려고 했음을 기술했다. 더구나 그는 고등학교 시절 '감정 장애'로 분류되어 특수교육에 편성되기도 했고, 수업 시간에는 토론 참여와 발표를 면제받기도 했으며, 한 달에 50분 연설 치료를 받기도 했다. 조승희가 더 이상의 치료를 거절했던 대학 3학년 때까지 정신 건강 치료도 계속 받았다고 한다. 이러한 문제들을 해결하기 위해 그의 부모는 그를 교회로 데려가기도 했는데, 교회 목사에 따르면 그는 성경을 이해하는 똑똑한 학생이었으나 사람들에게 말하는 데 어려움을 겪는 점이 염려되었다고 한다. 목사는 그의 어머니에게 조승희가 함묵증이 있으므로 병원에 데려가기를 권했으나 그의 어머니가 거절했다고 한다.

대학에서 그는 교수와 학생들과의 관계에도 적지 않은 문제를 야기했다고 한다. 수업 시간에 그는 여학생들의 다리를 책상 밑으로 촬영하고 음란하고 폭력적인 시를 써서 여학생들을 위협하기도 했다. 결국 담당 교수가 그를 강의에서 배제시키고 학과와 대학 그리고 대학 경찰에 보고했으나, 그가 자신이나 타인에게 실제 위협을 하지 않는 한 할 수 있는 조치가 없다는 답변만 돌아왔다고 한다. 또 다른 교수도 조승희를 강의 시간에 절대로 선글라스를 벗지 않았던 이상하고, 외롭고, 불안한 학생으로 판단하고 그를 돕기 위한 여러 가지 노력을 했다고 한다.

조승희의 기행은 여기서 그치지 않는다. 누군가 그에게 인사를 하면 대답을 하지 않기도 하고, 강의 첫 시간 각자 자기소개를 할 때도 말을 하지 않고, 출석표를 제출할 때도 이름을 쓰지 않고 물음표를 쓰는 통에, 사람들은 그를 '물음표 아이'로 알았다는 것이다. 그는 4학년이 되면서 강의에 한 번도 출석하지 않는 것처럼 보였으며, 특정 록가수의 음악만 반복적으로 듣고, 스스로 기숙사 벽에다 노래의 가사를 적어놓기도 했다는 것이다. 그리고 그가 적어도 세 번의 스토킹에도 가담한 것으로 알려져 있다. 적어도 두 번의 스토킹에 대해서는 대학 경찰로부터 경고를 받았다고 한다.

급기야 2005년, 조승희는 정신적으로 질병을 앓고 있어서 입원 치료가 필요한 것으로 밝혀지기도 했다. 그를 검진한 의사들에 따르면, 비록 그가 자살하고 싶은 생각이 없고, 사고장애의 증상을 알아차리지 못했다고 하지만 그는 감정이 단조롭고, 늘 우울한 기분에 젖어 있었다고 한다. 그로 인해 자신과 다른 사람들에게 현저한 위험이 될 수 있다는 의심에서 정신건강센터에 일시적으로 수용되었고, 지방법원에서도 그가 현저하게 위험을 표출할 수 있다고 인정했지만 입원 대신 통원 치료를 권고했다. 그는 결국 통원 치료를 전제로 정신건강센터에서 퇴원하게 된다. 결국 그는 최소한의 정신의학적 평가만 받는 선에서 그의 기록은 정리되었다. 그 결과 그의 정신 건강에 대한 진정한 진단은 밝혀지지 않았다.

그의 정신 건강을 염려한 가족들이 그에게 도움을 주기 위해 다양한 노력을 했음을 조사위원회 보고서는 밝히고 있다. 하지만 그가 18살이 되어 대학을 가기 위해 집을 떠나게 되자, 더 이상 미성년자가 아니어서 그에 대한 가족의 법률적 권한을 비롯한 영향력을 잃게 된다. 조승희의 학업에 대한 무관심, 결석, 비사회적 행위 등에 대한 우려가 커지자 그의 어머니는 여름 동안 여러 교회를 통해 도움을 받으려고 노력했으나 학기가 시작되면서 기회를 놓치고 말았다.

결국 제대로 치료되지 않은 조승희의 정신 건강 상태가 참사로 이어졌다. 2007년 4월 16일 아침 7시 15분 무렵, 조승희는 기숙사의 4층에서 2명의 학생을 살해했다. 수사관들은 후에 조승희의 신발 밑창의 모양이 살해당한 한 학생의 방 밖의 복도에서 발견된 핏자국과 일치했다고 결론을 내렸고, 그의 방에서 신발과 피 묻은 바지를 발견했다. 그 후 약 2시간 동안 그는 재무장하기 위해 방으로 되돌아갔으며, 사진, 비디오 파일, 문서가 들어 있던 소포를 NBC에 부쳤다. 9시 45분 무렵, 그는 캠퍼스를 가로질러 강의동이었던 노리스홀Norris Hall로 가서 약 9분 동안에 걸쳐 학생들에게 총격을 가해 그 중 30명이 목숨을 잃고 만다. 그 후 경찰이 건물 안으로 들어서자 조승희는 노리스홀 211호에서 자신의 머리에 총을 쏘아 자살하고 만다. 발견 당시 두 개골이 심하게 손상되어 그의 신원을 확인하는 데 몇 시간이 걸렸지만, 경찰은 그의 이민 기록과 총격에 사용된 총기에서 나온 지문을 대조해 신원을 확인했다. 총격 발생 후 초기에는 기숙사에 2명이 살해된 총격 사건과 노리스홀에서 30명이 살해된 사건이 동일범의 소행이라고 생각하지 않았지만 과학수사 결과 두 사건에서 동일한 총기가 사용되었음이 밝혀졌다.

그렇다면 조승희는 무슨 동기에서 이처럼 끔찍한 사건을 자신이 다니던 학교 기숙사와 강의실에서 자행했을까? 수사가 진행되는 동안, 경찰은 조승희의 방에서 부유한 아이들과 방탕 그리고 기만적인 허풍을 비판한 쪽지를 발견했다. 쪽지에서 그는 '당신들이 이 짓을 하도록 만들었다'고 주장했다. 초기 언론에서도 그가 동료 여학생에게 빠졌지만 그 여학생이 그의 낭만적 제안을 거절하자 분노하게 되었다고 보도했다. 그러나 수사관들은 그 징표를 찾을 수 없었다고 한다.

한편 그가 촬영한 비디오에서 그는 컬럼바인고등학교 총기 난사 사건의 주범이었던 에릭 해리스와 딜런 클리볼드를 "에릭과 딜런 같은 순교자"라고 언급했다. 사건 이후, 이런저런 신호를 조승희가 보냈음에도 그에 대한 적절한 조치가 이루어지지 않았다는 점이 주지사의 명으로 구성된 조사위원회의 최종 보고서에서도 적나라하게 지적되었다. 보고서는 조승희의 정신 건강 문제에 30페이지 이상을 할애해 다루었다. 보고서는 조승희가 3학년 때 시작된 정신 불안 증세의 경고 신호였던 다양한 사건들에서 대학 당국과 교육자 그리고 정신 건강 관리 제도와 체계 모두 아무런 조치도 취하지 않았음을 비판했다.

자신을 더 왜곡시켰던
자신의 비디오 영상

조승희는 2건의 총기 난사 도중에 학교 근처의 우체국에서 자신의 행동에 대한 이유를 설명하는 포고문과 비디오 클립 그리고 사진을 담고 있는 DVD가 든 소포를 뉴욕의 NBC 본사로 발송한다. 발신자는 아마도 'Ismail'을 잘못 쓴 것으로 추정되는 'Ishmael'로 되어 있었으며, 우편번호가 잘못 기재되어 원래 배송일보다 하루 늦게 배달된 소포를 받은 방송국 측에서는 관계 당국과 접촉해 내용의 일부를 공개했다. 하지만 이 결정은 대중에게 논쟁을 불러일으켰다.

다양한 뉴스를 통해 비디오의 사진과 이미지가 방송된 이후, 대학과 지역사회에서 조승희를 미화함으로써 모방 범죄로 이어질 수 있다는 우려의 목소리가 커졌다. 뿐만 아니라 비디오 영상, 사진, 포고문을 본 경찰관들도 언론에 보낸 소포의 내용이 왜 조승희가 다중살상을 저질렀는지 이해하는 데 크게 도움이 되지 않았다고 결론을 내렸다. 이를 본 정신의학자도 조승희의 학살에 방아쇠 역할을 했을지도 모를 정신질환에 대한 큰 의미는 없었다고 결론지었다. 오히려 그 비디오와 포고문이 그를 이해하는 데 도움이 되었다기보다 그를 왜곡시켰을 것으로 보인다.

조승희 사건은 역사적으로 1966년 찰스 휘트먼이 오스틴의 텍사스대학교 캠퍼스에서 총기를 난사해 16명을 살해한 사건을 능가하는, 대학 캠퍼스에서 발생한 미국 역사상 가장 참혹한 총기 난사였다. 뿐만 아니라 1927

년 폭발물을 사용해 38명의 학생을 포함해 45명의 생명을 앗아갔던 베스 스쿨Bath School 대재앙 다음으로 미국 역사상 두 번째로 참혹한 학교 관련 참사였다. 또한 범인을 포함한 33명의 생명이 목숨을 잃은 것은 1991년 러비가 24명을 살해한 이후 단독 범행으로 가장 많은 생명을 앗아간 총기 난사이기도 하다.

국제적으로도, 1982년 한국 경찰관 우범곤이 57명의 무고한 주민을 살해한 참사와 1996년 마틴 브라이언트에 의해 35명이 목숨을 잃은 호주 태즈메이니아의 아더 항 대참사 다음으로 세 번째로 큰 참사였다. 조승희 사건은 이런 역사적 참상 외에도 총기 규제와 정신질환자 관리에 대한 논쟁을 재점화시키기도 했다.

- 「The Face of Seung-Hui Cho」(2011), Wesley Yang and n+1
- 「The Case of Seung-Hui Cho: Virginia Tech Massacre」(2013),
  Steven G Carley
- 「Virginia Tech: Make Sure It Doesn't Get Out」(2014), David Cariens and
  Ben Townsend
- 「Bloodshed at Virginia Tech」(2015), Scott K Murphy

- 'Editor's note on Cho's surname' 2007년 4월 21일자
  「The Washington Post」
- 'Report of the Virginia Tech Review Panel'(2012),
  「Commonwealth of Virginia」
- 'Tech shooting victims: Moving forward' 2007년 5월 7일자
  「Roanoke Times」
- 'Killer's Note: You Caused Me to Do This' 2007년 4월 17일자 「ABC News」
- 'Gunman's Family Had Hard Life in Korea' 2007년 4월 18일자
  「The Washington Post」
- 'Va. governor promises probe of shooting' 2007년 4월 18일자
  「USA Today」
- 'Where does Cho come from?' 2007년 4월 18일자 「USA Today」
- 'Virginia Tech Review Panel: Mass shootings at Virginia Tech -
  Report of the Review Panel'(2007), Office of the Governor,
  Commonwealth of Virginia
- 'Cho's grand father's witness : Went for better education for children
  in the United States' 2007년 4월 19일자 「한겨레신문」

– 'Relatives in South Korea say Cho was an enigma' 2007년 4월 20일자
「The International Herald Tribune」
– 'Inside Cho's mind: Report shows Virginia Tech made mistakes'
2007년 8월 30일자 「ABC News: Nightline」
– 'The roommate's story' 2007년 4월 19일자 「The Daily Telegraph」
– 'Report of the Virginia Tech Review Panel'(2008)
「Commonwealth of Virginia」

– http://murderpedia.org/male.C/c/cho-seung-hui.htm

방치된 발달 장애가 부른
유치원의 총격 사건

샌디훅초등학교의 총기난사범, 애덤 란자

애덤 란자Adam Lanza는 2012년 12월 14일, 불과 20세의 나이로 코네티컷 Connecticut 주의 뉴타운Newtown에 위치한 샌디훅초등학교의 1학년 어린이 20명과 교사 등 어른 6명을 총기로 난사해 살해하고 자신의 머리에 총을 발사해 자살한 총기난사범이다. 뿐만 아니라 그 전에 자신의 친어머니도 머리에 총을 쏘아 살해했다.

란자는 1992년 4월 22일에 6살 많은 형에 이어 두 번째 아들로 태어났다. 주목할 것은 그의 어머니가 오랫동안 총기에 열광적인 사람이었다는 사실이다. 란자의 부모는 그가 16살이 되던 해에 이혼했다. 란자의 학교 친구들은 그를 조바심 많고 문제가 심각한 아이로 기술했으며, 동시에 아스퍼거 증후군으로 고통을 받고 있었다고 기억했다.

란자는 어릴 때 어느 가톨릭 성직자에게 강간을 당했으나 마치 정상인 것처럼 행동하며 수년을 침묵 속에서 고통을 받았기 때문에 그에 대한 복수심을 갖게 되었다고 한다. 수년이 흘러서, 그는 성탄절 직전에 20명의 초등학생들을 살해함으로써 가톨릭이 어린이들을 보호하지 못한다는 사실을 보

정신 분열이 부른 재앙

여준 격이 되었다. 대부분의 총기난사범과 마찬가지로, 그도 자신의 인생과 삶에 좌절했고, 그가 할 수 있는 한 최대한 많은 사람들을 자신과 함께 해치우고 싶어했으며, 그는 이 부분에서는 노르웨이의 테러리스트 브레이비크를 능가하고자 희망할 정도였다.

하루에 20번이나 양말을 갈아 신어야 직성이 풀렸던 아이

란자는 초등학교 입학할 때부터 감각 통합 장애Sensory-integration disorder 진단을 받았고, 그가 13살 때는 정신의학자들이 아스퍼거 증후군 진단을 내리기도 했다. 란자의 아버지에 따르면 그는 망상적 충동장애obsessive-compulsive disorder도 있어서 2006년에는 치료를 위해 행동요법과 항우울제를 처방받기도 했는데, 그의 어머니의 반대로 바로 중단되었다고 한다. 란자는 이런 증상 외에도 정신분열증으로 고통을 받기도 했다. 가족들은 그의 이상한 행동과 점증된 소외 그리고 격리를 아스퍼거 증후군 탓으로 돌렸기 때문에 이 정신분열의 초기 이상 징후를 놓친 것 같다고 했다.

또한 일부 전문가들은 란자가 자폐증을 앓고 있었으며, 그의 자폐증이 타인에 대한 반격을 초래할 수도 있다는 우려를 표했다. 그러나 그가 총기난사에서 보인 약탈적 공격은 일반적으로 자폐증을 가진 사람들에게서 발견되지 않았다고 한다. 그가 지닌 것으로 알려진 감각 통합 장애는 의료계에서 공식적으로 인정되는 상태는 아니지만 종종 자폐증의 특성 중 하나로 알려져 있다. 또한 란자는 양말을 매일 20번이나 갈아 신었던 탓에 어머니가 하루에 세 번이나 세탁을 해야 할 정도였고, 틈만 나면 손을 씻었다는 점에서 그가 망상적 충동장애의 특징을 내보였다고 할 수 있다. 그의 이상행동은 여기서 끝나지 않는다. 그는 다중살상에 매료되었으며, 자신의 침실에 누구도 들어오지 못하게 했고, 침실 창문은 햇볕을 가리기 위해 검은 비닐로 덮었으며, 집에 성탄절 트리도 하지 못하게 했고, 자신의 방식대로 놓이지 않으면 음식도 먹지 않았다고 한다. 그는 또 총기 난사 2년 전 아버지와 형과의 연락을 끊었으며, 같이 살았던 어머니와도 단지 이메일을 통해서만 소통했다고 한다.

먼저 샌디훅초등학교에서의 총기 난사 사건은 미국 역사상 초등학교와 중학교에서 발생한 가장 최악의 다중살상 사건이며, 2007년 이후 버지니아 공대 총기 난사 사건 이후 단독 범행으로 미국에서 두 번째를 기록하고 있다. 이 사건은 특히 연방에서 특정 반자동 총기의 제조와 판매를 금지하는 것과 그것을 입법화하자는 여론 사이에서 극렬한 논쟁에 불을 지피는 계기가 되기도 했다.

사건 후에 코네티컷 주 법무부의 종합 보고서에서 참사는 란자의 단독 범행이고, 사전에 범행을 계획했으나 왜 총기 난사와 같은 행동을 했는지, 왜 초등학교를 표적으로 삼았는지에 대해서는 아무런 징표도 증거도 찾을 수 없다고 결론을 내렸다.

총기를 사랑한 어머니를 총으로 사살한 아들

사건의 개요는 이렇다. 2012년 12월 14일 금요일 아침 9시 반이 될 즈음, 란자는 집에 있던 52살의 친어머니 낸시Nancy를 22구경 권총으로 총격을 가해 살해했다. 사건이 발생한 후, 수사관들은 란자의 어머니가 침대에서 파자마를 입은 채 머리에 4발의 총격을 당한 것을 발견했다. 어머니를 살해한 후, 그는 샌디훅초등학교로 차를 몰았다. 9시 35분이 조금 지나서, 어머니 소유의 소총을 이용해 잠겨 있던 정문 출입구 옆의 유리 패널을 총으로 쏴부시고 들어갔다. 당시 다른 교직원들과 회의를 하고 있던 학교장과 학교 심리학자가 학교 방송 시스템을 통해 최초의 총격 소리를 들었으나 그것이 총소리인 줄은 인식하지 못했다고 한다. 회의 중이던 일부 교직원들이 어디서 나는 소리인지 확인하기 위해 홀로 나갔고 그곳에서 란자를 마주치게 된다. 그중 3명의 여성이 "총기를 가지고 있다! 엎드려!"라고 소리쳐서 결과적으로 동료들을 위험에서 구하고 그들의 생명까지 구할 수 있었다고 진술했다.

하지만 학교장과 학교 심리학자는 목숨을 잃고 말았다. 란자는 교장을 비롯한 교직원들을 살해한 다음 교무실로 들어갔지만 숨어 있는 사람을 아무도 찾지 못하자 복도로 되돌아 나왔다. 그곳에서 그는 몇 초간 서 있다가 주변을 둘러보고는 그곳을 떠났다. 이때 간호사와 여비서는 911에 신고를 한 뒤에 비상구급품 함에 4시간 동안 숨어 있었고, 청소하는 분들은 복도를 돌면서 교실마다 경고를 했다. 그즈음 대체교사는 학생들을 교실 뒤편으로 모아서 화장실로 숨기려 했으나 란자가 1학년 교실 문을 힘으로 밀고 들어가서 15명의 학생 모두를 살해했다.

5분 내에 156발이나 발사된
초등학교에서의 총격

아침 9시 40분을 막 지나 경찰은 마지막 총성을 듣게 되는데 그것이 바로 란자가 교실에서 권총으로 자신의 머리 아래쪽 뒷부분을 가격했던 총소리였을 것으로 추정한다. 그의 시신 주변에서 권총과 소총이 발견되었고 총격에 사용되지 않은 다른 총기도 발견되었다. 경찰에 따르면 란자는 단 2명을 제외한 모든 피살자들에게 2발 이상의 총탄을 발사했으며, 대부분의 총격은 학교 출입문 근처의 1학년 2개 교실에서 일어났다. 희생자는 8명의 남자아이와 12명의 여자아이였으며, 그들은 모두 6~7살이었고 피살된 성인들은 모두가 학교 교사와 직원이었던 여성이었다. 총격 직후, 경찰은 란자가 학교에서 학생들을 살해하기 위해 소총을 사용했다고 발표했다.

사건 후 이튿날인 12월 15일 경찰은 기자회견을 통해 모든 희생자들은 소총에 의해 살해되었으며, 희생자들이 죽기 전에 고통스러워했느냐는 기자의 질문에 희생자들의 고통은 그리 길지는 않았을 것이라고 밝혔다. 법정에 제출된 수사 보고서에 따르면, 총격은 5분이 채 되지 않는 짧은 시간에 156발이나 발사되었다고 한다.

처음에 수사관들은 약물검사를 통해서 란자의 시신에서 약물이나 마약의 증거를 찾으려고 했다. 이러한 유형의 사건을 수사할 때의 전형적인 방식과는 달리, 수사관들은 DNA 검사도 활용했다. 약물검사 결과 그의 체내에서 마약이나 약물은 검출되지 않았으며, 그의 시신에 대한 부검 결과 그의 뇌에서도 어떤 종양이나 기형이 발견되지 않았다. 란자는 자신의 컴퓨터에서 하드 드라이브를 분리해 총격 직전에 훼손시킴으로써 경찰이 그것을 복구하는 데 상당한 어려움을 겪게 했다. 결국 그의 컴퓨터를 복구하지는 못했으나, 경찰은 란자가 2006년 미국의 수은광산 학교 총기 난사와 2011년 노르웨이 우퇴위아 섬 총기 난사를 포함한 과거 다중살상 사건에 대해서 집중적으로 검색했던 것으로 확신했다. 또한 경찰은 란자가 총기 난사를 한 후 자살하는 2건의 총기 난사 사건의 비디오 영상을 내려받았다는 사실도 알게 되었다.

여기서 그치지 않고 란자는 약 500여 건의 다중살상 사건을 망라한 7×4

피트짜리 보드를 만들었는데, 경찰은 이것이 몇 년에 걸친 작업의 결과이며, 란자가 일종의 점수표로 이용했을 것으로 판단하고 있다. 사건 이후 그의 집에서는 일본도와 미국 전국총기협회 자격증 그리고 일리노이대학교 총격 사건에 관한 신문기사 등의 물품들도 발견되었다. 그의 침실에서는 총기고가 발견되었는데, 그 안에는 무려 1,400여 발 이상의 탄알과 권총, 30구경 소총, 22구경 소총 등 기타 무기들이 발견되었다. 이들 무기는 총기 광신자로 알려진 그의 어머니가 합법적으로 소유했던 것으로 밝혀졌다. 일부 언론과 경찰에 따르면, 란자는 대부분의 시간을 지하실에서 보냈다고 하는데, 그 시간 동안 그는 총기를 다루는 일종의 '연습'을 했던 것으로 알려져 있다.

어떤 동기나 이유를
찾지 못했던 총기 난사

2013년 11월 25일에 발간된 이 사건에 대한 최종 보고서는 사건을 애덤 란자의 단독 범행으로 보고, 그가 총기와 탄약에 익숙하게 접근할 수 있었으며 다중살상, 특히 1999년 4월 콜로라도 주의 컬럼바인고등학교 총기 난사의 망상에 사로잡혀 있었다고 결론지었다. 그러나 보고서는 사건의 정확한 동기를 적시하지 못했다. 보고서에는 '정상적인 생활을 영위하며, 다른 사람들, 특히 밀접해야 할 사람들과 상호작용하는 능력에 영향을 미치는 심각한 정신 건강 문제가 있었다. 그러나 그의 정신 상태가 이번 사건에 어떤 기여를 했는지는 밝혀지지 않았다'고 나와 있다. 또한 란자가 이번 사건에 영향을 미쳤을 수 있는 어떠한 약물이나 마약을 했다는 증거를 찾지 못했으며, 왜 그가 20명의 아이들을 포함한 27명이나 사살했는지는 수많은 정보에도 불구하고 영원히 밝혀지지 않을 수 있다고 했다.

그러나 사건의 동기나 원인에 관련된 한 가지 흥미로운 쟁점은 있다. 바로 비디오 게임이다. 란자의 총기 난사 직후, 그가 종종 폭력적인 비디오 게임을 했다는 뉴스 보도로 인해 폭력적인 비디오 게임이 젊은 사람들에게 미치는 영향에 대한 논쟁이 일기 시작했다. 한편에서는 란자에게 잘못된 용기를 주었던 비디오 게임을 통해서 지속적으로 무기를 다루지 않았다면, 과연 그가 어머니의 자동차를 몰고 초등학교로 돌진할 수 있었을까 의심스럽다는 주장을 펼쳤다. 실제로 경찰은 란자의 집 지하실에서 다수의 비디오 게임을 발견했고, 경찰의 최종 보고서에도 그가 집에서 혼자 또는 온라인으로 비디오 게임을 했으며, 게임은 폭력적인 것도 있고 폭력적이지 않은 것도 있었다고 밝히고 있다. 그런가 하면 누군가는 란자가 비디오 게임을 즐겼지만 그것이 폭력적인 것은 아니었다고 진술하기도 했다. 결국 최종 보고서에서는 비디오 게임과 살상의 동기 사이의 어떠한 연계도 찾지 못했다고 기술되어 있다.

자신이 만든 공포를 이기지 못해
초등학교로 간 사나이

결국 그의 극악무도한 행동에는 복잡하고 다양한 요소들이 기여했다고 할 수 있다. 예를 들어서 학업의 상실, 직업의 부재, 단 한 명이었던 친구와의 결별, 결별에 가까운 가족과의 관계, 점증하는 소외와 격리, 자신의 유일한 보호자였던 어머니와의 관계 변화에 대한 두려움, 가족과 가정의 상실에 대한 두려움, 우울증과 불안, 식욕부진, 외부 세계와의 단절에서 일어나는 다중살상에 대한 강박 등이 그를 괴롭혔다고 할 수 있다. 결과적으로 그는 대안적 우주 속에서 홀로 다중살상에 대한 집착을 하면서 살았던 것이다.

이 사건의 동기가 될 만한 특징적인 사실은 다음과 같다. 먼저 란자는 단한 명뿐이었던 유일한 친구와 사건이 일어나기 몇 달 전에 갈라섰다. 란자는 그 친구와 함께 게임도 하고 자신의 우울증이나 정신 건강 그리고 다중살상과 연쇄살인에 대한 흥미에 대해서도 이야기를 나누었다. 두 번째는 그의 '사회적-감정적 어려움'이 4학년 이후 증대되었다는 점이다. 그는 어린 시절부터 감각과 소통의 어려움, 사회화 지연, 반복적인 행동 등을 포함한 발달장애가 있었던 것으로 알려져 있다. 2살 때부터 받던 특수교육을 4학년이 되면서 중단하고 정규학교를 다니기 시작했으나 5학년이 되면서 사람들과의 접촉을 회피하고 지나치게 두려워하는 등 발달 및 정신 건강 문제에 대한 각종 경고 신호가 나타나기 시작한 것이다.

참
조

- 『Sandy Hook Slaughter: The Newtown Shooting and Massacre in
  Connecticut - Adam Lanza』(2012), Conrad Powell
- 『The Case of Adam Peter Lanza』(2013), Steven G Carley
- 『Every Parent's Nightmare: Adam Lanza & Sandy Hook Elementary』
  (2013), John E Derossett and Marlene Derossett
- 『Massacre in Newtown: Adam Lanza's Dark Passage to Madness』(2013),
  Henry Berry
- 『Newtown: An American Tragedy』(2014), Matthew Lysiak
- 『Shooting at Sandy Hook Elementary School: The Adam Lanza Report』
  (2014), Connecticut Office of the Child Advocate
- 『The Reckoning: Searching for Meaning with the Father of the Sandy
  Hook Killer』(2014), Andrew Solomon
- 『Tragedy at Sandy Hook Elementary』(2014), The New York Times
- 『Hearts of Darkness: Why Kids Are Becoming Mass Murderers and How
- We Can Stop It』(2014), John Liebert and William J. Birnes
- 『The Unofficial Story of Adam Lanza』(2016), Sabrina Phillips

- https://www.biography.com/people/adam-lanza-21068899
- http://real-life-villains.wikia.com/wiki/Adam_Lanza
- http://www.newsweek.com/report-details-adam-lanzas-life-sandy-
  hook-shootings-286867

배트맨의 조커를 꿈꾸었던
장학생의 살상

센추리 극장의 총기난사범, 제임스 홈즈

제임스 홈즈James Holmes는 2012년 7월 20일, 미국 콜로라도 주의 오로라 Aurora 시에 위치한 센추리Century 극장에서 총기를 난사해 관객 12명을 숨지게 하고 70명을 다치게 한 미국의 다중살상범이다. 그가 행한 많은 인명 살상 그 자체도 놀라운 일이지만 우리를 더 놀라게 하는 것은 그가 이 사건 전까지는 아무런 전과 기록도 없던 평범한 사람이었다는 사실이다. 더구나 그는 극장에서 총기를 난사하기 전에 이미 아파트에 부비트랩을 설치했다고 한다. 물론 이 부비트랩은 총기 난사가 발생한 이튿날 폭발물 전담반에 의해 해체되어 폭발하지는 않았다. 당연히 그는 총기 난사 직후에 곧바로 체포되었고, 구치소에 수감되어 보석이 불가능한 채 재판을 기다리게 되었다.

홈즈는 구치소에서도 조용히 지내지 못하고 몇 번이나 자살을 시도해 병원에 입원했다. 이를 계기로 그는 재판에서 자신이 온전한 정신이 아니었으므로 형사 책임이 면책되어야 한다는 주장을 했고, 법원에서는 그의 주장을 받아들였다. 그러나 2015년에 시작된 재판에서 12건의 살인에 대한 12개의 종신형과 70명에게 부상을 입힌 데 대한 3318년의 형, 그것도 가석방이 허용되지 않는 그야말로 종신형을 선고받게 된다.

손톱 귀신을 무서워했지만
UCR에서 상위 1%로 졸업한 청년

그의 인생사는 이렇다. 홈즈는 1987년 캘리포니아의 샌디에이고San Diego 시에서 스탠포드, UCLA 그리고 버클리 캠퍼스에서 학위를 받은 수학자이자 과학자인 아버지와 간호사인 어머니 사이에서 태어났다. 그는 캘리포니아의 오크 힐Oak Hill에서 자랐고 그곳의 초등학교를 다녔다가 12살 때에 샌디에이고로 이사를 가서 그곳에서 생활했다. 그가 살게 된 지역사회는 점차 낙후되기 시작했고, 그는 웨스트뷰Westview고등학교를 졸업했다. 그는 고교 시절 크로스컨트리를 했고 축구도 했다. 가족과 함께 지역의 교회도 다녔다.

그의 변호사에 의하면, 그는 중학교 때 이미 정신 건강 문제로 고통을 받기 시작했으며, 11살 때에는 자살을 시도한 적이 있다고 한다. 홈즈에 따르면, 그는 아동기 시절 내내 밤에 벽에다 망치를 두드리는 소위 '손톱 귀신Nail Ghost'을 무서워했다고 한다. 그는 또한 총기가 다른 무기와 서로 싸우는 모습의 그림자가 눈의 가장자리에 나타났다고도 한다. 그는 정신의학자에게 보내졌지만 별 차도를 보이지 않았고, 10년 이상 무언가를 죽이고 싶은 강박에 시달렸다. 그는 보건학 관련 학생들이 살았던 건물의 방 한 칸짜리 아파트에 살았는데, 아파트 임대 신청서에 자신을 '조용하고 쉽게 사는' 사람으로 기술했다.

2011년 그는 생물학 강의실에서 만난 여학생과 데이트를 했지만 곧 헤어졌다. 헤어진 여자친구에 따르면 그는 종종 다른 사람들이 불편하게 느낄 농담을 하곤 했으며, 사람을 죽이고 싶다는 욕구를 표현했다고 한다. 그래서 그녀는 그에게 전문가의 도움을 받을 것을 권했지만 그가 거절하자 관계가 오래 가지 못하고 정리되었다.

2006년, 홈즈는 솔크^{Salk} 생물학연구소에서 인턴으로 일하며 실험용 컴퓨터 코드를 작성하는 임무를 수행했다. 그곳 상사들은 그를 고집이 세고, 의사소통이 어려우며, 사회의 적응력이 서투른 것으로 기술했고, 인턴이 끝날 때 다른 인턴에게 과제^{Project}를 발표했지만 그것을 완전히 끝내지는 못했다고 한다. 그는 그 연구소에서의 경험을 자신의 대학 입학 자기소개서에 '컴퓨터 프로그래밍 분야에 약간의 경험이 있으며, 업무가 도전적이었지만 독학으로 완결해 보고서를 제출했다'고 적었다.

고등학교를 졸업하고 그는 캘리포니아대학교 리버사이드에 입학해 2010년 최우등으로 신경과학 학사 학위를 취득하게 된다. 대학 시절 홈즈는 파이 베타 카파^{Phi Beta Kappa}•를 포함한 몇 개의 우수 학생 동아리 모임의 회원이기도 했다. 일리노이대학교에 보낸 캘리포니아대학교 리버사이드의 추천서에 따르면, 그는 평점 3.949로 동급생 중 상위 1%로 졸업했다. 그것에 의하면 그는 '매우 효과적인 지도자'였으며, 자신이 받는 교육에서 적극적이고 능동적인 역할을 하는 사람이었고, 상당히 지적이고 감성적인 성숙성을 가지고 강의를 받았다고 기술되었다. 심지어 2008년에는 그가 7살에서 13살에 이르는 아이들을 대상으로 하는 여름철 거주 캠프에서 카운슬러로 일하기도 했는데, 그곳에서 홈즈는 10명의 아이들을 책임졌지만 아무런 문제도 일어나지 않았다고 한다.

• 우등생들로 구성된 친목 단체

그러던 중 2010년에 그는 샌디에이고에 있는 의약품 코팅 처리 회사에 취직이 되었다. 직장 동료 한 사람이 그에 대해 이렇게 평했다. "그는 말대꾸를 하지 않았으며, 동료들이 괜찮으냐고 물으면 부자연스럽게 웃기만 했어요."

2011년 그는 콜로라도대학교의 신경과학과 박사 과정에 등록했고, 국립보건연구원으로부터 21,600달러에 달하는 연구 용역을 받기도 했으며, 대학으로부터 5,000달러의 생활비를 제공받았다. 일리노이대학교로부터도 22,600달러의 생활비 제공과 등록금 면제를 조건으로 입학이 허가되었으나 특별한 이유 없이 제안을 거절했다. 그러나 2012년이 되면서 그의 학업 성취도는 하락하기 시작했고, 봄 학기에 있었던 종합시험 성적도 좋지 않았다. 그 결과, 대학 당국에서는 그를 퇴학시키려고 했으나 홈즈는 스스로 대학을 그만두려던 참이었다. 2012년 6월 대학에서 주요한 구술시험에 실패한 3일 후 그는 아무런 설명도 없이 학업을 중단하고 만다. 어떤 이유에서였는지는 모르지만 그는 자신이 체포되었을 때 직업을 노동자로 적었다.

자살 충동을 느낀
무질서장애 강박증 환자

여기서 그가 센추리 극장에서 총기를 난사하게 되기까지의 사건과 정황들을 살펴보자. 먼저 그의 변호인단에서는 그가 총기를 난사하기 전 정신건강센터의 정신과 환자였다는 점을 강조했다. 물론 검찰은 이에 동의하지 않았으며, 변호인 측의 이런 주장이 있고 4일 후 재판부는 이 정보가 외부로 나가지 못하도록 차단할 것을 요청했다. 방송 보도에 의하면, 이번의 대참사가 있기 전 홈즈는 콜로라도대학교 정신 건강 전문가와 적어도 세 번 상담을 받았으며, 그중 한 사람은 홈즈가 자살 생각이 있다고 말하는 것을 듣고는 그를 강제로 정신 건강 명부에 올려 관리할까도 고려했다고 한다. 다만 홈즈가 단지 경계선에 있는 상태로 강제적으로 무언가를 시도하면 그의 정신 상태에 좋지 않은 불을 지필 수도 있다는 판단에서 그렇게 하지 않았다고 한다.

그러나 홈즈의 정신과의사 중 한 명은 총기 사건 전 그가 정신질환으로 고통을 받았고 위험할 수 있다는 우려와 의문을 가졌다. 사건 한 달 전, 그 의사는 홈즈가 자살 의사를 보였다고 학교경찰에 통보했다. 사건 2주 전 홈즈는 한 대학원생에게 혹시 무질서장애 강박증에 대해서 들어본 적이 있는지 묻는 문자를 보냈고, 그 학생에게 '자신은 나쁜 소식'이기 때문에 자기로부터 멀리 있으라고 경고했다. 한편 홈즈는 일종의 배트맨을 포함한 초영웅을 좋아하는 팬이어서 자신의 아파트를 온통 배트맨 장식으로 꾸몄을 정도였다고 한다.

센추리 극장과 총기 난사를 선택한 나름의 이유

사건을 담당했던 지방 검사에 따르면, 홈즈가 센추리16극장을 택한 것은 우선 자신이 극장을 좋아하고, 그 극장은 사상자를 더 많이 내기 위해 문을 안으로 잠글 수 있으며, 경찰이 출동하는 데 더 많은 시간이 걸리는 곳이기 때문이었다고 한다. 특히 그는 살해하고 싶지 않은 아이들이 적은 시간이 심야라고 믿었기 때문에 심야극장을 공격했다고 한다. 전해진 바에 의하면 그는 공항과 같은 다른 장소도 고려했으나, 공항은 너무 많은 경비와 보안이 있기 때문에 제외했다고 한다. 또한 공항을 공격하면 마치 그것이 테러리스트의 공격으로 혼돈할 수도 있어 피했다고 덧붙였다. 특히 테러리즘은 단순히 테러이지 메시지를 남기는 것이 아니며 자신의 메시지는 아무런 메시지도 없다는 것이라고 주장했다.

더불어 홈즈는 폭발물, 화학물질 또는 생물 무기도 공격에 사용할까 고려했지만 그러다가 혹시 자신도 날아가버릴지도 모른다는 생각에 배제했다고 한다. 그는 연쇄살인도 고려했으나 후에 '연쇄살인은 지나치게 개인적이고, 지나치게 증거가 많기 때문에 쉽게 잡힐 수 있으며 사람을 많이 살상할 수 없다'고 생각해 총기 난사를 선택했다고 한다.

7월 19일, 총기 난사가 시작되기 불과 몇 시간 전 홈즈는 자신의 정신과의사에게 노트북을 우편으로 보낸다. 그 노트북에는 총격 전 한 주 동안의 계획과 생각들이 자세히 담겨 있었다. 그러나 그 노트북은 배달되지 않은 소포로 학교 우편함에서 발견되었다. 총격 직전까지 홈즈는 누군가가 다가와 자신을 마지막 순간에라도 총격으로부터 꺼내줄 것이라는 희망을 가지고 정신 건강 위기 핫라인에 전화를 했던 것으로 알려졌으나, 단 9초 만에 통화가 끊기고 말았다.

죽고 싶다는 생각이
죽이고 싶다는 생각으로 바뀌다

홈즈는 2012년 7월 20일, 총격 직후 극장 뒤 자신의 자동차 옆에 서 있다가 아무런 저항도 하지 않고 경찰에 체포된다. 그가 무기와 기타 장비를 가지고 극장 출입문을 박차고 안으로 들어가서 연막탄을 몇 개 터뜨리고는 극장 관객을 향해 총격을 가해 12명을 살해하고 70명을 다치게 한 직후였다. 출동된 경찰관에 의하면 홈즈는 가스 마스크와 방탄복을 입고 있었으며, 그의 머리는 그가 좋아하는 영화 「배트맨」에 나오는 '조커'와 흡사한 붉은 염색을 했다고 전한다. 이어지는 재판 과정의 증언록에 따르면, 그는 체포되

정신 분열이 부른 재앙

자마자 자신의 아파트에 폭탄 장치를 설치했다고 말할 정도로 '차분하고 초연'했지만 경찰차의 뒷좌석에 태워진 후에는 총격 이후의 상황을 지켜보는 데 관심을 갖게 되었다고 한다. 출동한 경찰관은 그의 자동차와 극장에서 몇 정의 총기를 발견하고, 그의 아파트에서 폭발물을 확인했다.

홈즈는 처음 구치소에 수감될 때 '자살주의' 경계 대상으로 다른 수형자들로부터 그를 보호하기 위해 독방에 수용되었다. 재판정에서 그는 결코 판사를 바라보지 않았고, 아무런 말도 하지 않았다. '혼란스럽고 어지러운' 것으로 기술되었던 그의 외관과 행동은 그의 정신 상태에 대한 소문에 불을 지폈다. 7월 30일 콜로라도 검찰은 홈즈를 살인, 살인 미수, 폭발 장치 소지, 폭력 선동 등의 혐의로 기소했다.

8월 9일 변호인단은 홈즈가 정신적으로 질환을 앓고 있으며, 그의 질병의 특성을 파악하기 위해 시간이 더 필요하다고 주장했다. 하지만 재판부는 제출된 증거를 살펴보고 그에게 부과된 모든 혐의에 대해서 충분히 재판을 받을 수 있다고 결정했다. 그러자 변호인단에서는 사형을 피하기 위해 유죄 협상을 받아들일 용의가 있다고 제안했으나 검찰은 변호인단의 제안을 받아들일 준비가 안 되었다고 거절하면서, 재판 개시를 지연시키기 위한 변호인단의 의도적인 책략이라고 비판했다. 이에 굴하지 않고 변호인 측에서는 홈즈가 온전한 정신이 아니었으므로 처벌해서는 안 된다는 소위 '정신이상면책'을 들고 나왔다.

재판 과정에서 등장한 또 하나의 쟁점은 그가 총격 직전에 정신과의사에게 보낸 노트북이 증거로 제출되었으나 과연 그것이 증거 능력이 있는지의 여부였다. 지난 수년간 그의 노트북의 증거 능력에 관한 많은 논쟁이 있었으나, 결론은 노트북에 그의 자세한 생각들이 담겨 있기 때문에 증거로 받아들여져야 한다는 것이었다. 검찰에서는 자세한 공격 계획을 담고 있던 노트북이야말로 총격이 사전에 계획된 범행임을 증명하는 것이라고 주장하는 반면 변호인단은 오히려 글의 내용이 그의 정신질환을 보여주는 것이라고 주장했다.

그러자 법원에서 임명한 한 정신과의사는 22시간 홈즈를 면담한 후 그가 옹색한 행동과 다른 사람들과 관계 맺기를 어려워하는 점 등으로 특징되는 편집증적 인격 장애로 진단해 정신적으로 질환이 있지만 법률적으로는 온전하다고 주장했다. 또 다른 의사도 법률적으로 온전하며, 그의 정신질환이 자기 행동의 결과를 이해할 수 있는 정도라고 결정했다. 정신과의사와의 면담을 담은 비디오에 의하면, 홈즈는 총기 난사 전 경험하고 있었던 자신의 사회적 움츠림과 폭력적이고 망상적인 생각을 진술했으며, 또한 총기 난사 당시 자신이 연방 정보요원의 미행과 감시를 받고 있었는데 사건 전에 자신을 검거했으면 그런 일이 일어나지 않았을 것이라는 진술도 했다.

또한 그는 여자친구와의 결별 이후 우울증으로 생겼던 자살 생각이 살인의 생각으로 바뀌었다고도 했다. 두 번째 정신과의사도 그가 총격을 기획하고 수행할 당시 정신적으로 질병을 앓고 있었지만 법률적으로는 제정신이었다고 증언했다. 결국 홈즈는 가석방이 없는 종신형을 선고받았다.

- 'Information regarding James Eagan Holmes' 2012년 7월 20일자
  「UCR Today」
- 'Colo. shooting suspect James Holmes' apartment booby trapped,
  police say' 2012년 7월 20일자 「CBS News」
- 'Profile: Aurora cinema shooting suspect James Holmes'
  2012년 7월 21일자 「BBC」
- 'A closer look at Aurora shooting suspect James Holmes'
  2012년 7월 21일자 「USA Today」
- 'Castroville classmates stunned: As a youth James Holmes was friends
  with everybody' 2012년 7월 23일자 「The Salinas Californian」
- 'Holmes Family Stands by Son: Attorney' 2012년 7월 24일자
  「NBC San Diego」
- 'Judge allows plea of not guilty by insanity for James Holmes'
  2013년 6월 4일자 「LA Times」
- 'Through this door is horror : Opening statements begin in theater
  shooting trial' 2015년 4월 27일자 「PBS News」
- 'Aurora Shooting Trial: 10 New Things From 22 Hours of James Holmes
  Psychiatric Evaluation Interviews' 2015년 6월 5일자 「ABC News」
- 'James Holmes's Ex-Girlfriend Recalls Awkwardness and Ghoulish
  Remarks' 2015년 6월 11일자 「The New York Times」
- 'From happy boy to mass murderer : James Holmes' life story weighed
  by jury' 2015년 8월 3일자 「CNN」
- 'A Life Sentence for James Holmes, Aurora Theater Gunman Who Killed 12'
  2015년 8월 7일자 「The New York Times」

– 'Exclusive: Inside the Prison Assault on Aurora Theater Shooter
James Holmes' 2016년 3월 3일자 「ABC News」

– https://www.biography.com/people/james-holmes-20891561

정신 분열이 부른 재앙

chapter 7

우월해지고 싶은 욕구가 부른 재앙

살인을 쉽게 생각한 이들의 잔인한 이야기

사드에 열광한 커플이 보인 황무지의 살인

가장 사악한 사람, 이안 브래디와 미라 힌들리

황무지의 살인범들로 불리는 이안 브래디Ian Brady와 미라 힌들리Myra Hindley는 1960년대 3명의 어린이를 포함해 5명을 살해한 젊은 커플이다. 언론으로부터 영국 역사상 '가장 사악한 여성'으로 기술되었던 힌들리는 수감되어 있는 동안 자신이 개조된 여성이라서 더 이상 사회에 위험한 인물이 아니라고 주장하며, 자신에게 내려진 종신형에 대해 수차례 청원을 했다. 하지만 그것은 받아들여지지 않았고 결국 그녀가 60세 되던 2002년에 교도소에서 심장마비로 생을 마감하게 된다. 브래디는 1985년 최고 수준의 보안이 요구되는 정신병원에 수용된 후 온전한 정신이 아닌 것으로 선언되었다. 그는 결코 석방되기를 원하지 않았으며 반복적으로 죽게 해달라고 요청했다.

그들의 살인 행각은 과학수사 심리전문가의 말처럼 '상황의 연쇄'가 가져온 결과로 보고되었다. 최종 선고 공판에서 판사도 그들을 '최고 악행의 두 가학적 살인마two serial killers of the upmost depravity'라고 기술했으며, 그들은 가석방이 고려되기까지 아주 오랜 시간 교도소에 수용될 필요가 있다고 판시

우월해지고 싶은 욕구가 부른 재앙

했다. 특히 브래디는 우리가 믿는 그 이상으로 사악하며 그에게서 개선의 가능성을 전혀 보지 못했다고도 언급했지만 힌들리에 대해서는 브래디의 영향에서만 벗어나면 브래디와 같은 장기 수용 등의 필요성이 굳이 없을 것이라고 판단했다. 그러나 그들은 재판 전반에 걸쳐 철저하게 거짓 전략에 매달렸다. 그 후에도 힌들리는 전혀 양심의 가책을 가지지 않고 거짓말을 하는 조용하고, 통제되고, 냉정한 증인으로 기술되었다.

어릴 적부터 공격성이
표출됐던 브래디

브래디는 스코틀랜드Scotland의 글래스고Glasgow에서 이안 던칸 스튜어트Ian Duncan Stewart라는 이름으로 태어났는데, 당시 그의 어머니는 28세의 찻집 종업원이었다. 아버지의 신원은 밝혀지지 않았지만 어머니는 이안의 아버지가 이안이 태어나기 직전에 사망한 기자라고 주장했다. 아이를 돌볼 여력이 없게 된 어머니는 어린 이안을 지방 어느 부부에게 보낸다. 맡겼을 당시만 해도 그의 어머니는 아들을 보러 자주 들렀지만 아이가 자라면서 방문 횟수가 점차 줄었다고 한다.

그가 12살이던 해, 그의 어머니는 새 남편 패트릭 브래디Patrick Brady와 함께 맨체스터Manchester로 이주를 하게 된다. 여기서 브래디라는 성을 가지게 된 이안은 어린이지만 동물을 고문하고 죽이기를 즐겼으며, 개에게 불을 지르기도 했다. 나중에는 아이들을 공격하기 시작했다고 한다. 초등학교 시절부터 브래디는 낙제생으로 간주되었고 남과 어울리지 않고 홀로 지냈다고 한다. 이때쯤, 그는 제2차 세계대전과 나치에 흥미를 갖게 되고 심지어는 독일어를 배우려고도 했다. 그가 좋아했던 책 중에는 히틀러의 자서전과 도

스토예프스키의 『죄와 벌』 그리고 사드Marquis de Sade의 『쥐스틴Justine』 등이 있고 그 밖에 가학성에 관한 덜 알려진 책들이 있었다. 13세와 16세 사이에 그는 주거 침입과 절도로 세 번이나 기소되어 보호관찰 처분을 받았고, 세 번째 기소 후에 그는 맨체스터에 있는 어머니와 계부의 집으로 이사해 그곳에서 또 다시 범행을 해 우리의 소년원과 유사한 두 곳의 소년훈련센터에서 시간을 보내게 된다. 그곳에서 부기를 배워 후에 한 회사의 재고 관리직으로 일하게 되는데, 그곳에서 힌들리를 만나게 된다.

브래디와 힌들리의 운명적인 만남

브래디는 부모의 극진한 보살핌에도 불구하고 외롭고 상대하기 어려운 아이였으며 다혈질로 교우들과 화합하는 것이 힘들었다고 한다. 반면에 그는 나치와 니체의 작품에는 환상을 가졌다. 그는 계부의 성을 따름으로써 새로운 가족과 가정에 소속감을 가지려고 노력했으나 사드와 기타 가학적 작가들의 작품은 물론이고 제3 제국에 대한 지속적인 관심을 통해 진정한 쾌감을 발견하게 된다. 그는 집으로 돌아간 지 얼마 되지 않아 다시 범죄의 세계로 되돌아갔으며, 그 결과 17세가 되는 시기에 교도소로 가게 된다. 출소 후 그는 더욱 외로운 사람이 되었고 여러 다양한 단순 노동 일자리를 찾아 옮겨 다녔다. 하지만 그는 맨체스터의 한 회사의 관리직으로 들어갔고, 그곳에서 힌들리를 만나게 된다.

맨체스터에서 태어난 힌들리는 브래디에 비해서 훨씬 더 정상적인 아동기를 보낸 것으로 알려져 있다. 그녀는 중산층 주거 지역에서 자랐으며, 힌들리의 아버지는 노동자였고, 어머니는 기계공이었다. 하지만 그녀의 아버지는 군에서 '강직한 사람'으로 알려졌으며 당연히 딸도 자신과 마찬가지여야 한다고 생각해 싸우는 방법을 가르쳤으나 알코올의존자로서 힌들리를 신체적으로 학대하기도 했다. 그리고 힌들리는 그녀의 동생이 태어나자 외할머니에게 보내졌다.

힌들리의 방황과
브래디의 초쾌락이 만나다

힌들리의 학창 시절을 살펴보면 그녀의 외할머니는 대수롭지 않은 이유들로 그녀를 학교에 가지 못하게 해 결석하는 날이 많았다. 그럼에도 그녀는 좋은 성적을 보였고 운동도 즐겨 훌륭한 수영선수이기도 했다. 10대에는 어린이를 잘 돌보아서 인기가 있었다. 힌들리가 15세이던 어느 날, 그녀는 수영을 가자는 친구의 제의를 거절했는데 그날 그 친구가 익사하는 일이 벌어졌다. 그녀는 자신이 같이 갔다면 친구가 죽지 않았을 수도 있다고 생각해 정신적으로 상당한 충격을 받았다.

그때부터 힌들리는 머리카락을 탈색하기 시작했고, 얼마 지나지 않아 학교를 그만두고 기계 공장에 취직을 하게 된다. 17세 때 짧은 약혼 기간을 갖지만 결혼 생활이 그다지 매력적이지 않다고 생각해 파혼하게 된다. 18세가 되어 그녀는 새로운 직장을 구하고 그곳에서 네 살 위의 브래디를 만난다. 브래디는 그녀에게 히틀러와 나치에 대해서 가르치고, 사드에 대해서 이야기하고, 강간과 살인이 잘못된 것이 아니라는 그의 신념을 나누기도 했다. 그에게 감화된 힌들리는 짧은 스커트를 입고 긴 부츠를 신기 시작했고, 머리카락을 계속해서 탈색했으며, 심지어 세상에 신은 없다는 그의 말을 믿고 그 이후 교회도 나가지 않았다.

힌들리는 브래디의 초연함에서 로맨스와 지성을 보고 불가항력적으로 브래디에게 끌렸으며, 그녀는 브래디가 자신에게 약간의 관심을 보이기 전부터 일 년 이상 자신의 일기에 끊임없이 그에 대한 격정을 적었다. 결국 그는 그녀에게 데이트를 청하고 둘은 급격하게 가까워졌다. 브래디는 재빨리 자신의 극단적인 정치관을 그녀에게 주입하고, 첫 데이트에서 그녀에게 「뉴렘버그 재판Judgment at Nuremberg」이라는 영화를 보게 하고, 히틀러와 사드의 작품들을 권장했다. 그녀에게 브래디는 첫사랑이었으며, 얼마 되지 않아 그녀는 완전하게 그의 통제를 받게 되어 그를 기쁘게 해주기 위해 옷을 입고 치장을 하며 그의 극단적인 정치적 관점을 받아들인다. 심지어는 음란사진을 찍기도 한다. 그녀의 의심하지 않는 절대적 수용에 자극을 받고 힘을 얻은 브래디는 더욱 분개해 살인과 강간은 '초쾌락supreme pleasure'이라는 절정에 이르게 된다. 힌드리의 가족과 친지들은 브래디가 그녀에게 미친 집합적 영향을 알게 되었다. 그러자 그녀는 점점 더 비밀스럽고 확고해졌다.

커플의 살인 행각은
점점 대담해지고

브래디는 강도 계획을 가장해 힌들리의 맹목적인 충성심을 시험했고, 그녀는 아무런 의심도 하지 않고 계획을 실행하기 위해 필요한 모든 조치를 취했다. 그는 그런 힌들리에게 만족하기도 했다. 브래디는 고통과 쾌락에 대한 자신의 이상을 실현하는 데 도움을 줄 영혼의 단짝을 찾았다고 믿었다.

힌들리의 주장에 의하면, 브래디는 1963년 7월 살인을 범하는 것에 대해 이야기하기 시작했고, 12일 드디어 그들의 첫 번째 희생자인 16세의 폴린 리드Pauline Reede를 유괴해 살해한다. 같은 해 12월에는 두 번째 희생자인 12살의 어린 소년 존 킬브라이드John Kilbride를 유괴해 강간한 다음, 밧줄로 목을 졸랐다. 1964년 6월 16일, 그들은 또 다시 할머니에게 가고 있던 12살의 어린 소년 키스 베넷Keith Bennett을 유괴해 살해한다.

같은 해 12월 26일에는 축제가 열리는 곳에 가서는 10살밖에 안 된 소녀인 레슬리 다우니Lesley Ann Downey에게 접근해 짐을 나르는 것을 도와달라고 부탁해 소녀를 그들의 집으로 데리고 가서 옷을 벗기고 누드사진 촬영을 위한 자세를 취할 것을 강요한다. 그 후 소녀는 그들이 고문을 가하는 장면을 녹화한 뒤에 강간을 당하고 살해되어 새들워스Saddleworth 황무지에 묻힌다. 1965년 10월 6일에 그들은 17살의 에드워드 에반스Edward Evans를 집으로 초대해 도끼로 살해한다. 힌들리의 여동생 남편인 데이비드 스미스David Smith도 함께 현장에 있었는데 현장을 치우는 것을 도와주고는 아내에게 돌아가서 경찰에 신고한다.

경찰은 그들의 아파트를 즉각 조사해 모포로 감싸진 에반스의 시체와 그를 살해한 도끼를 발견한다. 브래디는 체포되지만 그는 자신들을 신고한 스미스를 비난한다. 10월 15일 아파트를 재조사했을 때 경찰은 브래디와 힌들리 그리고 다우니의 목소리가 담긴 테이프 레코드와 다우니의 사진은 물론이고 킬브라이드의 이름이 새겨진 노트북과 그의 무덤에 서 있는 힌들리의 사진을 찾게 된다.

그들에 대한 증거가 쌓이는데도 브래디와 힌들리는 계속해서 스미스를 비난하고 그에게 책임을 떠밀게 된다. 1965년 4월 27일 그들에 대한 재판이 열리고 두 사람 모두에게 살인 혐의로 유죄가 확정되지만 그들이 체포되기 몇 주 전 영국이 사형제도를 폐지해 그들은 결국 사형 대신에 종신형에 처해지게 된다. 복역 중이던 1985년 브래디가 리드와 베넷의 살인도 자백하자 또 다시 그들에 대한 수사가 재개되어 7월 1일 다우니가 묻혔던 근처에서 리드의 시신이 발견됐으나 베넷의 시신은 끝내 찾지 못했다.

황무지에 매장된
어린 소녀와 소년

브래디와 힌들리는 아주 단순한 계략으로 10살에서 17살 사이의 소년과 소녀를 유괴해 살해했다. 그들을 자신들의 차량에 강제로 태운 다음, 마지막 희생자인 에반스를 제외한 모든 경우에 브래디가 강간한 다음 아마도 신발끈과 같은 것으로 목을 조르거나 목을 잘라서 살해했다. 살해 후에는 시신을 새들워스 황무지에 매장했던 것이다. 다우니를 살해하기 전 그들은 강제로 그녀의 누드사진을 찍고, 심지어는 고문하는 장면을 녹화하기도 했다. 그들이 에반스를 살해할 때는 브래디가 도끼로 때려서 살해했고, 전깃줄로 사체를 묶기도 했다. 한 과학수사 심리전문가는 힌들리의 아버지가 그녀에게 주입했고 가르쳤던 싸움이 황무지 살인 사건 속 힌들리의 역할을 이해하는 데 '중요한 증거의 조각'이라고 지적했다. 그는 그녀가 아버지와의 관계로 인해 가정 폭력에 익숙해졌을 뿐만 아니라 외부에서의 폭력에 보상을 받았을 것이라고 했다. 이런 일이 어린 시절에 벌어지게 되면 일생 동안 그러한 상황에 대한 반응과 대응을 왜곡시킬 수 있다는 것이다.

브래디는 최고 수준의 보안이 요구되는 정신과병원에서 1999년 10월 평생을 교도소에서 보내기보다는 차라리 굶어 죽을 권리를 요구하며 단식 투쟁을 벌인다. 그러나 2000년 3월 고등법원에서는 그의 요구를 기각하고 병원에게 강제 급식의 권한을 부여한다. 2001년 8월 브래디는 다시 한 번 신문의 첫 장을 꾸미게 되는데, 이번에는 그가 연쇄살인에 대해 쓴 책, 『야누스의 문^{Gates of Janus}』에 대한 인세로 1만 2천 파운드를 벌게 되었다는 것이 알려졌기 때문이다. 비록 자신의 범행에 대한 언급은 없을지라도, 그의 저서 출판은 피해자 가족을 비롯한 많은 사람들의 비난을 받게 된다. 여기서 그치지 않고 그가 죽은 후에 출판할 계획으로 자신의 자서전을 저술해 원고를 변호사에게 맡긴 것으로 알려지기도 했다. 더욱 우스운 것은 그가 자신의 피해자의 한 사람이었던 베넷의 어머니에게 옥중 서신을 보내, 자신이 정치적 목적으로 강제 급식으로 연명하고 있다는 불평을 늘어놓았다고 한다. 현재까지 브래디는 잉글랜드와 웨일즈에서 가장 오랫동안 교도소에 복역하는 범죄자라고 한다.

- 『The Monsters Of The Moors: The full account of the Brady-Hindley case』
  (1967), John Deane Potter
- 『On iniquity: some personal reflections arising out of the Moors murder trial』
  (1967), Pamela Hansford Johnson
- 『The Moors Murders: The Trial of Myra Hindley and Ian Brady』(1986),
  Jonathan Goodman
- 『Brady and Hindley: The Genesis of the Moors Murders』(1986),
  Fred Harrison
- 『Myra Hindley—Inside the Mind of a Murderess, Angus & Robertson』
  (1988), Jean Ritchie
- 『Topping: The Autobiography of the Police Chief in the Moors Murder Case,
  Angus & Robertson』(1989), Peter Topping
- 『Moving Targets: Women, Murder, and Representation』(1994),
  Helen Birch
- 『Sin and Forgiveness: New Responses in a Changing World』(2003),
  Kay Carmichael
- 『Serial Murder and Media Circuses』(2006), Dirk Cameron Gibson
- 『Serial Killers and Mass Murderers: 100 Tales of Infamy,
  Barbarism and Horrible Crime!』(2008), Joyce Robins and Peter Arnold
- 『Face to Face with Evil: Conversations with Ian Brady』(2011),
  Chris Cowley
- 『Witness: The Story of David Smith, Chief Prosecution Witness
  in the Moors Murders Case』(2011), Carol Ann Lee and David Smith
- 『One Of Your Own: The Life and Death of Myra Hindley』(2011),
  Carol Ann Lee

- 『The Lost Boy』(2012), Duncan Staff

- https://www.biography.com/people/ian-brady-17169718
- http://criminalminds.wikia.com/wiki/Ian_Brady_and_Myra_Hindley

성적 학대가 성적 유희로 이어진 연쇄살인

부부 살인마, 프레드 웨스트와 로즈메리 웨스트

프레드 웨스트Fred West는 작은 시골 마을에서 여섯 형제자매 중 둘째로 태어났으며, 그의 주장에 의하면 자신의 가정에서는 다양한 유형의 성적 학대가 다반사였다고 한다. 그의 아버지가 친딸과 성적 관계를 가지는가 하면 자신에게도 수간을 가르쳤다고, 그는 주장했다. 또한 자신이 12살 때 어머니도 자신을 성적으로 학대하기 시작했다고 한다. 뿐만 아니라 프레드 자신도 근친상간에 가담하고 심지어는 여동생을 임신시키기도 했다는 주장이 있지만 사실인지 확인되지는 않았다. 그럼에도 불구하고 프레드와 그의 어머니는 매우 가까웠다고 한다. 프레드가 미술이나 목공에 소질을 보이는데도 학업 성적이 아주 나쁘다고 체벌을 받았을 때, 뚱뚱한 그의 어머니는 매력적이지 않은 옷차림으로 학교를 방문해 아들에게 체벌을 가한 교사들에게 얼굴을 맞대고 소리를 지르곤 했다.

---

bestiality, 동물과의 성교

우월해지고 싶은 욕구가 부른 재앙

딸을 강간하고 살해하고
매장한 프레드

프레드는 거의 문맹이었지만 15세에 학교를 그만두고 농장의 일꾼으로 일자리를 구하게 된다. 그가 16살 때는 그의 외모가 한결 나아져서 여자아이들에게 좀더 매력적으로 보이게 되었다. 그러나 17살 때 그는 자동차 사고를 당해 일주일 동안 의식이 없었으며, 그로 인해 그의 뇌 속으로 철판을 집어넣었는데 그것이 다리 하나를 건드려서 한쪽 다리가 다른 쪽 다리보다 영구적으로 짧게 되었다. 그 후 프레드는 성질이 나빠졌으며 분노를 종종 폭력적으로 분출했다. 사고 2년 후, 그는 한 소녀의 치마에 손을 넣다가 소녀가 그를 화재 비상구로 밀어 떨어뜨려서 머리를 다시 다치게 된다. 19세가 되자 프레드는 13세 여자아이를 추행하여 유죄가 확정되지만 그가 간질로 고통을 받고 있다는 의사의 주장으로 실형을 살지는 않았다. 그 후 그는 누이와 함께 생활했으나 나머지 가족과는 실질적으로 관계가 단절되었다. 가족에게 버려진 것이나 마찬가지였다.

프레드는 건설회사에 취직을 하지만 물건을 훔친 혐의로 해고되고, 좀도둑이었다가 나중에는 매춘까지 하게 된 옛 여자친구를 다시 만나 결혼해서 아이도 낳는다. 그는 매일같이 아내에게 성을 요구하지만 '통상적 성'에는 별 관심을 갖지 않았다. 그는 아이스크림 판매 트럭을 운전하며 돈을 벌었는데 이 일이 그에게 어린 여자아이들을 접할 기회를 제공했다.

어머니가 사망하자 프레드는 좀도둑질을 하면서 일자리를 여러 번 바꾸었다. 짧은 기간이나마 제과점의 트럭을 운전할 때 그는 미래의 아내이자 공범인 로즈메리 웨스트Rosemary West를 만나게 된다. 프레드는 일반적이고 상식적인 성에는 별 관심을 가지지 않았다. 자신의 친딸에 대한 성적 관심을 버리지 못해 큰딸에게 근친상간을 강요하다가 큰딸이 남자친구와 같이 살기 위하여 집을 떠나자 그는 둘째와 셋째 딸들에게로 관심을 돌린다. 그러나 둘째 딸이 아버지에게 저항하고 친구들에게 집안에서 벌어지고 있는 일들을 말하고 다니자 프레드는 둘째 딸을 살해하고 시체를 절단하여 뒤뜰에 매장해버린다.

학대가 학대를 빚는 악순환

로즈메리도 프레드와 마찬가지로 집안에 문제가 많고 학대가 빈번했다. 그녀의 아버지는 가족을 끊임없이 학대했던 정신분열증 환자였다. 특히 그녀의 어머니는 로즈메리를 임신하고 있을 때 심각한 우울증 치료를 위해 전기충격요법을 받았으며 로즈메리는 아버지로부터 성적으로 학대를 당했다. 그녀는 그리 똑똑하지도 않았고 약간 비만이었기 때문에 종종 놀림을 당했고 그때마다 그녀는 자신을 놀리는 사람에게 공격적으로 대응했다. 10대 때부터 로즈메리는 성적으로 보다 능동적이 되었는데, 심지어는 자신의 친동생과 한 침대에 들어가서 성적으로 추행을 하다가 아버지에게 걸리기도 했다. 그녀의 매력적이지 않은 체형과 아버지의 규율 때문에 동년배의 남자아이들과 데이트를 즐기지 못하게 되자, 그녀는 자신이 살던 주변의 나이 많은 어른들과의 관계를 추구했고 그들 중 한 사람이 그녀를 악용하여 강간을 했다. 로즈메리가 15살 때 어머니도 아버지의 학대를 견디다 못해 그녀를 데리고 집을 나오게 된다.

얼마 후 로즈메리는 12살이나 많은 프레드를 만나게 된다. 프레드는 로즈메리를 끔찍하게 아꼈지만 로즈메리의 어머니는 그들의 만남에 반대해

트레일러에 살던 프레드를 찾아가 위협하기도 했다. 그럼에도 로즈메리는 프레드의 아기를 낳아 전처의 아이들과 같이 키우게 되지만 별 수 없이 전처의 아이들을 학대하게 된다. 그러던 1971년 여름의 어느 날, 프레드는 딸아이를 심하게 때려 숨지게 한 뒤 시신의 손가락과 발가락을 절단하고 부엌 밑에 매장을 한다. 숨진 딸을 찾으러 왔던 어머니, 프레드의 전처도 숨지자 프레드는 용의자로 의심을 받게 된다.

아내에게
매춘을 강요한 남편

이듬해 그들은 결혼식을 올리지만 프레드는 아내에게 다른 남자들과의 성관계를 권장하고 종종 그 장면을 문구멍을 통해 구경하기도 했다. 그는 또한 아내의 선정적인 사진을 촬영하여 매춘광고용으로 잡지에 게재도 한다. 이듬해 그들은 둘째 딸을 낳게 되자 아내의 매춘업과 늘어난 식구들의 공간을 확장하려고 이사를 하게 되는데, 바로 그곳에서 그들은 강간과 살인을 저지르게 된다. 로즈메리는 그 후로도 수 년 동안이나 매춘을 계속하지만 그 와중에서도 아이를 7명이나 더 낳게 된다. 그중 셋만 프레드의 자식이고 다른 하나는 아마도 결혼 후에도 그녀와 근친상간을 했던 친아버지와의 사이에서, 나머지 셋은 인종이 섞인 아이들로 매춘 고객의 자식일 것으로 추정되었다.

로즈메리는 부모 모두가 정신질환을 앓고 있어 임신과 출산에 어려움이 많았다고 한다. 심각한 우울증을 앓고 있던 어머니에게 행해진 전기충격요법이 아마도 로즈메리의 낮은 학업 성취도와 성장 과정에서 벌어진 일련의 공격성에 기여했을 것으로 보인다. 부모님들의 결혼 생활 역시 문제투성이였는데, 아버지는 폭력적인 공격 성향을 가진 망상적 정신분열증이 있어 가족들에게 무시무시한 독재적 존재였다고 한다. 여기에다 로즈메리 자신도 아직 어린 10대이면서도 세 자녀를 돌보아야 한다는 압박감이 공격적이고 변덕스러운 성향으로 이끈 요인으로 추정된다.

고문하고 강간하고
살해하고

부부의 살인 수법은 이렇다. 그들은 극장에서, 버스 정류장에서, 길에서 여성들을 납치하여 자신들의 집으로 데려와 고문하고, 강간하고, 살해했다. 웨스트 부부는 적어도 10명의 젊은 여성을 살해했으며, 대부분은 손발을 자르고 그들의 집 지하 공간에 매장했다. 이들 부부는 영국에서 알려진 가장 잔인한 연쇄살인 부부로서 심지어 2명의 친자녀까지 살해한 것으로 알려져 있다. 웨스트 부부의 피해자들은 10대 중반에서 20대 초반의 젊은 백인 여성들이었으며, 몇 명은 그들과 관계된 사람들이었다. 그 외 그들과 관계가 없었던 사람들은 보통 보모나 다른 일자리를 주겠다는 약속을 믿고 그들의 집으로 유인되었다. 피해자들이 그들 부부의 통제 하에 들어가면, 며칠 동안 피해자들을 정교하고 가학적으로 감금하고 고문하며 강간한 다음 목을 조르거나 질식시켜 살해해서 자신들의 땅에 매장했다. 프레드는 그들을 파묻기 전에 피해자의 손톱과 발톱을 잘라내고, 때로는 시체의 무릎을 자르기도 했다.

이들이 살인을 행하는 동안, 프레드는 전처와의 사이에서 태어난 친딸도 성적으로 학대했으며, 그녀는 결국 임신을 하게 되었지만 나팔관 임신이었기에 유산되고 만다. 그 딸이 떠나자, 프레드는 아내와 아내의 친아버지 사이에서 태어났을 것으로 추정되는 딸과 아내와 자신과의 사이에서 태어난 또 다른 친딸을 학대하기 시작한다. 프레드는 피해자를 집의 차고나 정원 밑에 매장하여 처리했으며, 그것을 위장하기 위하여 마치 집수리를 하는 것처럼 보이게 했다.

그러던 어느 날 프레드는 자신의 친딸 중 한 명을 강간하는 장면을 영상으로 촬영하자, 딸이 친구들에게 그 사실을 말하고 친구 중 한 사람이 경찰에 신고함으로써 그 전부터 의혹을 가지고 있던 경찰이 수색 영장을 발부받아 아동학대의 증거를 찾기 위하여 가택을 수색하게 된다. 프레드는 미성년자에 대한 강간과 유사 성교 혐의로 체포되고 로즈메리는 공범으로 체포된다. 프레드가 구금되어 있는 동안 그녀는 우울증에 빠져 자살을 시도하기도 하지만 아들 중 한 명이 그녀를 구하게 된다. 불행하게도 강간 혐의는 피해자들이 취하하면서 기각된다.

그러나 담당 경찰은 그들의 과거에 의문을 가지고, 딸의 실종과 말을 듣지 않으면 땅에 묻을 수도 있다고 겁을 주었다는 딸들의 증언을 바탕으로 새로운 영장을 발부받아 땅을 파게 되지만 일이 싱겁게 되고 만다. 구금되어 있던 프레드가 살인 1건을 자백했기 때문이다. 그래도 계속 땅을 파자 다른 시신들이 추가로 발견되고 결국 프레드는 교도소에서 목을 매달아 자살하고 만다.

- 「Out of the Shadows: Fred West's Daughter Tells Her Harrowing Story of Survival」(1995), Anne Marie West
- 「Inside 25 Cromwell Street」(1995), Mae West and Stephen West
- 「Fred and Rose: The Full Story of Fred and Rose West and the Gloucester House of Horrors」(1995), Howard Sounes and Jonathan Oliver
- 「An Evil Love: The Life of Frederick West」(1997), Geoffrey Wansell
- 「Happy Like Murderers」(1999), Gordon Burn
- 「The Lost Girl: How I Triumphed Over Life at the Mercy of Fred and Rose West」(2004), Caroline Roberts and Stephen Richards
- 「The Cromwell Street Murders: The Detective's Story」(2005), Reverand John Bennett
- 「She Must Have Known: Trial of Rosemary West」(2011), Brian Masters
- 「Rose West: The making of a Monster」(2012), Jane Carter-Woodrow

- http://criminalminds.wikia.com/wiki/Fred_and_Rosemary_West
- http://murderpedia.org/female.W/w/west-rosemary.htm
- https://www.biography.com/people/rosemary-west-230321#arrest

인간을 그냥 또 다른 짐승으로 대했던 네 남자

시카고의 살인광 패거리

살인광 패거리The Ripper Crew는 로빈 게히트Robin Gecht를 중심으로 에드워드 스프레이처Edward Spreitzer, 앤드류Andrew와 토마스 코렐리스Thomas Kokoraleis 형제 4명으로 구성된 패거리로 미국의 시카고 지역에서 일련의 강간과 살인을 저질렀던 연쇄살인, 강간범의 무리이다. 살인 사건 이전에 이들에 대한 정보는 대장인 게히트가 우연의 일치로 같은 연쇄살인 강간범이었던 존 웨인 게이시가 소유했던 PDM이라는 도급회사의 직원이었다는 사실 외에는 특별히 알려진 것이 없었다. 두목인 게히트는 연쇄살인과 강간 외에도 자신의 친여동생을 성추행한 혐의도 받고 있다.

이들 패거리는 1981년 5월 23일, 그들의 첫 번째 피해자가 된 린다 서턴Linda Sutton이라는 이름의 매춘 여성을 납치하여 강간하고 살해하면서 범죄를 시작했다. 시카고 교외의 한 모텔에서 심한 냄새가 난다는 신고 전화를 받고 출동한 경찰에 의해 첫 번째 피해 여성의 시신이 발견되는데, 처음에는 고약한 냄새가 사슴의 사체에서 나는 것으로 믿었으나 경찰이 곧바로 모텔 뒤편의 마당에서 그녀의 시신을 발견하게 된다. 그녀는 수갑이 채워지고, 찔리고, 절단되고, 왼쪽 가슴이 절단되어 있었다고 한다.

살인광 패거리의 범행 수법은 이렇다. 스프레이처와 코렐리스 형제가 피해자를 찾는다. 그들은 밴을 몰고 시내를 돌아다니다가 대부분이 매춘부인 잠재적 피해자를 찾으면 그들 스스로 "사탄의 교회Satanic Church"라고 불렀던 게히트의 아파트로 데려가서 그곳에서 피해자를 때리고, 고문하고, 강간하고, 그들의 의식대로 절단했던 것이다. 피해자들은 칼에 찔려서, 목이 졸려서, 총에 맞아서, 심지어 도끼로 난도질을 당하는 등 다양한 방법으로 살해되었는데, 동료들이 피해자를 잔인하게 살해하는 동안 게히트는 사탄의 성경Satanic Bible 구절을 암송했다. 모든 사건을 통틀어, 그들은 피해 여성이 아직 살아 있는 동안 가슴을 밧줄로 된 교수형 도구로 제거했고, 잘려진 가슴 살집 안으로 자위행위를 했으며, 심지어 가슴 살집을 잘게 썰어서 그것을 씹어 먹기도 했다. 그들은 피해 여성들을 살해한 다음 도시 주변의 숲속이나 다리 밑이나 계곡에 내다 버렸다.

사탄의 교회에서
사탄의 성경을 읽으며 살인하다

한때 '살인 광대Killer Clown'로 알려졌던 존 웨인 게이시가 구금되어 있는 동안 그의 회사에 고용되어 일하던 게히트가 자신의 조직Cult을 구성한 것으로 알려져 있다. 사탄 의식과 헤비메탈 음악 그리고 살인에 빠진 이 살인광 패거리는 식인주의Cannibalism와 시신 절단광necromutilomania이 되었다. 그들은 매춘 여성들을 납치하여 난도질하면서 유방을 절제한 뒤에 절단된 시체와 유방에 성행위를 했다. 특히 성찬식이라고 불리는 의식이 행해지는 동안 피해자의 살집을 잘게 썰어서 곤죽으로 만들어 자위행위를 하거나 먹기

우월해지고 싶은 욕구가 부른 재앙

위해 모아두었다. 게히트는 왜 가슴에 사로잡혔는지에 대한 질문을 받자 증조할아버지까지 거슬러 올라가는 가족 전체에 걸친 문제라고 답했다. 그는 가족 전체가 가슴이 큰 여성들과 결혼을 했으며, 자신의 전처도 가슴 크기가 매우 커 아주 만족스러웠다는 것이다.

게히트와 관계된 여성들은 그를 젖꼭지와 가슴에 강박을 가진 사람으로 기술했다. 그는 그냥 여성의 젖꼭지를 절단하고 훼손하는 등의 행위를 통해 '젖꼭지가 어떻게 작동하는지' 알고 싶었다고 설명한다. 그는 여성의 가슴에 생체 해부를 시행하는 욕정을 가진 남자였다. 심지어 그는 아내의 젖꼭지도 절단했다고 한다. 또 하나 게히트의 기이함은 그가 자신의 아파트를 일종의 '사탄의 교회'로 개조하여 벽에는 변형된 거꾸로 된 십자가를 걸고 '사탄의 성경'을 읽곤 했다는 점이다.

그는 또한 헤비메탈 음악에 심취해서 그 안에서 정신적 의미를 찾으며 한 집단의 지도자가 되었다. 그에게 한 가지 부족했던 것은 오직 헌신적인 추종자였다. 그런 그에게 에드워드, 앤드류, 토마스는 지능이 평균 이하로, 언제 어디서나 누구를 막론하고 따랐을 사람들이었다. 그들은 연약하고, 고독하고, 취약한 피해자들을 학대하면서 괴롭힐 수 있는 소년들이었다. 그들은 조직을 최고의 가치로 숭상하기에 아동 성 학대와 강간도 용인하고, 소속감을 위해 개인을 희생하고 범죄가 자행되는 것을 관망하며, 자신들의 이상함을 논쟁으로 합리화하고, 양심을 확인하는 대신 죄의식은 반사시키는 사람들이었다. 그러나 결국 그들은 자신들의 지도자에게 배척당하고 이용당하거나 반대로 지도자를 배반한다.

아마도 이들 패거리는 어릴 적부터 학대를 당했고 그래서 희망이 없는 삶을 살았고, 죽음이 그들의 별 볼 일 없는 삶을 마감해줄 것이라고 믿었을 것이다. 그래서일까? 그들은 『구약성서』에서 동물을 제물로 받치는 야만적 관행을 말이 안 될 정도로 잔인하게 현대적 의례로 변형시켰다. 당시 시카고 지역 언론에서는 게히트 패거리를 '살인광 잭Jack the Ripper'이라고 지칭하며 불안에 떨었다. 당시 10대의 젊은이들은 1980년대를 휩쓸던 사탄의 경배와 숭배에 탐닉하기 쉬웠을 것이다.

그중에서도 게이트 패거리들의 의식rituals은 대다수 젊은이들에 비해 더 나아갔다. 그들은 피해자들의 인육을 뜯어 잘게 잘라서 고대 악마 공동체에서 하던 것처럼 소비했던 것이다. 그들은 제단을 중심으로 무릎을 꿇고 둘러앉아 게히트가 준비한 교수형 도구로 신성하게 가슴을 제거했다. 게히트가 사탄의 성경을 읽으면 동료들이 돌아가면서 시신의 가슴 부분에 자위를 한 뒤 잘라서 나누어 먹었다고 한다. 훗날 경찰이 게히트의 부하들에게 왜 그러한 잔인하고 불법적인 행동을 했는지 묻자 게히트에게는 자신이 원하는 무엇이건 하도록 만들 수 있는 힘이 있었다고 믿었다는 것이다. 그래서 "그냥 하라면 해야만 했다"고 답했다. 그들은 게히트가 일종의 초자연적 힘과 관계를 가졌다고 확신했고 그가 원하는 대로 하지 않으면 무슨 짓을 할지도 모른다고 두려워했다는 것이다.

어떤 말로도 표현할 수 없는 가학적 살인

종합해보면 게히트의 부하들은 연쇄살인범이 아니라 단지 연쇄살인 사건의 종범, 즉 주범 게히트의 살인 교사를 따랐을 뿐이다. 하지만 게히트 자신은 연쇄살인범이 아니며, 어떤 범행에도 가담하지 않았으며, 절대로 누구도 살해하지 않았다고 주장했다. 사실은 다른 사람으로 하여금 자신을 위

우월해지고 싶은 욕구가 부른 재앙

하여 누군가를 살해하거나 해를 가하게 하는 살인교사범 즉, 찰스 맨슨 형태의 살인범은 흔치 않다고 한다.

그러나 패거리 동반자들의 자백에 의하면, 게히트는 정확하게 그런 유형의 사람이었다고 한다. 무려 4명이나 가담하여 그토록 오랫동안 많은 사람을 성적으로 학대하면서 가학적 살인을 행한다는 것은 매우 비정상적인 일이다. 범죄학자 히클리Hickley는 "일부 연쇄살인범에게 살인은 참여와 관망이 동시에 일어나는 일로써, 동료 약탈자가 인명을 살상하는 것을 관찰함으로써 어쩌면 살해 행위를 수행하는 것만큼이나 힘과 권력을 경험할 수 있으며, 둘의 관계의 병리는 공생적으로 작동한다"고 설명했다. 즉, 살인범들 각자가 동료의 흥분에 무언가 다른 것을 더하게 된다는 것이다. 아마도 혼자서는 할 수 없는 것을 위험한 접촉 안에서 할 수 있었을 것이라는 주장이다.

시카고의 살인광 패거리들에 의한 연쇄살인은 보편적으로 알려진 것과는 반대로, 그들은 전적으로 매춘부만을 표적으로 하지 않았다. 사실 1981년과 1982년 사이 시카고 지역에 거주하던 모든 여성들이 다 그들의 연쇄살인에 취약했다고 할 수 있다. 또한 그들은 범행 날짜나 위치에 대해 조심하지 않아서 다수의 피해자들이 대낮에 잘 알려진 공공장소에서 납치되곤 했다. 심지어 한 여성은 자신이 일하는 부동산 사무실 밖에서 아침에, 또 다른 여성은 사람이 가장 붐비는 리글리 필드Wrigley Field라는 프로야구 경기장 주변에서 대낮에 납치되기도 했다.

두 번째 특이사항은 패거리의 리더인 게히트가 70년대 후반 시카고 지역에서 광대 분장을 하고 각종 자선 활동에 적극 참여하는 등 지역사회에서 존경받던 기업인이면서 동시에 악명 높았던 연쇄살인범 존 웨인 게이시가 운영하던 회사의 직원으로 일했다는 사실이다.

물론 게이시는 주로 어린 소년들을 희생양으로 삼았지만 게히트는 무작위로 모든 연령층의 여성들을 표적으로 한 점에서 직접적인 관련성은 없다고 할 수 있다. 하지만 영감과 자극을 받거나 수법을 학습했을 수는 있었을 것이라 추정할 수는 있다. 아마도 게히트 패거리의 가장 큰 특징은 그들의 악마적 의식일 것이다. 희미한 촛불이 켜지고 벽에는 거꾸로 된 십자가가 걸린, 그들이 말하는 '사탄의 교회'에서 사탄의 성경을 읽으며 살인하고 강간하고 심지어 시신을 먹는 의식을 치렀으니 말이다. 그들의 7번째 사탄의 성경 구절은 바로 '인간은 그냥 또 다른 짐승'이었던 것이다.

우월해지고 싶은 욕구가 부른 재앙

참조

- 『Deadly Thrills: The True Story of Chicago's Most Shocking Killers』
  (1995), Jaye Fletcher
- 『The Human Predator: A Historical Chronicle of Serial Murder and
  Forensic Investigation』(2005), Katherine Ramsland
- 『Evil Serial Killers: In the Minds of Monsters』(2006), Charlotte Greig
- 『Mrs. Wakeman vs. the Antichrist: And Other Strange-but-True Tales
  from American History』(2014), Robert Damon Schneck

- 'Quinn signs death penalty ban, commutes 15 death row sentences to life'
  2011년 3월 9일자 『Chicago Tribune』

- http://criminalminds.wikia.com/wiki/The_Ripper_Crew
- http://murderpedia.org/male.G/g/gecht-robin.htm
- http://listverse.com/2016/03/09/10-haunting-facts-of-chicagos-
  cannibalistic-ripper-crew/

악마 같은 엄마에
악마 같은 아들의 살인

살인의 노예, 헨리 리 루카스

　헨리 리 루카스Henry Lee Lucas는 지금껏 알려진 연쇄살인범 중에서도 가장 악마와 같다고 한다. 그의 연속적인 살인 탐닉은 능가할 자가 없으며, 그는 생래적 악마이며, 누구도 그보다 더 나쁘지 않다고 평가받고 있다. 물론 그는 떠돌이였고, 외톨이였으며, 동시에 살인마였다. 알려진 바로 루카스는 3,000여 건의 살인 사건에 연루되었으며, 1975년 중반 그가 교도소에서 석방되어서 1983년 중반에 체포되기까지 그 사이에 평균 하루에 1건의 살인을 저지른 것으로 기록되고 있다. 실제 텍사스의 TF보고서 중 '믿을 만한' 것으로 보이는 자백에 의하면 루카스가 약 350명가량을 살해한 것으로 전해지고 있다.

　흔히들 일이 잘못되면 많은 사람들은 조상 탓하듯이 부모를 탓하고 원망한다. 루카스가 최악의 악마였던 것도 결정적으로 그의 어머니 때문이라고 한다. 그는 1936년 8월 23일 비올라Viola라는 이름을 가진 알코올과 약물에 중독되고 가학적인 매춘부 어머니와 사고로 두 다리를 잃고 알코올에 중독된 아버지 사이에서 아홉 형제자매 중 막내로 태어났다. 비올라는 대

가족의 생계를 위해 필요한 돈을 자식들이 보는 앞에서, 때로는 심지어 자식들까지 가담시키며 매춘을 통해 마련했다. 만약 자식들이 피하려고 하면 학대를 하기도 했다. 비올라에게 성과 고통 그리고 쾌락과 번민은 모두 하나였다. 비올라는 종종 자식들을 때리며 쾌락에 빠졌다. 루카스는 물도 전기도 없는 작은 헛간에서 버니Bernie라고 하는 어머니의 동거남이자 포주와 비좁게 생활했다. 어머니는 가족들을 노예처럼 다루었다. 그들이 먹는 음식은 대부분 이웃이나 가게로부터 훔친 것들이었다. 루카스는 나이가 들어갈수록 더 많이 맞았으며 더 많이 일하도록 강요당했다. 10세 때 이미 루카스는 알코올에 중독되었다고 한다. 그리고 그의 어머니의 폭행이 점점 빈번히, 규칙적이고 폭력적으로 가해질수록 루카스는 그녀를 더 두려워하기 시작했다. 언젠가 하루는 루카스가 어머니에게 통나무 같은 것으로 머리가 깨지고 두개골이 노출될 때까지 맞았다. 하루 종일 실신한 그를 비올라가 내버려두자 버니의 설득으로 병원에 실려간 적도 있었다. 비올라는 병원에서 루카스가 사다리에 떨어졌다고 말했고, 버니도 처벌이 두려워 그녀의 이야기를 두둔했다.

엄마의 학대에서 벗어날 수 있는
작은 자유를 꿈꿨던 아이

루카스가 학교에 갈 나이가 되자 그의 어머니는 루카스의 머리를 여자처럼 볶기도 하고 드레스를 입혀서 학교에 보내는 등 더욱 괴롭히기 시작했다. 학교 선생님이 옷을 바꿔 입혀 집으로 보내자 비올라는 너무나 분개한 나머지 학교로 달려가서 교사에게 소리를 지르기도 했다. 훗날 그 선생님은 루카스가 외로웠으며, 더러웠고, 영양도 부족했으며, 학습에도 문제가 있었다고 진술한 바 있다. 루카스는 집에서 매를 맞았고 학교에서 놀림을 당했다. 결국 그는 발작을 하게 되고, 환청을 듣게 된다.

언젠가 그는 칼로 인한 사고를 당해 시력의 대부분을 잃기도 했다. 그에게 동정이나 사랑을 보인 유일한 성인 가족은 술에 취해서 노상에서 자다가 폐렴으로 죽은 아버지뿐이었다. 루카스는 괴롭힘에서 벗어날 수 있는 작은 자유를 꿈꾸었다. 그래서 필사적으로 가출하고 싶어했다. 아버지의 사망 이후, 그는 더욱 분노했고 견디기 어려웠다. 급기야 그는 13세부터 성에 도착되어, 종종 작은 동물을 잡아서 죽이기 전에 성적 행동을 행하기도 했다. 이런 행동은 반사회적 인격 장애 즉, 소시오패스의 특징 중 하나이다. 특히 연쇄 살인범들의 공통된 분모이기도 하다. 이런 잔인성은 결국 루카스가 14세가 되던 1952년에 처음으로 살인을 저지르는 데까지 이르렀다. 버스정류장에서 17세 소녀를 납치하여 강간하려고 한 것이다. 소녀는 저항했고 루카스는 목을 졸랐다. 그는 소녀를 죽일 의향은 없었으며 오랫동안 죄책감을 느꼈다고 주장하지만 이에 대한 기록은 없다.

이때쯤 루카스의 형이 해군에 입대해 집을 떠나자 그는 거리를 방황하기 시작했다. 그러던 중 주거 침입으로 붙잡혀서 유죄가 확정된 루카스는 버지니아 주의 소년원으로 보내지게 된다. 소년원 기록에 의하면 그는 어떤 때는 조용하고 합리적이지만 어느 때는 폭력적이고 무책임했다고 한다. 교도관의 말에 따르면 루카스는 이곳에서 지내는 동안 흑인 재소자와 성적인 관계를 가지기도 했다고 한다. 출소 후, 그는 농장에서 잠깐 일을 하기도 하지만 또 다시 주거 침입 혐의로 체포되었다. 그즈음 그는 성인이 되었기 때문에 버지니아주립교도소에 수감된다. 교도소에서 약간의 기초 기술을 배운 루카스는 고속도로를 청소하는 일을 하게 되는데, 바로 이때 자동차를 훔쳐서 도주하게 된다. 이 잠시 동안의 자유 시간에 그는 스텔라Stella라는 이름의 여성을 만나게 되고, 두 달 정도의 자유를 즐기지만 장물을 주경계선을 넘어 이송한 혐의로 오하이오에서 붙잡힌다.

결국, 다툼 끝에
어머니를 죽이다

1959년, 교도소를 나온 루카스는 잠시 동안 그의 이복 누이와 함께 살게 된다. 그러다가 다시 스텔라와 연락을 주고받게 되고, 얼마간의 데이트를 한 후 루카스는 청혼을 한다. 두 사람이 약혼을 발표하고 나서 얼마 후, 루카스의 어머니가 방문해 자신은 이제 늙어서 보살핌이 필요하니 스텔라와 결별하고 자신과 함께 되돌아갈 것을 종용한다. 이를 루카스가 거절하자 짧지만 폭력적인 언쟁이 불붙는다. 이를 목격한 스텔라는 그들과 가족이 되기를 거부하고 약혼을 파기한다. 불같이 화가 난 루카스가 다시 이복 누이의 집으로 가자 그의 어머니도 따라가서 언어적 폭력을 가하게 되고, 어느 순간 그녀가 빗자루로 루카스의 머리를 가격하자 그도 어머니의 목을 칼로 찌르는 반격을 하는 사이 어머니는 사망에 이른다.

그 후에 루카스는 어머니를 죽일 의향은 없었다는 판단에서 폭행치사 혐의로 기소되고, 20년 이상의 형을 선고받는다. 루카스는 교도소에 있는 동안 어머니의 목소리를 포함한 환청에 끊임없이 시달린다. 그는 자신의 귀에서 죽은 어머니가 "자신에게 한 짓을 생각한다면 자살하라"고 말하는 소리가 들린다고 주장했으며, 루카스가 누이에게 보낸 편지에도 환청에서 벗어나고 싶다는 내용이 담겨 있었다. 실제로 그는 면도날로 손목이나 복부를 그어 몇 번의 자살을 시도했으나 그때마다 교도관에게 발각되어 생명을 건질 수 있었다.

결국 그는 4년 반 동안의 집중적인 약물과 충격요법을 견뎌야 하는 주립 정신병원으로 옮겨가게 되지만, 그곳에서의 처우가 오히려 그를 더욱 폭력적으로 만들었다. 다시 교도소로 되돌아온 루카스는 복수심에 차올라 수감되어 있는 동안 사법 절차와 경찰 수사는 물론이고 살인에 대해서 많은 공부를 하게 된다. 마침 자료실에서 일하게 된 그는 그곳에서 다른 재소자들의 실수를 바탕으로 어떻게 하면 잡히지 않을 수 있는지를 연구한 끝에, 결국 잡히지 않으려면 주 경계선을 넘나들어야 한다는 것을 깨닫는다. 그즈음, 루카스는 교도소의 과밀 수용으로 인해 가석방되는데, 루카스의 주장에 따르면 석방 당일 그는 두 여성을 살해해 그중 한 여성의 시신을 교도소 담장 안에 버렸다고 한다.

하지만 이런 주장을 뒷받침할 아무런 증거도 발견되지 않았다. 그로부터 일 년 후, 루카스는 버스 정류장에서 소녀를 납치 미수한 혐의로 다시 교도소에 가게 된다. 그리고 소총을 소지한 혐의로 가석방 조건을 위반한 점도 밝혀진다. 이번에도 루카스는 정착할 장소를 찾아 직장을 구하겠다고 교도관에게 다짐한 후 가석방되었으나 그에게 정착은 거의 불가능했다. 그는 전국을 누비는, 그저 표류하는 사람이었다.

교도소를 나온 루카스는 자신의 이복 누이와 그녀의 딸을 만나기 위해서 메릴랜드Maryland 주로 갔다가 그곳에서 누이를 통해 베티 크로포드Betty Crawford라는 이름의 여성을 만나 둘은 1975년에 결혼한다. 루카스가 계속 일자리를 찾아다니는 동안, 베티는 세 딸과 함께 복지연금에 의존해 이곳저곳을 떠돌아다니며 생활했다. 그러던 중, 베티는 루카스가 자신의 딸을 성적으로 학대했다고 비난했으나 그는 완강하게 부인했다. 결국 루카스는 그녀

우월해지고 싶은 욕구가 부른 재앙

를 떠나기로 결정한다. 그로부터 1977년까지 루카스는 전국을 떠돈다. 이때 그는 자신의 누이와 그의 남편과 함께 폐차장에서 일하며 산 적이 있는데 어느 날 누이로부터 자신의 손녀딸을 성적으로 학대했다고 비난받게 되자 그녀의 차를 훔쳐서 플로리다로 떠나버린다.

그곳에서 루카스는 무료 급식을 제공하는 쉼터에 갔다가 오티스 툴레 Ottis Toole라는 남자를 만난다. 그리고 오티스의 제안으로 그의 어머니가 살고 있는 집에서 살게 된다. 툴레는 간간이 손님을 집으로 데려가곤 했는데 성적 인 것이 목적이었다. 어쨌든 루카스와 툴레는 함께 살기 시작하면서 곧 서로 가 폭력과 피에 대한 목마름을 공유하고 있음을 깨닫고, 작은 은행이나 편 의점들을 '재미로' 강도질하기 시작했다.

그러던 어느 날 편의점을 털던 두 사람은 여성 근무자에게 자신들이 돈 을 담는 동안 움직이지 말라고 했는데, 그녀가 조금씩 움직이자 총으로 살 해한다. 이때 루카스가 훔친 맥주를 자동차에 담는 동안 툴레는 죽은 시체 에 성행위를 했다고 한다. 그들은 편의점 강도질을 할수록 점점 더 폭력적이 되었다. 범죄가 쌓여가면서 둘은 누가 더 잔인하고 폭력적인지 경쟁을 하기 시작했다.

만나는 사람들 모두 살해하기 시작한
루카스와 툴레

툴레의 진술에 따르면 한번은 텍사스의 한 고속도로에서 자신들의 차 가 고장이 난 적이 있었는데, 자신이 지나가는 차를 세우고 차 안에 있던 소 년의 머리에 총을 쐈다는 것이다. 한편 루카스는 조수석에서 소리를 지르는 소녀를 뒷좌석으로 끌고 가서 강간했는데, 이를 본 툴레가 화가 나서 소녀를 차 밖으로 내던지고 여섯 번이나 총을 쏘아 시신을 도로변에 둔 채 유유히 훔친 차를 타고 떠났다고 한다.

이 기간 동안 그들은 자신들이 만난 거의 모든 사람들을 살해했다. 필요한 것은 뭐든지 훔치고 목격자가 있으면 누구라도 살려두지 않았다. 운전하던 차가 고장이 나거나 기름이 떨어지면 다른 차의 운전자를 살해하고 그 차를 훔쳤다. 그들은 여러 주를 넘나들며 내키는 대로 살인 행각을 벌였고, 그 누구도 그들에게 안전하지 못했다. 피해자들 중 일부는 칼에 맞아 죽기도 했지만 대부분의 피해자들은 총에 맞아 숨졌다.

루카스의 이해 못할 행동들

1983년이 되어서야 무기 소지 위반으로 체포된 루카스는 나중에 82세의 케이트 리치Kate Rich와 오티스의 조카 프리다 파월Frieda Powell을 살해한 혐의를 받게 된다. 결국 그는 자신의 혐의를 인정하고, 공개 법정에서 자신이 "100여 명 이상을 더 살해했다"고 주장한다. 나중에 그는 그렇게 자백하면 교도소 수용 조건이 좋아질 거라고 생각해 말했을 뿐이며, 실제 부당한 처우를 받았다고 주장한다. 툴레도 이런 그의 주장을 지지하는 발언을 내놓기도 했다.

결과적으로 루카스의 주장들은 점차 이상하다는 비판을 받게 되었다. 궁극적으로 루카스는 11건의 살인 사건으로 유죄가 확정되었으며, 1979년 할로윈데이 때 오렌지색 양말만 신은 채 발견된 신원 불명의 여성을 살해한 혐의로 사형이 선고되었다. 그러나 법정에 제출된 그의 취조와 심문 영상 그리고 음성 녹음 등에서 수사관이 범죄 사실을 지시하고 가르치는 등 편집을 하고 진술을 유도하는 모습이 확인되면서 비판을 받게 된다.

실제로 루카스도 자신이 자백한 이유는 일종의 "법률적 자살Legal Suicide" 이었으며, 단지 "죽기를 원했기 때문"이라고 밝혔다. 그리고 그는 자신의 허위 자백에 대해서 깊이 후회하며 슬퍼했다고 하며, 텍사스 당국자들이 얼마나 부정직한지를 너무 늦게 알았다고도 진술했다. 언론에 보도된 바에 의하면, 그가 자백하게 된 동기는 다양하다. 예를 들면 수용 생활의 조건을 향상시키기 위해, 경찰을 애먹이기 위해, 파월과 리치를 살해한 데 대한 죄책감에서 벗어나기 위해서가 있다. 반면 일부 당국자들이나 관계자들은 루카스의 무수한 자백과 빈번한 자백 철회에도 불구하고 다수의 살인에 대해서 루카스의 유죄를 확신했다.

– 『Serial Murderers And Their Victims』(2005), Eric W. Hickey
– 『Deranged: The Shocking True Story of America's Most Fiendish Killer』
  (2009), Harold Schechter
– 『The Texas Rangers: A Registry and History』(2010), Darren Ivey
– 『Born to Kill?: Inside the Mind of Henry Lee Lucas』(2015),
  Brian Lee Tucker

– 『Henry Lee Lucas ; The Confession Killer』(Documentary)
– 'Henry Lee Lucas, prolific serial killer or prolific liar?'
  2015년 2월 10일 『Crime Library』

– http://www.murderpedia.org/male.L/l/lucas-henry-lee.htm,
– http://allthingshorror.tripod.com/lucas.html

우월해지고 싶은 욕구가 부른 재앙

통제와 착취에 대한 몰입을 원했던
의사의 살인

독극물 의사, 마이클 스왕고

1954년 10월 21일에 태어난 조셉 마이클 스왕고Joseph Michael Swango는 미국의 외과의사이자 연쇄살인범이다. 그는 4명의 환자를 사망케 한 혐의만 시인했지만 알려진 바로는 적어도 최대 60여 명의 환자와 동료에게 치명적인 독극물을 주입한 것으로 추정되고 있다. 그 결과 현재까지 그는 3건의 가석방 가능성이 없는 종신형을 살고 있다.

스왕고의 아버지는 미국 워싱턴 주의 타코마 시에서 월남전에 참전했던 직업 군인이었고, 알코올의존자였다. 스왕고는 어린 시절을 그런 아버지와 함께 일리노이 주의 퀸시Quincy에서 자랐다. 그의 아버지는 월남에서 귀국하자마자 우울해했고 곧바로 부인에게 이혼을 당했다. 그 이후부터 스왕고는 아버지를 거의 보지 못했고, 결과적으로 어머니와 가장 가까울 수밖에 없었다. 그럼에도 불구하고, 그는 우수한 학생이어서 1972년 고등학교를 졸업할 때는 졸업식에서 졸업생을 대표해 연설을 했다. 뿐만 아니라 그는 고등학교에 재학하면서 클라리넷을 연주했고, 지역 밴드의 단원이기도 했을 정도로 음악적 재능도 있었다.

고등학교를 졸업한 그는 해병대에 지원했고 1976년 명예롭게 전역을 했다. 해병대에서 훈련을 받은 것을 계기로 스왕고는 운동에 전념하게 되었는데, 퀸시대학에 다니는 동안에도 공부를 하지 않을 때면 종종 달리기를 하거나 미용 체조를 했다. 또한 강사로부터 지적을 당하거나 비판을 받을 때면 일종의 자기 형벌로 팔굽혀펴기를 했다고 한다. 그는 대학에서도 우수한 학생이어서 퀸시대학을 최우등으로 졸업했을 뿐만 아니라 미국화학회상 American Chemical Society Award을 수상하기도 했다. 대학을 졸업한 그는 서던일리노이대학교 카본데일 캠퍼스 의과대학에 진학하게 된다.

그러나 의과대학에 다니던 동안 그는 문제 행동들을 보이기 시작한다. 스왕고는 아주 뛰어난 학생이었지만 자신의 학업에 집중하기보다는 오히려 비상 구급차의 조수로 일하는 것을 선호했다. 아마도 스왕고는 그 시기에 죽어가는 환자들에게서 황홀함을 느꼈던 것으로 기록되고 있다. 당시에는 누구도 그런 점에 대해서 중요하게 생각하지 않았지만 그에게 배당되었던 환자의 다수가 생명을 위협하는 응급 상황에 처하는 고통을 당하고 그들 중 적어도 5명은 목숨을 잃기까지 한다.

최우등 성적을 보인
의사의 이상한 홀릭

스왕고의 의대 생활은 점점 순탄치 않게 흘러갔다. 졸업을 한 달 앞두고 그가 학업에 열의를 가지지 않아서 문제가 생긴 것이다. 산부인과 순환 근무시에 허위로 검진을 한 것이 발각되었는데, 동료 학생들 중 다수는 스왕고가 2년차일 때부터 검진 서류를 허위로 작성했다고 의심해오고 있었다. 그로 인해 스왕고는 거의 퇴학을 당할 위기에 처하지만 당시는 학생을 퇴학시키기 위해서는 징계위원회 위원들의 만장일치 동의가 요구되었던 때였다. 그리고 그 징계위원회 위원 중 한 사람이 스왕고에게 한 번 더 기회를 주자고 투표를 했다. 덕분에 스왕고는 퇴학을 면할 수 있었다. 그보다 더 이전에도 일부 동료 학생들과 교수들은 스왕고가 의사로서 개업을 할 수 있을지, 그의 능력에 대해서 의문을 가졌다. 결국 스왕고는 입학 동기들보다 1년 늦게 산부인과 순환을 다시 하고, 다른 전공 분야 다수의 과제를 완결한 후에야 비로소 학위를 받고 졸업할 수 있었다.

서던일리노이대학교의 의대 학장의 평가가 아주 나빴음에도 불구하고, 1983년 그는 오하이오주립대학교 의료원에서 임상실습인턴을 하게 되고, 이어서 신경외과 레지던트 수련도 하게 된다. 하지만 그가 근무하는 동안 건강해 보이던 환자들이 알 수 없는 원인으로 불가사의하게 죽어나갔다. 간호사들이 놀랄 정도로 말이다. 이상한 것은 환자가 사망할 때마다 묘하게도 해당 병동의 담당 인턴은 스왕고였다. 그러던 중 어느 날, 한 간호사는 스왕고가 환자에게 '약물'을 주입하는 것을 보게 된다. 결국 간호사들은 병원 당국에 우려를 보고했지만 편집증적 망상이라는 비난에 직면하고 만다. 스왕고 역시 엉성한 수사를 받고 의심을 벗게 된다.

하지만 그가 지나치게 대충대충 일을 처리하고 근무를 했기 때문에 1984년 6월, 자신의 인턴 기간이 끝나고도 레지던트 의사로 고용되지 못했다. 그러자 다음 달 그는 자신이 자란 퀸시로 되돌아가서 또 다른 응급환자 수송회사의 응급 의료기사로 일을 시작했다. 하지만 많은 동료 응급 의료진들은 이내 스왕고가 가져온 커피나 음식을 먹을 때마다 특별한 이유나 원인도 없이 일부 사람들이 격하게 아파했다는 것을 깨닫기 시작했다. 결국 그해 10월 그는 비소와 기타 독극물을 소지한 혐의로 경찰에 체포된다. 또한 이듬해 8월, 그는 동료 근무자들에게 독극물을 먹인 혐의로 유죄가 확정되어 5년형을 선고받게 된다.

1989년 교도소에서 석방된 그는 몇 군데 직장 생활을 하다가 1991년 다시 의사로서 새로운 지위를 되찾기 위해 노력한다. 이를 위해 그는 그해 법률적으로 자신의 이름을 다니엘 애덤스Daniel J. Adams로 개명하고 몇 군데 병원의 레지던트로 지원을 한다. 그러던 중 1992년 7월, 사우스 다코다South Dakota 주의 한 의료원에서 일을 다시 시작하게 된다. 자신을 사회의 존경받는 구성원으로 재정립하기 위해 서류를 위조했기 때문에 가능했던 것이다. 우선 그는 자신의 전과 기록을 담고 있는 주 교정국의 기록을 그가 복역했던 혐의인 독극물 주입으로 인한 중범죄가 아니라 직장 동료들과의 주먹다짐으로 경미한 범죄가 확정되어 6개월의 형을 산 것으로 위조했다. 미국의 대부분의 주는 중요 강력 범죄자에게는 의사 면허를 발급하지 않기 때문이었다.

그는 자신이 저지른 경미한 범죄 이후 더 이상의 범행을 하지 않았으며 모범적인 삶을 살아왔다는 주변 친지들의 진술을 바탕으로, 배심원이 될 수 있고 투표할 자격과 권리를 회복시켜준다는 주지사의 '권리회복서면'까지도 위조했다. 그렇게 회복한 의사 면허로 취직한 병원에서 그는 신뢰할 만한 사람이라는 명성을 얻게 되지만 미국의사협회에 가입하는 실수를 범하고 만다. 미국의사협회는 대부분의 일선 의료 기관들보다 더 철저하고 엄격한 배경 조사를 했고 그 결과 그의 독극물 주입으로 인한 전과를 발견하게 된다. 마침 그해 추수감사절에 디스커버리 채널을 통해 스왕고에 대한 내용이 포함된 「저스티스 파일Justice File」이라는 다큐멘터리를 방송하게 된다. 결국 미국의사협회의 조회와 방송을 본 놀란 동료들의 요구로 병원 측은 그를

우월해지고 싶은 욕구가 부른 재앙

해고하게 된다.

미국의사협회가 그에 대한 추적과 기록을 잠시 놓친 틈에, 그는 뉴욕주립대학교 스토니브룩 캠퍼스 의료원에서 정신과 레지던트를 하게 된다. 그의 첫 순환 임무는 내과였는데, 여기서 또 다시 환자들이 특별한 이유도 없이 사망하기 시작했다. 그리고 4개월 후 그의 전처가 자살을 했는데 그녀의 시신에서 독극물이 검출되었다. 그녀의 어머니는 간호사였던 딸의 동료 간호사들에게 스왕고의 전과 기록을 알렸고 간호사들은 학장에게 이 사실을 보고했다. 학장은 곧장 스왕고가 근무 중인 뉴욕주립대학교 의대 학장에게 이를 전화로 알렸다. 이를 통보받은 정신과 과장의 집중적인 질문이 계속되자 스왕고는 일리노이에서의 독극물 주입으로 인한 전과에 대해서 거짓말을 했다고 시인하고 곧장 해고당하게 된다. 그 일로 의대 학장과 정신과 과장은 사임하게 되고, 사임 직전 그들은 스왕고에 대한 경고서한을 125개 의과대학과 1,000여개 인턴과 레지던트를 두는 의료 기관에 발송해 그가 미국 내에서 레지던트를 하지 못하도록 효과적으로 차단하게 된다.

짐바브웨에서의 범행이 탄로나자
다시 사우디 아라비아로

스왕고는 결국 1994년에 미국을 떠나 아프리카의 짐바브웨Zimbabwe로 향했고, 위조한 서류로 한 종교 기관의 의료 시설에 일자리를 구하게 된다. 여기서도 또 다시 환자들이 이상하게 사망하기 시작했다. 정확한 부검을 할 수 없어 사인을 결론지을 수는 없었지만 제기된 의문만으로 그는 진료를 중단하라는 징계를 받는다. 스왕고는 이에 맞서 저명한 변호사를 고용하고 재심의도 요청했지만 근무가 없을 때도 병실 또는 중환자실을 의문스럽게 배회하는 모습을 종종 목격한 동료 의사의 반대로 뜻을 이루지 못한다. 그 의사는 일부 환자들의 갑작스러운 죽음이 스왕고 때문이라고 의심했지만 그 단계에서는 아직 증거를 찾지 못했다.

그러다가 스왕고는 한 여성의 집에 월세로 살게 되는데 얼마 후 집주인 여성이 그가 준비한 식사를 한 후 심하게 앓게 된다. 그녀가 지역 의사에게 이를 상의하자 의사는 독극물을 의심하고 그녀를 설득해 모발을 보내 임상 분석을 하라고 권했다. 검사 결과 그녀의 모발에서 독극물이 검출되었고 인터폴을 통해 짐바브웨 의료 당국과 미국 FBI에 이 사실을 통보하게 된다. 수사망을 좁혀오는 것을 느낀 스왕고는 짐바브웨 국경을 넘어 잠비아Zambia를 거쳐 나미비아Namibia로 들어가지만 다시 1997년 허위 이력서를 제출해 사우디 아라비아Saudi Arabia의 다란Dhahran에 위치한 병원에 취업을 신청한다. 그때쯤 미국 이민국과 약물집행국의 요원들이 스왕고에 대한 충분한 증거를 확보하고 사우디 아라비아로 가기 위해 시카고 오헤어O'Hare 공항에서 비행기를 갈아타려던 그를 체포하게 된다.

자신의 혐의에 대한 확실한 증거와 짐바브웨에서의 시간과 활동까지 수사가 확대될 가능성에 직면하자, 스왕고는 1998년 3월 정부를 속인 혐의로 유죄 협상을 하고 1998년 7월 3.5년의 실형을 선고받게 된다. 판사는 그가 음식을 마련하거나 배달하는 것, 약물을 준비하거나 전달하는 등의 어떤 행위도 해서는 안 된다고 명령했다. 정부는 바로 이 시간을 활용해 그의 추가 범행을 밝히려고 했다. 그 일환으로 검사는 3명의 시신을 부검했고 그들에게서 독극물이 든 화학물질을 찾아낸다. 또한 검찰은 그가 진정제를 투약해 한 환자를 마비시켰고 결국 사망에 이르게 했다는 것도 알게 되었다. 뿐만 아니라 그 환자의 죽음에 대해서 허위 진술을 한 혐의도 밝혀냈다.

우월해지고 싶은 욕구가 부른 재앙

결국 그가 교도소에서 출소하기 1주일 전 연방검사는 그를 3건의 살인과 1건의 폭행 그리고 1건의 허위 진술과 우편 사기 더불어 사기 교사 혐의로 그를 기소한다. 동시에 짐바브웨에서도 그가 7명에게 독극물을 주입해 그중 5명을 죽게 한 혐의로 기소하게 된다. 그는 2000년 7월 17일, 공식적으로 기소되지만 유죄를 인정하지 않다가 9월 6일 살인과 사기 혐의에 대해 유죄 협상을 받아들인다. 유죄 협상을 받아들이지 않았다면 그는 뉴욕에서 사형을 선고받을 수 있었고 짐바브웨로 추방될 수도 있었다. 재판에서 검찰은 스왕고의 노트북에서 범행 시 쾌감 등을 느꼈다는 문서를 발견했고, 판사는 그에게 3건의 종신형을 선고했다. 그에 대한 전기에서는 서던일리노이대학교 병원에서 그가 35건의 의문사와 관련이 있다고 추정했으며, FBI에서는 그가 많게는 60명의 죽음에 책임이 있는 것으로 믿고 있다.

그가 가는 데는 항상
의문의 죽음이 발생

그 결과 그에 대한 이야기는 미국 범죄이야기 쇼인 「풀리지 않은 미스터리Unsolved Mysteries」와 내셔널지오그래픽 방송의 「죽음의 의사Doctor of Death」로 방송되기도 했다. 스왕고가 어디를 가든 의문의 죽음이 따랐다. 그를 모델로 저술된 책, 『가려진 눈: 살인을 하고도 처벌받지 않은 무시무시한 의사의 이야기Blind Eye: The Terrifying Story Of A Doctor Who Got Away With』에 따르면 그에 대한 의문은 일찍이 그가 서던일리노이대학교 의과대학 시절부터 시작되었으며, 비정상적인 수의 환자들이 죽고 난 후 동료들은 그가 살인 면허를 가졌다는 뜻의 농담으로 그를 "Double-0 스왕고"라고 불렀다고 한다.

스왕고가 이처럼 오랫동안 잡히지 않고 환자들을 독살할 수 있었던 것은 부분적으로는 의료 행정 체계의 문제라고 지적되고 있다. 간호사와 환자들이 사전 경고를 했지만 윗선에서는 비웃어 넘기고 아무런 조치도 취하지 않았다. 그가 이 병원 저 병원으로 옮겨 다녔지만 인사 부서나 의료진 누구도 그의 과거 이력을 검증하지 않았으며, 비록 검증했을 때도 다만 그 자신의 진술과 기록 그리고 서류만을 받아들였던 것이다.

그래서 이 사건 이후 의료계는 다른 증거보다는 동료 의사들의 말을 맹목적으로 믿고 있어 스스로 자신들을 적절하게 감시와 감독할 수 없다는 주장이 일기도 했다. 물론 스왕고 개인의 특성도 한몫을 했다. 그는 매력적이고 진실했다는 것도 부인할 수 없으며, 동료들로부터 환영받았으며, 카리스마도 있어서 자신의 의심스러운 행동과 상습적인 거짓조차도 숨길 수 있었다. 결국 그는 자신의 의사 면허를 환자를 치료하기 위해 활용하기보다 병원 당국의 신뢰를 이용해 환자의 삶을 빼앗았던 것이다.

사실 보통 연쇄살인범은 종종 가면을 쓰기 마련이며 이런 면에서 그의 외면적 모습도 그의 연쇄살인에 한몫을 했을 수도 있다. 그래서 수사 전문가들은 그가 보통 이상의 지능과 성적 그리고 사회적 능력을 가지고 범행 중에는 기분을 조절하는 등 '조직적 살인범organizational murder'과 관련된 특성을 보였다고 진술했다.

생과 사를 통제하고 싶었던
그의 살인

스왕고는 고교 시절 IQ 160의 천재로 알려졌으며, 1975년 그가 고등학교를 졸업할 때는 학급 최우수 학생으로 졸업했고, 전국우등장학생 선발 단체에서 그를 '올해의 고등학생'으로 선정하기도 했다. 그러나 그의 어린 시

우월해지고 싶은 욕구가 부른 재앙

절의 삶은 분명하지 않다. 알려진 바로 그의 부모와 그는 별 어려움을 겪지 않는 관계였다고 한다. 그는 단정하게 차려입고, 좋은 예절과 행동을 보이며, 초등학교에서 고등학교에 이르기까지 좋은 성적을 유지했다. 다른 형제들에 비해 학업 성적도 우수해 매학기 우수 학생으로 선정됐을 뿐만 아니라 최우등상도 수상했다. 그러던 그가 자신에게 지나치게 몰입하는 어머니와 교과서와 악보들 그리고 일리노이의 밀밭에 대한 싫증으로 또 다른 세상을 경험하고자 해병대에 자원했고 영예롭게 전역한 후 다시 고향으로 돌아와 어머니의 자랑스러운 아들로 다시 의과대학에 진학했다. 그러나 이상하게도 그는 학업과 실습보다는 응급 구조대 일을 자원한다. 이유는 그가 응급 구호 차량의 일선 현장이 보여주는 폭력과 핏덩이들에 환상을 가졌기 때문이라는 것이다. 혼돈과 혼란이 그를 흥분시키고, 피로 얼룩진 현장이 그의 피를 끓게 한 것이다. 구급차의 현장이 주는 흥분과 쾌감이 그에게는 일종의 황홀경, 무아경이었다.

그럼에도 불구하고 그에게 어떠한 비용도 요하지 않았으며, 심지어 그 정경을 즐기라고 돈까지 주지 않았던가! 사실 그는 환자들을 살해하고도 남을 충분한 독극물을 가지고 있었고 또 주입할 수도 있었지만 죽이기보다는 죽음의 직전까지만 끌고 가기를 원했을 뿐이었다는 점이 바로 그의 이러한 환상을 보여주는 것이라고 할 수 있다. 그를 만나거나 사건을 관찰한 전문가나 과학수사 심리전문가들은 그로부터 나타나는 프로파일 중 하나로 단호한 자기애적 성향을 가진 사람이라는 점에 동의한다. 엽기적인 연쇄살인범들을 검사했던 한 과학수사 심리전문가는 생과 사 그 자체에 대한 통제의 느낌을 포함하는 '통제와 착취에 대한 몰입'을 스왕고의 동기로 보았다. 스왕고의 경우는 그가 스크랩북에서 그린 것처럼 폭력에 대한 환상과 재앙에 대한 관심과 자기 형벌로써 팔굽혀펴기를 했던 것과 같은 비판에 대한 외향적 반응, 희생자에게 잔인하게 손을 흔드는 피해자에 대한 경멸과 모욕, 누군가를 속이려는 강박 등을 포함하고 있다.

우월해지고 싶은 욕구가 부른 재앙

- 「Blind Eye: How the Medical Establishment Let a Doctor Get Away With Murder」(1999), James B. Stewart
- 「Michael Swango – Serial Killer」(2014), John H. Dawson
- 「Serial Killers Case Files」(2015), RJ Parker PhD and Aeternum Designs
- 「Angels of Death: Disturbing Real-Life Cases of Nurses and Doctors Who Kill 」(2015), Emily Webb

- 'Ex-Doctor Pleads Not Guilty in Murder and Fraud Case' 2007년 7월 18일자 「The New York Times」

- 「Michael Swango: Doctor of Death」(2011), Courtroom Television Network

- http://murderpedia.org/male.S/s/swango-michael.htm

죽음을 처방한
존경받는 의사의 살인

살인 박사, 해럴드 시프먼

해럴드 시프먼Harold Shipman은 영국의 의사임과 동시에 역사상 가장 많은 사람을 살해한 연쇄살인범 중 하나이다. 그가 가장 엽기적이고 잔인하다는 비난을 받는 이유는 무고한 사람들을 살해한 까닭도 있지만 자신이 돌보고 치료해야 할 노인 환자들을 살해했기 때문이다. 자신을 치료하는 주치의를 믿을 수 없다면 우리는 과연 누구를 믿을 수 있단 말인가?

지나친 우월 의식을 심어주었던
엄마의 사랑

시프먼은 1946년 1월 14일 영국의 노팅엄Nottingham에서 노동 계층 가정의 세 자녀 중 둘째로 태어났다. 아버지는 트럭 운전사이자 침례교 신자였다. 어머니는 시프먼을 매우 예뻐했다. 이때 너무 이르게 심어진 지나친 우월감 때문에 시프먼은 대부분의 인간관계를 망치게 되었고, 친구가 몇 되지 않는 소외된 청소년으로 자라났다. 시프먼의 어머니는 1963년 6월 21일에 폐암으로 사망했으며, 죽기 전까지 모르핀을 투약받았다. 이때 시프먼은 의료직에 대

우월해지고 싶은 욕구가 부른 재앙

한 관심을 갖게 되었고, 모르핀이 어머니의 고통에 미치는 영향력에 매혹되기도 했다.

어머니의 죽음으로 망연자실한 시프먼은 의사가 되기로 결심하고, 1965년 리즈대학교 의대에 진학했다. 그때까지만 해도 혼자였던 그는 19세 때 장차 그의 부인이 된 프림로즈 메이 옥스토비Primrose May Oxtoby를 만나 그녀가 17세, 첫 번째 아이가 임신 5개월이던 1966년에 결혼했다.

1974년 시프먼은 두 아이의 아버지로서 진통제인 페치딘Pethidine에 중독되기 전에 요크셔Yorkshire의 토드모던Todmorden에서 공동의 개업을 하게 된다. 그러나 약물에 중독되어 진단서를 위조했고, 1975년에는 동료들에 의해 이러한 사실이 발각되어 개업의를 그만두게 되었다. 하지만 약물중독재활 프로그램에 들어감으로써 진단서 위조에 대한 벌금 600파운드만 물고의사 면허를 유지할 수 있었다.

몇 년 후, 시프먼은 하이드Hyde에 있는 도니브룩 의학센터의 의료진으로채용되어 열심히 일하는 의사의 이미지로 환심을 샀고, 비록 후배 의료진으로부터는 오만하다는 평판을 들었지만 동료와 환자들로부터는 신뢰를 듬뿍 받았다. 그곳에서 그는 근 20년을 근무했다. 그 후 1993년, 시프먼은 개인의원을 개업했고 노인 환자들을 위한 방문 진료를 특화하여 환자가 3,000여 명에 이르기까지 했으며, 지역사회의 존경받는 의사가 되었다.

그러나 1988년 3월, 장의사로부터 제보를 받은 어느 의사가 지역 검시관에게 시프먼이 진료한 환자의 높은 사망률에 대해 의문을 표했다. 특히 그의사는 지나치게 많은 노령 여성 환자들의 사망과 화장에 큰 관심을 보였다. 그 결과 이 사안에 대해서 경찰에서도 관심을 가지게 되었고 시프먼의 환자들이 유난히 사망률이 높다는 점이 드러났다. 그러나 혐의를 입증할 만한 충분한 증거를 찾지 못했다. 이에 대해 이후에 만들어진 조사위원회는 경험이 없던 경찰관을 그 사건에 배정한 점을 비난했다.

경찰이 수사를 포기했던 1998년 4월 17일 이후, 시프먼은 체포되기 전까지 3명을 더 살해했다. 그의 환자들은 의복을 완전하게 착용하고, 보통 긴 의자에 앉아 있거나 기댄 채로 사망하는 등 유사한 자세를 취하고 있었으며, 사망한 환자들 대부분의 사망진단서에는 자연사나 심장마비가 사망의 원인으로 진단되어 있었다. 수사가 진행되었지만 그의 의무 기록이 잘 정돈되어 있었으므로 사건은 종결되었다. 조사위원회가 시프먼의 범죄 기록만 조회했어도 그의 과거 범죄를 알 수 있었음에도 그러지 않았다.

그러나 그 후 보다 철저한 수사에서 시프먼은 환자들의 사망 원인을 확실히 은폐하기 위하여 환자들의 의료 기록을 변경한 것으로 드러났다. 시프먼이 환자들을 돌보는 가정의라는 신분 뒤에 숨어서 언제부터 자신의 환자들을 살해하기 시작했으며, 정확히 몇 명의 환자들이 그의 손에 죽음을 당했는지를 정확하게 밝히기란 거의 불가능했다. 또한 그는 자신에 대한 모든 혐의를 부정하여 당국의 수사를 더욱 어렵게 했다. 그러나 그의 연속 살인killing spree은 어머니의 죽음에 대한 해명을 받아들일 수 없었던 한 피해자의 딸이 수사를 의뢰하면서 끝나게 되었다.

환자의 유언장까지 위조한 살인 의사

사망한 환자들 가운데 마지막 희생자는 그룬디Grundy라는 활동적이고 혼자 사는 부유한 할머니였다. 1998년 6월 24일 평소 약속을 어기지 않던 그녀가 점심 약속을 어기게 되자 걱정스러웠던 나머지 친구들이 그녀의 집을 방문해 그녀가 죽어 있는 것을 발견했다. 그녀는 자신의 집에서 그날 일찍 시프먼의 방문 진료가 있은 뒤 죽은 것이다. 시프먼은 그녀의 사망 원인을 노화로 인한 심장마비라고 밝히고 사망진단서에 서명했다. 그녀의 유언만 아니었으면 사건은 이로써 끝날 수도 있었다. 그룬디에게는 안젤라 우드러프Angela Woodruff라는 변호사 딸이 있었는데, 시프먼은 그녀에게 시신에 대한 부검은 필요하지 않다고 조언했다. 결국 의사의 조언을 따라 그룬디 할머니의 시신은 매장되었다.

그룬디의 딸 우드러프는 변호사로서 항상 어머니의 일들을 처리했는데 그녀의 어머니가 그녀와 손녀들에게 아무런 유산도 상속하지 않은 반면 의사인 시프먼에게만 38만 6,000파운드를 남긴다는 유언을 했다는 것을 알고 어머니의 유언장에 의심을 갖게 되었다. 우드러프는 어머니의 유언장이 위조되었으며, 시프먼이 자신의 어머니를 살해했다고 확신하게 되었다. 그에 대한 의문이 커지자 우드러프는 그를 경찰에 신고했으며, 경찰에서는 그룬디의 무덤을 발굴하기로 결정했다.

부검 결과 사망진단서와는 달리 노화로 인한 자연사나 심장마비가 아니라 부패된 시신의 잔해에서 발견된 모르핀의 과다 복용으로 사망했다는 사실이 드러났다. 특히 사망하기 전 3시간, 그러니까 시프먼이 왕진을 한 시간대에 모르핀을 과다 투약한 사실이 확인되었다. 이어진 시프먼의 가택 수색에서 의료 기록과 유언장을 위조하는 데 사용되었던 것으로 입증된 타자기가 발견되었다. 결국 그는 1998년 9월 7일 살인 혐의로 입건되고 만다.

살인 의사가 놓친
결정적 증거

그룬디 할머니의 의문스러운 죽음에 대한 소식은 재빨리 퍼져 나갔고, 시프먼의 치료를 받던 중 사망한 환자의 친인척들도 죽음에 대한 의사의 설명에 대해 쌓여왔던 의문을 표하기 시작했다. 사망한 환자의 대부분은 의사의 권고에 따라 화장을 했으나 일부는 무시하고 매장을 했다. 그리하여 매장되었던 시신에 대한 부검이 1998년 9월부터 12월 사이에 이루어졌고 약물 과다 복용의 특징적인 유형을 발견했다. 압수된 의료 기록을 토대로 경찰은 사건이 수사 중인 단일 사건에 국한되지 않으며 유사한 사건이 더 있을 것이라는 판단하에 수사가 확대되었다. 그에 따라 시프먼으로부터 진료를 받다가 사망한 환자들 중에 시프먼의 가정방문 왕진이 있은 후에 사망한, 화장되지 않고 매장된 피해자들을 우선적으로 수사하기로 했다. 시프먼은 피해자 가족들 대부분에게, 당시 알려지지 않은 원인으로 사망한 피해자 가족들에게도 그들의 죽음에 대해 더 이상 조사할 필요가 없으며 바로 화장할 것을 강요했다. 유가족들이 의문을 제기하는 경우, 시프먼은 변조된 의료 기록을 내놓았다.

그러나 시프먼이 한 가지 챙기지 못한 것이 있었다. 의료 기록을 변경할 시에 컴퓨터에 의해 변경된 날자가 찍힌다는 사실을 간과한 것이다. 그 결과 경찰은 정확히 어떤 기록이 변경되었는지를 확인할 수 있게 되었다. 그 후 수많은 시신의 발굴과 해부를 포함한 집중적인 수사 결과, 1998년 9월 7일 경찰은 시프먼에게 15건의 살인과 1건의 문서 위조 혐의를 적용했다. 검찰에서도 그가 15명의 환자를 살해했으며, 누군가의 생과 사를 통제하는 것을 즐겼다는 것을 확인했다. 그의 환자 중 누구도 임종에 가깝도록 고통을 겪지 않았다는 점에서 환자의 고통을 동정한 행위였다는 주장은 받아들여지지 않았다.

이어진 정부 임상병리학자들의 분석에서도 모르핀 독성이 대부분의 사례에서 사망 원인이었음이 확인되었고, 위조된 유언장에 대한 지문 분석에서도 그룬디는 유언장을 만지지도 않았으며, 그녀의 서명도 필적 감정가에게 확인한 결과 위조된 것으로 판명되었다.

재판 과정에서는 시프먼이 자신의 환자를 살해하는 것을 누구에게도 목격당한 적이 없기 때문에 배심원단에 대한 특별한 주의가 요구되었다. 남자 7명과 여자 5명으로 구성된 배심단은 무려 34시간의 긴 논의 끝에 만장일치로 2000년 1월 31일 시프먼에게 15명에 대한 살인과 1건의 문서 위조에 대해 유죄를 확정했다. 그에 따라 판사는 15개의 종신형과 문서 위조에 대해 4년형을 선고했는데, 이는 곧 가석방의 가능성을 완전히 배제하는 것을 의미하며, 그는 결국 더럼Durham교도소에 수감되었다.

24년 동안 진행된
약물 살인

의사가 15명의 환자를 살해했다는 사실은 의료계 전체에 오싹한 전율을 느끼게 했으나 그의 환자 목록이나 기록을 볼 때 더 이상의 수사를 진행하기에는 역부족이었다. 레스터대학교 리처드 베이커Richard Baker 교수의 임상 감사에서 사망자 수와 사망 유형을 놓고 시프먼과 다른 의사들의 진료를 비교한 결과, 24년 동안 적어도 236명의 환자들의 죽음에 책임이 있는 것으로 추정되었다. 이와는 별도로 고등법원의 스미스Dame Janet Smith 판사를 위원장으로 한 조사위원회에서도 시프먼의 치료를 받던 중 사망한 500명의 환자들을 조사했고, 200페이지에 달하는 보고서에서 적어도 218명의 환자가 살해당했을 가능성이 매우 높다고 결론지었다.

물론 이 수치는 증거 부족 등의 이유로 정확한 계산이라기보다는 추정치에 가까웠다. 더 나아가 위원회는 시프먼이 살인에 중독되었을 수도 있으며, 수사 경찰의 경험 부족으로 시프먼을 사법 심판대에 올릴 수 있는 기회를 놓쳤다고 주장하여 경찰 수사를 비판하기도 했다. 실제로 그는 의원을 개업할 허가를 받고 몇 달밖에 지나지 않아서 1971년 3월 심장마비로부터 회복 중이던 67세의 마가렛 톰슨Margaret Thompson 할머니를 첫 희생자로 살해한 것으로 밝혀졌으나 1975년 이전의 사망에 대해서는 공식적으로 입증된 적이 없다.

그가 살해한 환자가 정확하게 몇 명이건, 살인 활동의 단순한 규모만으로도 시프먼은 세계에서 가장 엽기적인 연쇄살인범으로 알려지게 되었다. 그는 오랜 수사 기간을 거쳐 더럼교도소에 수감되었지만 그의 부인을 중심으로 한 가족들의 강력한 보호와 변호를 받았으며, 그 또한 자신의 무죄를 끝까지 주장했다. 그러던 중 2004년 1월 13일 아침 6시 웨이크필드Wakefield의 교도소 방에서 담요로 창틀에 목을 맨 채로 발견되었다. 그러나 아직도 그의 시신에 관한 의문이 떠돌고 있다. 그것은 그의 시신이 셰필드에 있는 시체안치소에 그냥 있다는 것인데 이것은 그의 가족들이 교도소에서 살해당한 시프먼의 부검을 요구하기 때문이라고 한다.

한 개인의 우월감으로
많은 생명이 사라지다

과연 시프먼은 과연 어떤 사람이었기에 의사로서 그 많은 환자들을 살해

우월해지고 싶은 욕구가 부른 재앙

했을까? 당시 맨체스터 경찰의 대변인은 시프먼이야말로 자신이 만났던 가장 둔한 연쇄살인범이었으며, 확실하게 살인마처럼 행동하지 않았다고 회상했다. 이러한 평가는 비단 경찰 대변인만이 아니라 시프먼을 접촉했던 대부분의 사람들도 가졌던 느낌이었다. 그렇다면 그의 심리 상태는 과연 어떠했을까? 시프먼을 면담했던 사람들에 의하면, 그는 지배적이고 누군가를 통제하는 사람이어서 기회가 있을 때마다 그가 원하는 방향으로 모든 것을 뒤틀거나 경찰을 얕잡아 보는 등 면담이나 조사조차도 통제하고 조절하려고 했다고 한다. 그 지역 검시관은 시프먼이 스스로 사람을 죽이는 것을 즐기기 때문에 살해했으며, 환자가 죽어가는 과정을 관찰하는 것과 생과 사를 지배하는 힘과 권력을 느끼기를 즐겼다고 확신했다. 그러나 시프먼을 면담했던 임상심리학자는 이와는 달리 시프먼이 자신의 내부에 도사리고 있는 불안, 아마도 자신이 스스로 풀지 못했던 두려움을 살인으로 해소하려 했다고 믿었다.

영국 경찰은 시프먼의 연쇄살인이 살인마의 보살핌을 받던 중 사망한 환자들의 가족과 친지들을 위한 특별부조 프로그램이 개설되기 훨씬 전부터 시작되었을 것이라 확신했다. 그렇다면 시프먼 박사는 왜 그렇게 많은 환자들, 그것도 나이 많은 노인 환자들을 살해했을까? 그 이유는 아직도 밝혀지지 않고 있다. 그가 자신의 무죄를 주장하는 한 미스터리는 해결되지 않을 것이다.

시프먼의 살인은 폭력의 흔적도, 성적인 함축도, 동기도 없다. 뿐만 아니라 연쇄살인범들은 종종 살해하기 전에 자신들의 피해자들을 조롱하고, 스스로 표출하는 권력의 초상을 재집행하기를 좋아하지만 그의 피해자들은 평화스럽고 자신들이 안전하고 편안하게 느끼는 주변, 즉 집에서 사망했다.

이와 같은 보편적 연쇄살인과는 전혀 반대되는 가설들은 끝도 없이 많다.

이런저런 이유로 일부 임상전문가들은 시프먼이 "노인들은 의료 체계의 배수구"라고 말했다는 점을 들어 노인 여성들을 증오했다고 주장한다. 다른 한편에서는 자신의 깊숙한 가학적 욕구를 충족시키기 위하여 어머니의 사망 광경을 다시 만들고 있었다고도 하지만 자신의 우월성에 대한 믿음이 이러한 주장을 의문스럽게 만든다.

또 다른 일부에서는 시프먼이 지울 수 없는 많은 단서들을 남겼다는 점에서 자신의 범죄가 발각되어 살인을 중단하고 싶어했으며, 시프먼은 그저 통제할 수 없는 강박과 싸우고 있었다고도 한다.

무엇보다 모두가 공감하는 것은 시프먼은 자신이 너무나 우월하여 발각될 두려움 같은 것도 없이 자신이 원하는 것은 무엇이나 할 수 있다고 느꼈을 것이라는 점일 테지만 심지어 이 또한 그가 이미 처방전을 위조하고 다량의 약물을 쌓아두고 있었다는 점을 고려할 때 이해하기 어렵다. 아마도 "생과 사를 통제하는 궁극의 힘을 행사하고, 자기 입맛대로 생명을 빼앗는 연극을 빈번하게 반복했을 것이다"라는 담당 검사의 말이 무난하게 맞는 것은 아닐까 생각해본다.

우월해지고 싶은 욕구가 부른 재앙

- 「Medical Murder: Disturbing Cases of Doctors Who Kill」(2009),
  Robert M. Kaplan
- 「Prescription for Murder」(2009), Brian Whittle and Jean Ritchie
- 「Harold Shipman: The True Story of Britain's Most Notorious
  Serial Killer」(2015), Ryan Green
- 「Doctor Death : The True Story of Harold Shipman」(2016),
  Natalie Marshall

- 「The Shipman Inquiry」(2010)

- 'Shipman known as angel of death' 2001년 7월 9일자 「BBC News」
- 'Why Some Doctors Kill' 2002년 7월 29일자 「The Health Report」
- 'Harold Shipman: The killer doctor' 2004년 1월 13일자 「BBC News」
- 'Portrait of a necrophiliac' 2004년 1월 13일자 「The Guardian」
- 'Shipman 'killed early in career' 2005년 1월 27일자 「BBC News」

- https://www.bizarrepedia.com/harold-shipman/
- https://www.biography.com/people/harold-shipman-17169712
- http://www.nydailynews.com/news/justice-story/dr-death-britain-
  prolific-serial-killer-article-1.1423566
- http://www.murderuk.com/serial_dr_harold_shipman.html
- https://www.theguardian.com/society/2005/aug/25/health.shipman

chapter 8

여성의 증오가
부른 재앙

여성해방주의자인가? 그냥 살인자인가?

여성해방운동으로
살인의 정당성을 인정받은 여자

인도의 산적 여왕, 풀란 데비

1963년 8월 10일에 태어난 풀란 데비Phoolan Devi는 인도의 산적 출신으로 후에 국회의원이 되었던 '산적 여왕Bandit Queen'으로 잘 알려진 여성이다. 데비는 인도의 시골에서 하층 계급 가정에서 태어나 극한의 가난 속에서 자랐으며, 나이 많은 남편의 학대를 받다가 결국 남편에게서 소박을 맞고 사회에서 추방당한 천민이 되면서 범죄의 길을 택했던 여성 산적이었다.

그녀가 범죄자의 길을 걷기 시작했던 초기, 즉 아직 10대에 지나지 않았을 때 마을의 족장은 한 산적 집단에게 '문제아trouble maker'를 처단하라는 명령을 내렸고, 그들은 데비를 납치한다. 그러나 산적 집단의 구성원들은 문제아가 어린 소녀인 것을 보고 명령을 거절한다. 그 후 데비는 그 숲속에서 산적 집단의 구성원으로 살기 시작한다. 산적 집단의 지도자와 데비는 결국 사랑에 빠지게 되고 결혼도 하게 된다. 그러다가 산적 집단의 다른 한 구성원과 데비의 관계가 심각한 증오의 근원이 되고 그것이 쌓여서 결국 그녀의 남편이 총격을 당하게 된다. 뿐만 아니라 그녀도 경쟁파로부터 집단적으로 윤간을 당하게 된다.

하지만 그녀는 상처에서 완전히 회복한 후, 자신이 믿었던 집단의 구성원들을 다시 모아서 복수를 위해 자신이 강간당했던 마을로 되돌아간다. 마을에 되돌아간 그녀는 경쟁파 산적 22명을 한 줄로 세우고 사살한다.

언론에서는 이 학살 사건을 정의로운 하층 계급에서 일어난 혁명의 한 행동으로, 그리고 이를 주도한 데비를 압제받은 여성해방운동가 로빈 후드로 묘사했다. '데비'는 바로 이때 언론에 의해 그녀에게 붙여진 별칭이었다. 그 학살 이후에도 그녀는 자신과 몇 남지 않은 생존 구성원들이 1983년 항복할 때까지 무려 2년 동안이나 잡히지 않고 피해 다녔다. 결국 붙잡힌 그녀는 다중살인, 약탈, 방화 그리고 몸값을 받기 위한 납치 등을 포함하는 48가지의 범죄 혐의로 기소된다. 하지만 그녀는 구속 상태에서 11년 동안 재판을 받으면서 그녀에게 적용되었던 모든 범죄 혐의를 벗고 1994년 석방된다. 석방과 함께 그녀는 의회 선거에 출마해 두 번이나 당선되지만 2001년 국회의원에게 주어지는 방갈로 입구에서 과거 그녀의 산적 동료에게서 혈족을 잃은 옛 경쟁파 산적의 총격으로 사망하게 된다.

11살에 시집을 간
여자아이

여기서 풀란 데비의 어린 시절을 들여다보자. 그녀는 인도의 작은 어촌 마을에서 선원뱃사람 계급 가정의 네 자녀 중 막내로 태어났으나 그녀와 언니만 살아남았다. 그녀의 가정은 매우 가난해 가족이 소유했던 주요 자산은 크고 오래된 님Neem 나무가 주변에 있던 아주 작은 농지가 전부였다. 당시 인도의 전통대로 데비의 가족은 친조부모, 아버지의 형제와 그들의 부인 및 자녀들이 함께 한 집에서 살며 생활했다. 그리고 일을 할 수 있는 그녀의 아버지와 큰아버지 및 사촌 세 사람이 대가족을 지탱하기 위해 가족 소유의 농지에서 경작을 하거나 일일 임금 근로자로서 다른 작업의 노동을 했다.

그녀가 11살이던 해, 친할아버지가 세상을 떠나자 큰아버지가 가족의 제일 어른이 되었다. 큰아버지는 데비의 아버지가 딸의 결혼 자금으로 키우던 님 나무가 울창한 임야를 속임수로 강탈했고, 이에 강하게 반발하던 데비는 가족들의 결정에 따라 수백 마일이나 떨어진 마을에 사는 12살 많은 남자와 결혼을 한다. 결혼 생활 동안 남편으로부터 11살로서 견디기 힘든 강간과 학대를 겪게 되자 그녀는 시댁을 탈출해 친정으로 되돌아온다. 하지만 친정 가족들은 데비를 다시 신랑에게로 되돌려 보내고 만다. 몇 달 후, 그녀는 다시 친정으로 돌아온다. 이번에는 시댁 식구들이 데비가 남편과 동거할 수 있을 때까지 친정에 남아서 가사 일에 대한 훈련을 제대로 시킬 것을 제안한다. 데비가 16살이 되자 그녀의 부모는 남편과 동거할 정도로 충분히 성장했으니 다시 데려갈 것을 요구했다. 처음에는 남편 측에서 거절했으나 남편의 가족도 매우 가난하기는 마찬가지였고 남편 또한 28살이나 되어 또 다른 새 신부를 찾기가 어려워지자 데비의 친정에서 보내는 선물을 받고 그녀를 다시 데려가게 된다. 하지만 몇 달이 안 되서 그녀는 다시 친정으로 돌아오는데, 그로부터 얼마 후 시댁에서는 친정 부모가 보낸 선물들을 되돌려 보내면서 어떤 경우에도 데비를 다시 데려가지 않겠다고 전한다.

훗날 그녀는 자서전에서 남편을 '성질이 매우 나쁜 사람'이었다며 사실 부인이 남편을 떠나거나 남편에 의해 버려지는 것이 그 당시 시골 인도에서는 매우 심각한 터부여서 그녀는 사회적 폐기물로 낙인찍혔다고 주장했다.

데비의 어머니는 그녀에게 어릴 적부터 스스로 자신을 자랑스러워하고 자신이 믿는 바를 지지하라고 가르쳤다. 그와 같은 자긍심과 강한 불의의 감정으로 데비는 상위 계급과 사촌이 가로챈 유산을 되찾기 위한 정신적 전투에 매달렸다. 그러던 그녀가 젖소와 맞바꾸어 12살이나 많은 남편에게 시집을 가지만 지속적으로 폭력과 성적인 학대를 당하고 몇 번의 시도 끝에 불명예스럽게 집으로 되돌아오게 된 것이다. 데비는 사촌과의 토지 소유권 다툼으로 사촌의 집에 주거 침입 절도를 한 혐의로 한 달간 경찰서 유치장에 유치되었으며, 그곳에서도 그녀는 지속적으로 폭력을 당하고 강간을 당한다. 이를 이유로 석방 후 그녀는 계급이 강등되고 그녀가 물을 오염시킬 수 있다는 이유로 우물 사용료도 높이는 등 불이익을 당하게 된다. 그녀가 산적이 된 이유는 아마도 결혼에 실패했다는 낙인이 찍히고, 경찰서 유치장에도 가면서 계급이 강등되는 등 일련의 사건들이 그 계기나 동기라고 추정되고 있다.

그 당시 풀란 데비가 살던 지역은 무척이나 가난했고 산업 시설도 없었기 때문에 대부분의 노동력이 있는 남자들은 일자리를 찾아 대도시로 이주했다. 그러나 당시 대도시마저도 산업이 공황기였기 때문에 메마른 토양으로 뒤덮인 지역에서 자급적 농업에 매달려야 하는 냉혹한 현실에 직면해야 했다. 그래서 일부 젊은 남성들은 대가가 없는 노동으로부터 탈출하기 위해 집을 나와 협곡으로 찾아들어가 산적 집단을 형성했다. 그 당시에 그들은 풍요로운 이웃들을 약탈하는 것이 그리 어렵지 않았다.

1979년 데비가 남편을 마지막으로 떠난 직후, 그녀는 그런 강도 집단에 속한 한 남자와 사랑에 빠지게 된다. 데비가 납치되었는지 혹은 자발적으로 합류했는지는 분명하지 않지만 그녀는 후에 자신의 자서전에서 자신이 산적 집단의 일원이 된 것은 '운명의 지배'였다고 기술했다. 그녀가 산적에 가입하자마자 산적의 지도자는 그녀와 성관계를 갖기를 원했다. 그는 며칠 동안이나 장난스럽게 데비에게 구애를 했으나 그녀가 받아들이지 않자 그녀를 강간하려고 시도한다. 바로 그때 산적의 2인자가 그녀를 구출하였고 두목을 살해한 후 다음 날 자신이 산적 집단의 두목이 된다.

데비와 새로운 산적 두목이 같이 살기 시작한 지 얼마 지나지 않아 산적들은 그녀의 전 남편이 살던 마을을 습격한다. 데비는 마을 사람들이 보는 앞에서 전 남편을 집에서 끌어내어 난자를 하고, 늙은 사람이 젊은 여자와 결혼하지 말 것을 경고하는 메모와 함께 그를 길거리에 내버리고 떠나지만 그는 목숨은 건지게 된다. 데비는 총을 쏘는 법을 배우면서 산적 활동에 참여하게 되는데, 그들의 활동은 상위 계급이 살던 마을을 공격하고, 몸값을 노리고 부유한 사람들을 납치하며, 고급 승용차를 표적으로 고속도로 강도도 이따금씩 저지르는 것이었다. 그녀는 그 강도, 산적 집단의 유일한 여성 단원이었으며, 모든 범행이 끝난 후에는 사찰을 찾아 무사하게 보호해준 데 대해 신에게 감사의 기도를 올렸다.

얼마 후, 경찰에 붙잡혔던 산적 구성원의 상위 계급이었던 두 형제가 유치장에서 석방되어 산적 집단으로 되돌아왔으나 그들은 자신들의 두목이 살해되었다는 소식에 분노했다. 그리고 그 책임이 데비에게 있다고 판단해 그녀를 고문했다. 그녀는 이것을 기회로 삼아 그들이 자신의 가슴을 만지고 추행했다고 주장해 두목은 두 형제를 시켜 데비에게 사과하도록 했다. 그러나 그들은 자신들보다 두 계급이나 낮은 카스트의 데비에게 사과를 하는 것은 지나치게 모욕적이라고 판단했다. 이를 계기로 그들 형제는 마을을 공격할 때면 그녀와 두목이 속한 계급의 사람들을 집중적으로 공격했다. 이것이 산적 집단의 같은 계급 단원들의 기분을 나쁘게 해 그들 중 많은 구성원이 산적 집단을 떠나게 된다. 반면에 두 계급 높은 카스트에 속하는 두 형제와 같은 계급의 사람들이 다수 산적에 가입하게 되어 산적 집단의 세력 균형이 점점 상위 계급 사람들로 이동하게 된다.

그러자 두목은 하나는 상위 계급, 다른 하나는 두목과 같은 낮은 계급의 단원들로 나누자고 제안하지만 두 형제는 산적단은 항상 다양한 계급 출신들로 뭉쳐 있었다는 점을 들어 이를 거절한다. 뿐만 아니라 두목과 같은 계급에 속하는 다른 단원들도 두목만 여자와 동거한다는 점에 대해 두목을 못마땅하게 생각했다. 두목의 제안이 거절당하고 며칠 후, 두 계급 사이에 심각한 언쟁이 벌어지고 급기야는 총격전이 벌어지게 된다. 두목과 데비는 한 사람의 지지도 없이 어두운 밤중에 탈출에 성공한다. 하지만 얼마 가지 못해 붙잡혀서 두목은 총살당하고 그녀는 두 형제들의 고향으로 끌려가게 된다. 그곳에서 데비는 방안에 갇혀서 3주 동안이나 집단적으로 폭행과 윤간을 당하게 되는데, 다행히 한 사람의 낮은 계급 마을 주민과 과거 사망한 두목의 단원 두 사람의 도움으로 탈출에 성공한다. 그녀와 그녀의 탈출을 도운 조력자들은 새로운 산적 단체를 만들어 상위 계급 사람들을 표적으로 일련의 폭력적 기습이나 강도 행각을 벌이게 된다.

고통받는 여성들을 위해 투쟁하는 산적 여왕의 탄생

마을을 탈출하고 7개월 후, 데비는 복수를 위해 마을을 다시 찾았다. 1981년 2월 14일 밤, 그녀와 산적 단원들은 경찰복으로 위장한 채 마을로 잠입해 자신을 괴롭혔던 사람들과 마을의 모든 값진 물건들을 내놓으라고 요구했다. 그러나 대부분의 노동력이 있는 남자들은 일자리를 찾아서 이미 대도시로 떠난 상태라 철저한 수색에도 단 2명의 과거 산적 단원들만 찾을 수 있었다. 그녀는 실제 범인은 단 한 사람도 붙잡지 못한 데 대해 매우 좌절했다. 그럼에도 불구하고 그녀는 그때까지도 주변 마을의 하층 계급 사람들에게 끊임없이 약탈과 착취를 해온 상위 계급 사람들에 대한 증오를 가지고 있었기 때문에 상위 계급에 속하는 모든 남자들을 한 줄로 세우고 총살하도록 지시했다. 그러나 그녀는 후에 자신은 총을 쏘지 않았으며 단 한 사람도 살해하지 않았다고 주장했다.

그날의 대학살은 전 인도를 분노하게 만들었고, 주지사는 그 일로 사임을 하게 된다. 대규모 경찰 수색이 시작되었으나 그녀의 위치를 파악하지 못했으며, 이에 대해 사람들은 그 지역에 사는 가난한 사람들의 지원 때문이라고 여겼다. 실제로 언론에서도 그녀를 로빈 후드의 모델로 다루기 시작했다. 동시에 그녀는 '산적 여왕'으로 불리며 영웅으로 묘사되고 세상에서 생존하기 위해 투쟁하는 약자로 그려지기도 했다. 그녀의 공격적인 성격과 인성은 가부장제도와 계급제도에서 약자로서 받아야 했던 고통의 표현으로 그려졌다. 그녀가 여성이라는 사실은 가장 큰 칭찬이었으며, 그녀의 범행은 인도 사회에 팽배했던 가부장제도와 계급제도가 불평등하다는 견지에서 다루어졌다.

바로 그 시점에 그녀는 '데비'라는 존경스러운 애칭을 얻게 된다. 일부 사람들은 그녀가 저지른 대부분의 범죄가 하층 계급의 불행한 여인 등 고통을 받는 여성들을 위한 정의를 추구하기 위해 행해졌다고 믿었다. 그래서 그녀에게 존경스러운 애칭까지 주었지만 인도 정부는 이러한 그녀에 대한 평가는 일종의 잘못된 통념이라고 반박했다.

집단 학살이 자행되고 2년이 지나도록 경찰에서 데비를 붙잡지 못하자 인도 정부는 항복을 협상하기로 결정한다. 바로 그 당시 데비는 건강이 악화되고 대부분의 단원들도 사망해 1983년 2월 당국에 항복하기로 합의하게

여성의 증오가 부른 재앙

된다. 그러면서 그녀는 4가지 조건을 요구한다. 첫째는 항복하는 모든 단원 누구에게도 사형을 선고하지 않을 것, 둘째는 다른 단원들에게도 8년 이상의 형을 선고하지 말 것, 셋째는 일정 구획의 토지가 자신에게 주어질 것, 넷째는 자신의 전 가족이 자신의 항복 의식을 목격할 수 있도록 경찰이 안내할 것 등이다.

결국 그녀는 30건의 산적 행위와 납치 혐의를 포함한 48건의 범죄 혐의로 기소되어 11년 동안의 재판을 받는다. 수용 기간 동안 데비는 난소종양을 제거하고 자궁절제술을 받은 후 1994년 어촌 지도자의 중재로 보호관찰을 조건으로 석방된다. 곧이어 정부에서는 그녀에게 적용되었던 모든 혐의를 철회하지만 이로 인해 데비는 인도 전체에 파장을 일으키고 대중들의 논쟁과 논의의 대상이 된다. 석방되고 2년이 지난 1996년, 그녀는 국회의원으로 당선이 되지만 자신의 사무실 입구에서 복면을 한 3명의 총잡이에게 그녀가 상위 계급 산적 단원들을 살해한 데 대한 보복으로 사살당하고 만다.

- 『India's Bandit Queen: The True Story of Phoolan Devi』(1991), Mala Sen
- 『I, Phoolan Devi : The Autobiography of India's Bandit Queen』(1996),
  Phoolan Devi with Marie Therese Cuny and Paul Rambali
- 『The Bandit Queen of India: An Indian Woman's Amazing Journey From
  Peasant to International Legend』(2003), Phoolan Devi and Marie-
  Therese Cuny
- 『Outlaw: India's Bandit Queen and Me』(2011), Roy Moxham
- 『Insurgents, Raiders, and Bandits: How Masters of Irregular
  Warfare Have Shaped Our World』(2011), John Arquilla
- 『Devi, The Bandit Queen』(2013), Richard Shears and Isobelle Gidley

- 'Phoolan Devi: Champion of the poor' 2001년 7월 25일자 『BBC News』
- 'The queen is dead' 2001년 7월 26일자 『The Guardian』
- 'Phoolan Devi' 2001년 7월 26일자 『The Daily Telegraph』
- 'Profile of life sentences' 2014년 8월 『Times of India』

- http://murderpedia.org/female.D/d/devi-phoolan.htm
- http://indiatoday.intoday.in/story/remembering-the-bandit-queen-10-
  things-to-know-about-phoolan-devi/1/457532.html
- https://historicalheroines.wikispaces.com/Biography+of+Phoolan
  +Devi

사랑받지 못하자
사람을 증오하게 된 여자

미국 첫 여성 연쇄살인범, 에일린 워노스

에일린 워노스Aileen Wuornos는 1989년과 90년 사이에 미국 플로리다 주에서 7명의 남성을 살해한 연쇄살인범이다. 그녀는 자신이 노상 매춘부로 일하는 동안 피해 남성들이 자신을 강간했거나 강간하려고 했기 때문에 정당방위로써 어쩔 수 없이 그들을 살해했다고 주장했다. 그러나 그녀에게는 시신이 발견되지 않은 1건을 제외하고 6건의 살인 사건에 대한 사형이 선고되었고 2002년 10월 9일 사형이 집행되었다.

워노스는 1956년 2월 29일 미시간Michigan 주의 로체스터Rochester 시에서 에일린 캐롤 피트먼Aileen Carol Pittman이라는 이름으로 태어났다. 그녀의 어머니는 고작 14세의 나이에 결혼을 했는데 1955년에 그녀의 오빠 키스Keith가 태어나고 이듬해에 워노스가 태어났다. 그녀의 부모는 그로부터 약 2개월이 지날 무렵 이혼 수속을 밟게 되었다. 워노스는 자신의 아버지를 한 번도 만난 적이 없는데 그것은 그녀가 태어날 무렵 아버지가 교도소에 수감되었기 때문이다. 그녀의 아버지는 정신분열증을 앓고 있는 것으로 진단되었으며, 후에 아동을 대상으로 한 성범죄 혐의로 형을 선고받았으며, 1969

년 1월 30일 결국 교도소에서 목을 매달아 자살했다고 한다.

그녀의 불행한 가정사와 유년기는 여기서 끝나지 않는다. 그녀의 어머니조차 그녀가 4살이 다 되어갈 즈음 아이들을 버리고 떠난 것이다. 그 후 아이들은 외할머니와 외할아버지에게 합법적으로 입양이 된다.

자신의 몸을 활용할 줄 알았던
여자아이

워노스는 고작 11세 때부터 담배와 음식 그리고 약물을 대가로 학교에서 성적인 활동을 벌이기 시작한다. 심지어 자신의 친남매인 오빠와도 성적인 행동을 했다고 한다. 그녀는 알코올의존증인 외할아버지가 어린 시절 자신을 때리고 성적으로 학대를 했으며, 때리기 전 옷을 강제로 벗게 했다고 주장했다. 1970년 그녀가 14살이 되었을 때 외할아버지의 친구로부터 강간을 당해 임신을 하게 되었고, 결국 1971년 3월 23일 미혼모를 위한 시설에서 남자아이를 출산하지만 곧바로 입양을 보낸다. 출산을 하고 몇 달 후, 외할머니가 간 질환으로 사망하게 되자 그녀는 학교를 그만둔다. 그녀가 15살이 되자 외할아버지는 그녀를 집 밖으로 내쫓았다. 그 후 워노스는 자신의 옛날 집 근처 숲속에서 생활하면서 매춘으로 생계를 유지하기 시작했다. 이 순간 그녀는 사회적 환경으로 인한 반사회적 인격 장애로 만들어졌던 것이다. 그녀는 자신의 몸을 활용하고, 능숙한 거짓말쟁이가 됨으로써 생존할 수 있다는 것을 본능적으로 배우게 되었던 것이다.

그녀의 일탈은 이제 시작이었다. 18세였던 1974년 5월 27일, 음주운전과 질서 문란 행위 그리고 운행 중인 차량에서 22구경 권총을 발사한 혐의로 워노스는 체포되고 재판에 출석하지 않은 혐의도 받게 된다. 1976년에는 히치하이킹을 해 플로리다로 가서 그곳에서 69세의 요트클럽 회장을 만나 결혼까지 했으며, 그들의 결혼 이야기가 지역신문의 사회면에 실리기도 했다. 그러나 그녀는 지역 술집에서 지속적으로 사람들과 다툼을 벌였고, 결국 폭력 혐의로 구치소에 가게 된다. 또한 그녀는 남편도 지팡이로 가격해 접근 금지 명령을 받게 된다. 그녀는 다시 미시간으로 되돌아가지만 1976년 7월 14일, 폭력을 휘두르고 바텐더에게 당구 채를 던져 질서 위반 혐의로 기소된다. 같은 해 7월 17일, 그녀의 유일한 혈육인 오빠가 식도암으로 사망하게 되자 오빠의 생명보험에서 1만 달러의 보험금을 타게 된다.

끝없이 반복되는
범법 행위와 체포

7월 21일 그녀는 요트클럽 회장인 남편과의 결혼을 단 9주 만에 정리를 하고 또다시 음주운전으로 벌금형을 받게 된다. 워노스는 오빠의 사망 보험금으로 벌금을 내고 나머지 돈은 새 차를 사는 등 호화 생활에 다 써버리고 만다. 1981년 5월에는 편의점에서 현금 35불과 담배 2보루를 훔친 혐의로 교도소에 수감되어 2년 후에 석방되나 이듬해 다시 위조수표를 유통시키려 한 혐의로 체포된다. 그리고 1985년 1월에는 권총과 탄약 절도 혐의의 피의자로 지명된다. 1986년에는 자동차 절도와 명의 도용 및 신분 위조에 의한 사법 방해로 기소되며, 같은 해 6월에는 자신에게 총기를 겨누었다는 남성 동반자의 신고로 그녀를 심문 조사를 한 결과 경찰은 그녀의 자동차 안에서 22구경 권총과 여유 총탄을 소지하고 다닌 것을 밝혀낸다. 이 무렵 그녀는 동성애자 술집에서 만난 호텔 청소도우미인 무어Moore와 같이 생활하면서, 매춘으로 번 돈으로 생활을 유지하게 된다.

1990년 7월 4일 워노스와 무어는 자동차 사고를 일으켜 그녀의 네 번째 희생자인 시엠스Siems의 자동차를 훔친다. 여자들이 피해자의 차량을 운전하고 가는 것을 본 목격자들이 경찰에 이름과 인상을 제공해 공개 수배를 내린다. 경찰은 피해자의 차량과 물품에서 찾아낸 지문이 워노스의 것과 일치하는 것을 확인한다. 워노스는 플로리다 주에서 전과 기록이 있었던 터라 지문이 남아 있었다. 1991년 1월 9일, 경찰은 워노스를 술집에서 체포했고, 다음 날 무어도 체포했다. 경찰은 무어에게 면책을 전제로 워노스로부터 자백을 받아내달라고 제안했다. 플로리다로 압송된 무어는 수차례에 걸쳐 워노스에게 전화를 걸어 자신이 면책될 수 있도록 도와줄 것을 부탁했고, 같은 해 1월 16일 드디어 워노스는 살인에 대해서 자백을 하게 된다.

그러나 그녀는 피해자 남성들이 자신을 강간하려고 했으며, 자신은 정당방위로써 피해자 남성들을 살해했다고 주장했다. 결국 1992년 1월 22일 그녀는 무어의 증언으로 유죄가 확정되었다. 선고 공판에서 변호인단의 정신과 전문의들은 워노스가 정신적으로 불안정하고 경계성 인격 장애와 반사회적 인격 장애로 진단되었다고 증언했으나 4일 후 그녀에게는 사형이 선고되었다.

누군가를 죽였기에 자신도
죽어야 한다고 말한 에일린

사형이 선고된 후에도 그녀에 대한 사형 집행은 논란을 불러일으켰다. 그녀의 정신질환과 반사회적 인격 장애 그리고 경계성 인격 장애 등으로 인해 그녀가 자신의 죽음을 인지하지 못한다는 등의 이유로 사형 집행을 미루거나 금지할 것을 요구하는 목소리가 나온 것이다. 그러나 그녀는 여러 인터뷰와 면담 등을 통해서 자신이 온전하며 정상적으로 사고할 능력이 있기 때문에 진실을 말한다면서, 자신은 인간의 생명을 심각하게 증오한다고 주장했다.

그녀의 변호인은 그녀가 그러한 요구를 할 만큼 정신적으로 능력을 갖추지 못했다고 주장했지만 워노스는 자신이 무엇을 하고 있는지 잘 알고 있다고 맞섰고 법원이 임명한 정신과 전문의도 이에 동의했다.

선고 공판 단계에서, 3명의 변호인 측 심리학자들은 워노스가 범행 당시 경계성 인격 장애로 고통을 받고 있었으며, 그로 인해 극단적으로 정신적 그리고 감정적 장애를 초래했다고 주장했다. 더불어 그녀는 법률의 요구 조건에 자신의 행동을 동조시키는 능력에 심각한 장애가 있고, 뇌 손상의 증거도 보였다고 설명했다. 또 다른 전문가도 워노스가 충동 조절impulse control 능력이 부족하며, 인지장애impaired cognition도 가지고 있다고 증언했다. 다른 전문가 한 사람도 워노스가 살인을 범할 시기에 현저하게 정신적 위험에 처해 있었으며, 그녀가 보인 후회와 죄책감이 반사회적 인격 장애로 고통을 받고 있음을 보여주는 것이라고 주장했다.

주 정부 심리전문가도 워노스가 경계성 인격 장애뿐만 아니라 반사회적 인격 장애로 고통을 받고 있다는 점을 찾을 수 있다고 밝혔다. 하지만 그는 그녀가 살인 당시 인지장애와 정신장애를 가지고 있었으나 그리 심각하거나 극단적이지는 않았을 것이라고 전했다. 또 그는 워노스가 정신적 어려움과 알코올의존증 그리고 장애와 유전적이거나 환경적 결함 등을 포함하는 비법정 감경 요인도 가지고 있다고 했다.

6명의 피해 남성 모두는 길거리에서 그녀를 차에 태운 실수를 했던 사람들이었다. 워노스는 재판 과정에서 자기방어였다고 강변하다가도 언론과의 인터뷰에서는 진술을 번복했다. 그 결과 그녀는 자신의 범죄 행위를 시인하고 스스로 자기 의지에 따라 사형 집행의 장으로 향했다. 그녀는 한 언론과의 인터뷰에서 "나는 피해자들을 살해했기 때문에 나 또한 죽어야 할 필요가 있다"고 답변했다.

그러나 재판 과정에서 그녀는 양심의 가책이나 후회가 없었고 매우 화가 나 있었다. 그녀에게 사형이 선고되자 배심원을 향해 소리를 질렀으며, 그들을 "쓰레기 같은 사람"이라고 부르고, 판사에게도 다시 살인을 할 것이라고 경고했다. 자신에 대한 모든 진술과 증언은 다 거짓말이며, 자신은 약물을 하지도 않고 알코올에 취하거나 중독되지 않았다고 주장하기도 했다. 그러나 그녀는 끝까지 반항적이지는 않았다. 교도소에 수용되어 있는 기간 워너스는 기독교 활동에 참여하면서 자신이 과거 인간의 생명을 증오하고 죽이고 싶었던 생각에서 깨끗해진 느낌이라고도 했다.

불행한 어린 시절을 보낸
여자의 내면적 분노

어떤 사람들은 워노스가 성가시고 지겨운 존재이기는 하지만 그녀를 이해할 수 있다고 한다. 하지만 대부분의 사람들은 그녀가 여러 명을 살해했고, 그 이전에도 이런저런 범죄에 연루되었으며 실제로 형을 받기도 했기에 충분히 비난을 받아야 한다고 주장한다. 그녀의 불행한 어린 시절도 그녀를 정신적으로 불안하게 만든 요인이 되었을 것이다.

변호인 측에서 제시하는 것처럼, 워노스의 부모는 그녀가 태어나기도 전에 이혼을 했으며, 그녀의 생부는 어린이 강간과 납치로 형을 살다가 교도소에서 목을 매달아 자살을 했고, 그녀의 어머니는 그녀와 오빠를 잘 우는 불

여성의 증오가 부른 재앙

행한 아이들로 기억하며 외조부모에게 아이들을 맡기고 떠났다. 그녀가 6살일 때에는 라이터로 장난을 하다 얼굴에 화상을 입었고, 양육을 맡았던 외할머니는 심한 알코올의존자였다.

결국 외할머니가 간 질환으로 세상을 떠나자 외할아버지는 워노스와 그녀의 오빠에게 집을 나가지 않으면 살해하겠다고 위협해 15살에 미성년자 보호 시설의 수용자가 되었다. 그녀는 중학교 시절 청력 손상과 시력 문제로 학교에서 문제를 일으켰고, 지능도 평균보다 훨씬 낮은 81에 지나지 않았다. 학교에서는 그녀에게 상담을 받기를 권했으나 그녀는 그저 순한 진정제를 투약함으로 자신의 행동을 향상시키려 노력했다. 14세에 그녀는 외할버지의 친구로 추정되는 남자에게 강간을 당해 임신을 하게 되었다. 외조부모는 그녀의 임신을 비난했으며, 출산한 후 입양을 보내도록 압박했다. 일부 증거에 따르면, 외조부모와 생활하면서 워노스는 신체적 그리고 언어적으로 학대를 당했으며, 그 후 위탁가정에 맡겨지기는 했으나 그녀는 적응하지 못하고 가출하면서 거리의 매춘부가 되었다고 한다. 언론에서 그녀의 첫 번째 피해자가 성폭력 전과자라는 사실을 찾아내자 변호인 측은 그녀가 자기방어를 위해 살해할 수밖에 없었다는 사실을 보여주는 것이라고 주장했다.

그러나 검찰 측에서 증인으로 내세운 외삼촌은 그의 가족이 정상적인 삶을 영위했다고 증언했다. 따라서 워노스가 폭력과 협박을 포함한 혐의로 전과 기록이 있으며, 살인이 강도 과정에서 행해졌으며, 체포를 면하기 위해 살인을 범했으며, 살인이 잔인하고 냉혈적이고, 사전에 계획될 정도로 계산적이었다는 점을 가중처벌 요인으로 들고 있다.

그녀의 범행 동기에 대해서 워노스의 이야기를 영화화한 브룸필드Broomfield 감독은, "그녀는 내가 겪었던, 또는 보았던 최악의 삶, 고문당하고 고문하는 그런 삶을 살아왔다. 그녀의 분노는 그녀 내면에서 발달했으며, 그녀는 매춘부로서 노상에서 일을 하면서 뭇 남성들과 수많은 무시무시한 대면을 해야만 했을 것이고, 이런 분노가 내면으로부터 표출되어 결국 믿을 수 없을 정도의 폭력으로 폭발했을 것이다. 그것이 곧 그녀의 생존 방식이었고, 진정으로 그녀는 자기방어로써 살인을 했다고 믿는다. 심각한 정신질환을 가진 사람의 일부는 실제로 생명을 위협하는 무언가와 경미한 불협화음 사이의 차이를 제대로 구분할 수 없다. 아마도 바로 이 점이 그녀가 그런 일들을 벌인 이유일 것이며, 동시에 그러한 극단적인 기분이 아닐 때는 그녀에게도 믿을 수 없을 정도의 인간성이 있었다"라고 설명한 바 있다.

워노스가 우리의 관심을 특히 더 끄는 것은 그녀가 첫 번째 여성 연쇄살인범이라는 점이다. 그녀는 3명 이상을 살해했다. 그리고 자신이 알지 못하는 사람을 표적으로 삼았고, 피해자들도 서로 알지 못하며, 각각의 살인 사이에 일종의 냉각기를 가지는 점 등은 FBI의 연쇄살인범 정의에 맞아떨어진다. 바로 이점이 자신의 환자들을 살해한 간호사와 자신의 아이들을 살해한 어머니 그리고 입주자들을 살해한 건물주들을 다중살상임에도 불구하고 전형적인 연쇄살인범으로 규정하지 않는 이유이다.

- 『Whoever Fights Monsters: My Twenty Years Hunting Serial Killers for The FBI』(1992), Robert K. Ressler &Tom Shachtman
- 『On a Killing Day: The Bizarre Story of Convicted Murderer Aileen Lee』(1994), Dolores Kennedy
- 『True Stories of Law & Order』(1994), Kevin Dwyer and Juré Fiorillo
- 『Lethal Intent: The Shocking True Story of One of America's Most Notorious Female Serial Killers!』(2002), Sue Russell
- 『Monster』(2002), Aileen Wuornos and Christopher Berry-Dee
- 『The Female Homicide Offender: Serial Murder and the Case of Aileen Wuornos』(2003), Stacey L. Shipley and Bruce A. Arrigo
- 『The Serial Killer Files: The Who, What, Where, How, and Why of the World's Most Terrifying Murderers』(2003), Harold Schechter
- 『River of Blood: Serial Killers and Their Victims』(2004), Amanda Howard and Martin Smith
- 『Female Serial Killers: How and Why Women Become Monsters』(2007), Peter Vronsky
- 『The Book of the Bizarre: Freaky Facts and Strange Stories』(2008), Varla Ventura
- 『Dear Dawn: Aileen Wuornos in Her Own Words』(2012), Aileen Wuornos and Lisa Kester
- 『Dead Ends: The Pursuit, Conviction, and Execution of Serial Killer Aileen Wuornos』(2016), Joseph Michael Reynolds

- 『Monster』(2003)

- https://www.biography.com/people/aileen-wuornos-11735792
- https://owlocation.com/social-sciences/Aileen-Wournos-A-Life-Without-Love
- http://www.thefamouspeople.com/profiles/aileen-wuornos-4113.php
- http://murderpedia.org/female.W/w/wuornos-aileen.htm

여성의 증오가 부른 재앙

아기들의 생과 사를 저울질한
죽음의 천사

악마 간호사, 지닌 앤 존스

1950년 7월 13일생인 지닌 앤 존스Genene Anne Jones는 미국 텍사스 주의 샌안토니오San Antonio 시와 그 주변 지역의 의료 기관을 전전하며 생명을 위협하는 약물을 무수히 많은 아기들에게 주입해 미국 역사에서 가장 잔인한 삶과 죽음의 경기를 즐긴 간호사이다. 그녀는 작은 아기들에게 치명적인 위험을 주입하고 아이들이 생사의 갈림길을 오고갈 때 자신에게 영웅의 역할을 부여했다. 물론 불행히도 그중 많은 아이들은 사망하게 되었고 언론에서는 그녀를 "죽음의 천사Angel of Death"라고 부르게 되었다.

존스가 더욱 잔인한 이유는 그녀가 근무했던 의료 기관 두 곳에서 뇌출혈과 심장마비를 야기하는 화학물질을 아기에게 지속적으로 주입했기 때문이다. 그녀는 일련의 영아 사망 사건으로 조사를 실시했던 병원에서 해고되기 전, 동료 간호사로부터 비난을 받기도 했으나 직접적으로 경찰의 조사를 받지는 않았다. 그러던 그녀도 결국 1982년 1월 생후 4주의 영아에게 독극물을 주입한 혐의로 기소되어 1984년 1월 살인 혐의로 재판에 회부된다. 재판 결과, 그녀는 99년형을 선고받았으며 이어 또 다른 혐의로 열린 재판에서 60년형을 추가로 받게 된다. 그녀가 과연 몇 명의 영아를 살해했는지 확실하게 알 수는 없지만 1977년 그녀가 간호사가 된 이후 자신이 보살피던 영유아를 최소 11명에서 최대 46명까지 살해한 것으로 추정하고 있다. 그녀가 범죄를 일으킨 이유는 영유아에게 간의 혈액을 응고시키는 헤파린과 같은 약물을 주입해 위험에 빠뜨린 다음 그들을 다시 소생시킴으로써 칭찬과 관심을 얻고자 했을 것으로 추정되었다. 그녀가 영유아들에게 주입한 의약품들은 용량이 과다하면 심장마비와 기타 합병증을 유발한다. 그리고 다수의 영유아들은 그녀의 초기 공격에서 생존하지 못했다. 현재 존스가 일했던 의료 기관에서 더 이상의 혐의를 피하고자 일부 의료 기록들을 의도적으로 숨기고 파기했기 때문에 정확한 살인 건수는 알려지지 않고 있다.

헌신적인 간호에도
영아들은 죽어가고

그녀의 악행이 알려지게 된 것은 소아 집중 치료 병동에서 그녀가 돌보던 아이들 중에서 비정상적으로 많은 수의 소아 환자가 사망하고 있다는 결론을 내리고 나서부터다. 그러나 병원 측은 추가적인 조사를 하기보다는 그녀에게 단순히 사직을 요구했고 존스가 병원을 그만두면서 사건은 끝나고 만다. 다시 다른 의료 기관에 취업을 한 그녀는 새로운 병원에서도 담당 의사와 존스만이 접근할 수 있는 약품 창고에 있던 의약품 병에서 주사 자국을 발견한 의사의 제보로 6명의 아이들에게 독극물을 주입한 혐의를 받게 된다. 물론 그녀는 자신의 행동이 전적으로 아이들을 위한 최선의 조치였다고 정당화하려고 했다.

1981년 5월에서 12월 사이에 소아 병동의 집중 치료 병실에 입원한 아이들은 놀라운 비율로 사망하고 있었다. 약 20여 명에 이르는 아이들이 지혈되지 않는 출혈과 심근경색 등으로 죽어갔다. 특이한 것은 대다수의 죽음이 간호사인 존스의 보호와 돌봄을 받던 중에 발생했다는 것이다. 게다가 더 특이한 점은 존스가 간호사라는 직업의 표본으로 널리 인정받고 있었으며, 어린 환자들에게 전적으로 헌신했다는 것이다.

결국 꼬리를 물고 이어지는 일련의 사건들로 병원에서는 내부 조사 이후 외부 전문가들로 구성된 패널들이 나서서 조사에 착수하지만 확정적인 결론에 이르지는 못한다. 단지 그녀를 제보한 간호사와 존스가 사직하는 것으로 끝나고 만다. 존스는 다시 새 일자리를 구하게 되고, 병원에서 일을 시작한 지 몇 달 안에 다수의 어린이 환자들이 호흡 곤란의 문제를 경험하게 되지만 전원이 회복되어 존스에게 아무런 의심도 두지 않게 된다. 그러던 어느 날, 생후 14개월 된 한 아이가 단순하게 예방주사를 맞으러 왔다가 존스로부터 주사를 맞고 갑작스럽게 심장 발작을 일으키게 되어 사망한다. 부검 결과 약물의 흔적이 발견되어 결국 그녀는 대배심Grand Jury에 회부된다.

시신을 옮기는 일을 자원한 존스

존스는 가장 심하게 아픈 아기 중환자들을 책임지게 해달라고 병원에 요구해, 빈번하게 아기들에게 가까이 갈 수 있었다. 그녀는 응급 상황의 흥분을 사랑하고 소아 환자가 회복하지 못하게 될 때 느껴야 하는 슬픔을 즐겼던 것인지도 모른다. 그녀는 항상 시신을 냉동 보관소로 옮기는 일을 자원하기도 했다. 그녀를 아는 사람들 중에서 일부는 그녀의 그러한 면에 대해 전혀 놀라워하지 않았다. 그녀는 과도하게 공격적이었고, 친구들을 배반했고,

종종 다른 사람들을 착취하려고 거짓말도 일삼았다고 하는데, 이러한 특징은 곧 고전적인 사이코패스라고 할 수 있기 때문이다.

그런데 과연 존스는 어떤 사람이었을까? 그녀는 자신이 사랑을 받지 못한다는 느낌을 가지고 자라왔다고 주장한다. 그도 그럴 것이 그녀는 태어나자마자 즉시 입양되었다. 존스는 자기보다 어린 동생 한 명과 나이가 많은 두 명 등 세 명의 입양아와 함께 지냈다. 양부모는 기업가이자 도박꾼이었고, 나이트클럽을 운영하는 등 연예 사업을 하며 다소 허영으로 가득찬 생활을 했다. 그들은 돈을 잘 쓰고 관대했으나 바로 그런 점 때문에 결국 무너지고 만다. 전반적으로 그녀는 부모의 관심을 얻는 데 어려움을 겪었다. 그리고 부모가 자신을 좋아하지 않아 버려졌다고 느끼며 그녀 스스로 자신을 가정의 '검은 양black sheep'으로 부르고 다녔다고 한다. 그녀는 종종 사람들의 관심을 얻기 위해 아픈 척을 했으며 학교에서는 으스대는 두목 행세를 하며 주목을 받으려고 했다. 그녀의 체형은 작고 뚱뚱한 편으로 이것 또한 그녀의 고독함과 외로움에 한몫을 한다. 그래서일까? 그녀를 공격적이라고 말하는 지인도 있고, 그녀가 자신들을 배반했다는 친구들도 있었다. 뿐만 아니라 그녀는 사람들을 속이고 착취하는 것으로도 알려져 있다.

그녀에게는 아주 가깝게 지낸 남동생이 있었는데, 그녀가 16살 때 14살이던 남동생이 스스로 만든 파이프 폭탄이 폭발해 목숨을 잃게 된다. 그녀에게는 가장 가까운 동반자를 잃은 셈이다. 일부에서는 바로 이 사건이 그녀를 잔인하게 만들었을 것이라고 믿었으며, 다른 쪽에서는 사람들의 주의와 관심을 끌기 위해 슬픈 척 연기한 것이라고 믿었다. 남동생이 죽은 지 일 년 후, 그녀의 아버지도 암으로 판명되지만 치료를 거부하고 집에서 죽음을 택한다. 당시 그녀는 아직 고등학교도 졸업하지 않았지만 자신에게 가해진 고통과 상실에 대한 치유는 바로 결혼을 하는 것이라고 믿었다. 그러나 그녀의 어머니는 이를 허락하지 않았다고 한다.

그래서 존스는 고등학교를 졸업하자마자 결혼을 하지만 그녀의 남편은 결혼 후 7개월 만에 군에 입대한다. 그녀는 마치 아버지와 남편의 빈자리를 메꾸기라도 하듯 바로 남성들을 찾아다닌다. 그때까지도 그녀가 생활비를 어머니에게 의존하자 어머니가 직업을 가질 것을 권해 그녀는 미용학원에 등록한다. 남편이 군에서 제대를 하고 집으로 돌아오자 아이가 생기지만 4년 후 남편이 사고로 입은 부상 치료를 위해 병원에 입원한 사이 남편을 떠난다. 얼마 후 그녀의 오빠도 암으로 사망한다. 이때 그녀는 염색약으로 인해 발생할 암의 두려움으로 직업을 바꿀 필요성을 갖게 된다. 마침 일하던 미용실이 병원이어서 간호사로서 필요한 훈련을 받는 것이 자연스러웠다고 한다.

영웅 콤플렉스를 가진
죽음을 부르는 천사

그녀는 왜 그렇게도 끔찍한 범행을 시작했으며, 어떻게 그토록 오랫동안 지속할 수 있었을까? 존스는 생과 사의 갈림길에 놓인 아이들을 구함으로써 의도적으로 자신이 영웅이 되거나 기적의 일꾼이 되고자 했다. 재판정이나 검찰에서도 그녀를 영웅 콤플렉스Hero complex를 가진 것으로 표현했다. 그녀는 아이들을 죽음 직전까지 몰고 가서는 다시 소생시킴으로써 스스로 소아 환자들의 구세주라고 주장하기 위해서 그와 같은 범행을 저질렀다는 것이다. 그녀의 전 직장 동료 중 하나도 존스는 더 많은 소아 환자들을 집중 치료실에 입원시키기를 원했다고 진술했다.

그러나 그녀의 행동은 실제로 더 세속적인 동기에 자극받았을 수도 있다고 한다. 한마디로 자신의 행동이 가져다주는 관심과 흥분을 좋아했다는 것이다. 아이들은 그녀에게 말을 할 수 없고, 오로지 그녀의 인정과 자비에 자신들의 목숨이 달려 있었던 것이다. 바로 이 점으로 인해서 그녀는 자유롭게 응급 상황을 반복적으로 만들어낼 수 있었다.

그녀가 다른 사람이나 동료들로부터 자신의 존재를 알리고 관심을 받는 또 다른 수단은 그녀 스스로 경미한 신체적 불편함을 문의하러 외래 진료실로 가는 것이었다. 실제로 그녀는 2년 동안에 무려 30번이나 외래 진료를 신청했다고 한다. 물론 공식적으로 진단되지 않았지만 그녀는 자신이 아동기에 받지 못한 관심을 병원 의료진에게 얻기 위해 병원 유랑자hospital hoboes가 되는 허풍 증상Munchausen Syndrome으로 고통을 받고 있었을 수도 있다고 한다. 한 의사는 그녀의 문제점을 바로 정신신체증psychosomatic●이라고 말하기도 했다.

존스 사건이 남긴 아이러니 중의 하나는 세상에서 가장 취약한 영유아들을 수십 명이나 잔인하게 살해해 99년형과 60년형을 선고받았는데 그 당시 교도소의 과밀 수용overcrowding을 해소하기 위해 만들어진 특별법으로 인해 형기의 3분의 1만 살게 된다는 사실이다. 교도소의 과밀 수용을 해소하기 위해 존스도 보호관찰을 조건으로 가석방될 수도 있다. 물론 현재도 가석방 대상의 자격은 갖추었지만 여론 등을 의식한 가석방심사위원회가 지금까지는 그녀의 가석방을 거절해오고 있다고 한다.

만약 그녀가 가석방이 된다면 아마도 미국 역사상 합법적으로 석방되

● 심리적인 원인으로 생기는 병의 증상

는 첫 번째 연쇄살인범이 될 것이다. 그녀가 합법적으로 석방될 수 있는 것은 바로 교도소의 과밀 수용을 예방하기 위해 만들어진 소위 강제석방법 Mandatory Release Law 때문인데, 이 법은 재소자들의 교도소 내에서 교도 작업과 자기 계발 프로그램에 참여하면 딸 수 있는 선행 점수Good behavior credit와 수형 기간을 합쳐서 실제 형량과 같아지면 강제로 석방시켜야 하는 법이다.

그러나 많은 시민들은 존스와 같은 연쇄살인범이 자유롭게 거리를 활보하게 만드는 것은 가장 미친 행동이 아닐 수 없다고 우려한다. 존스의 석방을 막기 위해 시민사회와 관련 단체에서는 그녀에 대한 새로운 범죄 사실과 그것을 입증할 만한 증거를 찾고 있지만 그녀가 근무했던 의료 기관들은 기관의 평판을 우려한 나머지 그녀와 관련된 자료와 의료 기록들을 폐기해 명확한 증거를 제시하기 어려운 실정이라고 한다.

그녀의 엽기적이고 잔인한 범죄 행각은 텔레비전 영화 「죽음의 약물 Deadly medicine」과 비디오 영화 「다중살인Mass Murder」 그리고 디스커버리 채널의 다큐멘터리 「치명적 주입Lethal Injection」으로 만들어지기도 했다.

– 『Contemporary Perspectives on Serial Murder』(1998),
  Ronald M. Holmes and Stephen T. Holmes
– 『The Encyclopedia of Serial Killers』(2006), Michael Newton
– 『Serial Murderers and Their Victims』(2010), Eric Hickey

– 'Personality Spotlight;NEWLN:Nurse Genene: Convicted murderer'
  1984년 2월 15일자 『United Press International』
– "Angel of Death' nurse charged with killing another baby, suspected
  in up to 60 other deaths' 2017년 5월 26일자 『The Washington Post』

– http://murderpedia.org/female.J/j/jones-genene.htm
– http://gizmodo.com/why-this-texas-nurse-suspected-of-killing-40-
  babies-mig-1713988505
– http://krazykillers.wordpress.com/2014/02/18/update-on-deadly-
  nurse-genene-ann-jones/

초판 1쇄 발행 2017년 9월 4일
초판 3쇄 발행 2022년 3월 25일
—

글 이윤호
그림 박진숙
—

발행인 최명희
발행처 (주)퍼시픽 도도
—

회장 이웅현
기획편집 홍진희
디자인 김진희
홍보 · 마케팅 강보람
제작 퍼시픽북스
—

출판등록 제 2004-000040호
주소 서울 중구 충무로 29 아시아미디어타워 503호
전자우편 dodo7788@hanmail.net
내용 및 판매문의 02-739-7656~7
—

ISBN 979-11-85330-45-7 03300
정가 18,000원

이 도서의 국립중앙도서관 출판예정도서목록(CIP)은 서지정보유통지원시스템 홈페이지
(http://seoji.nl.go.kr)와 국가자료공동목록시스템(http://www.nl.go.kr/kolisnet)에서
이용하실 수 있습니다. (CIP제어번호: 2017020608)